Emily Nagoski   Amelia Nagoski

Stress

Emily Nagoski Amelia Nagoski

Stress

Warum Frauen leichter ausbrennen und was sie für sich tun können

Aus dem Amerikanischen von Astrid Gravert

KÖSEL

Deutsche Erstausgabe
Die Originalausgabe erschien unter dem Titel
Burnout. The secret to unlocking the stress cycle
bei Ballantine Books, New York.

MIX
Papier | Fördert gute Waldnutzung
FSC® C014496

Penguin Random House Verlagsgruppe FSC® N001967

2. Auflage 2024

This translation published by arrangement with Ballantine Books, an imprint of Random House, a division of Penguin Random House L.L.C.
Umschlag: Weiss Werkstatt, München
nach einer Originalvorlage von Penguin Random House US
Umschlagdesign: Faceout Studio
Art direction: Joseph Perez
Umschlagmotive: Bildmontage unter Verwendung von
© shutterstock/Fabrika Simf, borzywoj und Kues
Redaktion: Birthe Vogelmann
Satz: Buch-Werkstatt GmbH, Bad Aibling
Druck und Bindung: GGP Media GmbH, Pößneck
Printed in Germany
ISBN 978-3-466-34744-5
www.koesel.de

Für die Gebenden

Inhaltsverzeichnis

EINLEITUNG

Dies ist ein Buch für alle Frauen, die sich schon einmal erschöpft und von den zahlreichen Herausforderungen des Alltags überfordert gefühlt haben, und die trotzdem befürchten, nicht »genug« getan zu haben. Das trifft auf jede Frau zu, die wir kennen – uns eingeschlossen.

Du hast immer wieder dieselben Tipps gehört: Sport, grüne Smoothies, Selbstmitgefühl, Malbücher, Entspannungsbäder, Dankbarkeit … Du hast wahrscheinlich viel davon probiert. Wir auch. Und manchmal hilft es, zumindest eine kleine Weile.

Aber dann streiten sich die Kinder, oder unser Partner braucht Unterstützung in einer Angelegenheit, oder ein neues Projekt landet in unserem Schoß, und wir denken: *Ich tue etwas für mich, wenn das hier abgeschlossen ist.*

Das Problem ist nicht, dass Frauen es nicht *versuchen*. Im Gegenteil, wir bemühen uns die ganze Zeit, all das zu tun und zu sein, was man von uns erwartet. Und wir probieren alles – jeden grünen Smoothie, jede Atemübung, jedes Malbuch, jede Badeessenz, jeden Retreat oder Urlaub, den wir in unserem Terminkalender unterbringen können –, um das zu sein, was Arbeit, Familie und Umwelt von uns erwarten. Wir versuchen, unsere Sauerstoffmaske aufzusetzen, bevor wir anderen helfen. Und dann kommt ein in Tränen aufgelöstes Kind, ein schrecklicher Chef oder ein schwieriges Semester daher.

Das Problem ist nicht, dass wir uns nicht bemühen, für uns selbst zu sorgen. Das Problem ist auch nicht, dass wir nicht wissen, wie das geht. Das Problem ist, dass Wellness auch wieder in ein Ziel verwandelt wurde, nach dem jeder streben sollte. Aber nur Menschen, die Geld, Zeit, Kindermädchen, Jachten und Oprahs Telefonnummer haben, können es erreichen.

Dieses Buch ist anders als alles, was du bisher über Burnout gelesen hast. Wir wollen herausfinden, wie Wellness in deinem täglichen Leben aussehen kann, und wir werden uns mit den Hindernissen beschäftigen, die zwischen dir und deinem Wohlbefinden stehen.

Wir werden diese Hindernisse im Zusammenhang betrachten wie Punkte auf einer Landkarte, damit wir Wege finden, sie zu umgehen, zu überwinden und hindurchzukommen – oder sie in Stücke zu sprengen.

Mithilfe der *Wissenschaft*.

Wer wir sind und warum wir dieses Buch geschrieben haben

Emily ist Sexualpädagogin mit einem Doktorgrad und hat ein Buch geschrieben, das auf der Bestsellerliste der *New York Times* stand: *Komm, wie du willst. Das neue Frauen-Sex-Buch*. Während der Lesereise erzählten ihre Leserinnen immer wieder, dass es nicht die Informationen über Sex waren, die ihr Leben am meisten verändert hätten, sondern die Abschnitte über die Verarbeitung von Stress und Emotionen.

Als sie das ihrer Zwillingsschwester Amelia, einer Chorleiterin, erzählte, schaute diese, als sei das vollkommen offensichtlich. »Natürlich. Niemand bringt uns bei, unsere Gefühle wahrzunehmen. Klar, mir *wurde* es beigebracht. Jeder ausgebildete Musiker, der auf einer Bühne singt oder auf einem Podium steht, lernt, etwas zu *spüren*. Aber deshalb wusste ich noch lange nicht, wie es im wirklichen Leben funktionierte. Und als ich es endlich lernte, hat es mir wahrscheinlich das Leben gerettet«, sagte sie. Und fügte hinzu: »Zweimal.«

Emily, die sich noch gut daran erinnerte, wie es sich angefühlt hatte, die Schwester weinend in einem Krankenhaushemd zu sehen, sagte: »Wir sollten ein Buch darüber schreiben.«

Amelia stimmte zu: »So ein Buch hätte mir sehr geholfen.«

Dies ist das Buch.

Es ist viel mehr geworden als ein Buch über Stress. Vor allem wurde es ein Buch über Beziehung. Wir Menschen sind nicht dafür geschaffen, große Dinge allein zu tun, sondern dafür, zusammenzuarbeiten. Darüber haben wir geschrieben und so haben wir unser Projekt gemeinsam verwirklicht.

Emotionale Erschöpfung

Als wir Frauen erzählten, dass wir ein Buch über Stress und Burnout schreiben, fragte keine einzige: »Was genau meint ihr damit?« (Meistens erkundigten sie sich: »Ist es schon erschienen? Kann ich es lesen?«) Wir alle wissen intuitiv, was Stress und Burnout sind; wir wissen, wie sie sich körperlich anfühlen und wie unsere Gefühle dabei zerbröckeln. Aber als der Fachbegriff »Burnout« 1975 von Herbert Freudenberger geprägt wurde, war er durch drei Merkmale definiert:

1. Emotionale Erschöpfung – Müdigkeit, die daher rührt, dass man sich zu lange zu viel gesorgt hat;
2. Depersonalisation – Verlust von Empathie, Anteilnahme und Mitgefühl;
3. Vermindertes Selbstwertgefühl in Bezug auf die eigene Leistungsfähigkeit – unbezwingbares Gefühl der Sinnlosigkeit; das Gefühl, dass man nichts bewirke.[1]

Und hier kommt eine Untertreibung: Burnout ist weit verbreitet. 20 bis 30 Prozent der Lehrer in Amerika sind von Burnout mittleren bis hohen Schweregrades betroffen.[2] Ähnliche Raten finden sich bei Universitätsprofessoren und humanitären Helfern.[3] Bei Menschen in medizinischen Berufen liegt die Rate bei bis zu 52 Prozent.[4]

Fast die gesamte Forschung über Burnout beschäftigt sich mit Job-Burnout – besonders bei Menschen in helfenden und sozialen Berufen wie Lehrer und Krankenschwestern –, aber ein wachsender Forschungsbereich ist »Eltern-Burnout«.[5]

In den vierzig Jahren seit Prägung des Begriffs hat die Forschung herausgefunden, dass das Hauptmerkmal des Burnouts, *emotionale Erschöpfung*, besonders negative Auswirkungen auf unsere Gesundheit, unsere Beziehungen und unsere Arbeit hat – besonders bei Frauen.[6]

Also was genau ist ein Gefühl, und wie erschöpft man es?

Auf einem biochemischen Level beinhalten Emotionen die Freisetzung von Neurotransmittern im Gehirn als Reaktion auf einen

Stimulus. Du siehst den Menschen, in den du verliebt bist, auf der anderen Seite des Raums, dein Gehirn setzt eine Menge an Botenstoffen frei, und das löst eine Kette körperlicher Reaktionen aus – dein Herz schlägt schneller, deine Hormone modifizieren sich, dein Magen flattert. Du holst tief Luft und seufzt. Dein Gesichtsausdruck verändert sich; vielleicht wirst du rot; selbst deine Stimme klingt wärmer. Deine Gedanken wandern zu Erinnerungen an deinen Schwarm und entwickeln Fantasien über die Zukunft, und du hast plötzlich das Bedürfnis, den Raum zu durchqueren und Hallo zu sagen. Fast jedes System in deinem Körper reagiert auf die Kaskade von Botenstoffen und elektrischen Impulsen, die durch den Anblick der Person in Gang gesetzt wurde.

Das ist Emotion. Sie entsteht automatisch und augenblicklich. Sie entsteht überall und betrifft alles. Und das die ganze Zeit – wir haben viele verschiedene Emotionen gleichzeitig, auch als Reaktion auf einen einzigen Reiz. Du hast vielleicht das Bedürfnis, dich dem, in den du verliebt bist, zu nähern und dich gleichzeitig umzudrehen und so zu tun, als ob du ihn nicht bemerkt hättest.

Wenn man sie sich selbst überlässt, hören Emotionen – diese augenblicklichen Reaktionen des ganzen Körpers auf einen Reiz – von allein auf. Deine Aufmerksamkeit wird auf etwas anderes gelenkt, und der Anflug von Schwäche vergeht, bis du wieder an diese bestimmte Person denkst oder sie deinen Weg kreuzt. Dasselbe gilt für den plötzlichen Schmerz, den du empfindest, wenn jemand dich grausam behandelt, oder den Anflug von Ekel, wenn du etwas Unangenehmes riechst. Sie hören auf.

Kurz: Emotionen sind Tunnel. Wenn du ganz durchläufst, kommst du am Ende ans Licht.

Erschöpfung entsteht, wenn wir in einer Emotion stecken bleiben. Das kann etwa passieren, wenn wir ständig einer Situation ausgesetzt sind, die diese Emotion auslöst – unser Schwarm ist ständig da, den ganzen Tag, jeden Tag. Selbst wenn er nur in unseren Gedanken anwesend ist, sind wir in unserer Sehnsucht gefangen. Oder wir kehren jeden Tag zu unserer stressigen Arbeit zurück. Kein Wunder, »helfende Berufe« beispielsweise sind sehr anstrengend – jeden Tag bist du mit bedürftigen Menschen konfrontiert, den ganzen Tag, Woche für Woche. Elternsein ist ebenfalls erschöpfend – sobald du Mutter oder Vater bist, hört es nie mehr auf. Du gehst immer wieder durch den Tunnel.

Manchmal bleiben wir stecken, weil wir den Weg nach draußen nicht finden. Die meisten problematischen Gefühle – Wut, Trauer, Verzweiflung, Hilflosigkeit – können zu tückisch sein, um sie allein zu überwinden. Wir verlieren uns darin und brauchen jemanden, der uns hilft hinauszufinden.

Und manchmal stecken wir fest, weil wir an einem Ort gefangen sind, an dem wir nicht die Freiheit haben, durch den Tunnel zu gehen.

Viele von uns sind auf diese Weise gefangen. Der Grund dafür ist das, was wir »Gebersyndrom« nennen.

Gebersyndrom

In *Down Girl. Die Logik der Misogynie* beschreibt die Philosophin Kate Manne ein System, in dem von einem Teil der Menschen[7], den »human givers«, erwartet wird, dass sie ihre Zeit, Aufmerksamkeit, Zuneigung und Körper, all ihre menschlichen Fähigkeiten, bereitwillig und friedlich dem anderen Teil der Menschen, den »human beings«, opfern.[8] Letztere haben das (moralische) Recht, Mensch zu *sein*, während die »human givers« die moralische Pflicht haben, ihre Menschlichkeit den dominierenden »human beings« zu *geben*. Rate, zu welchem Teil Frauen gehören.

Im alltäglichen Leben ist die »giver/taker«-Dynamik komplizierter und subtiler, aber stellen wir uns einmal die Cartoon-Version vor: Die Gebenden sind »attentive, loving subordinates«, aufmerksame, liebevolle Untergebene.[9] Ihre Aufgabe ist, ihre ganze Menschlichkeit den anderen zu geben, damit diese vollkommen Mensch sein können. Von den Gebenden wird erwartet, dass sie auf alle Ressourcen oder Macht, die sie erwerben, verzichten – ihre Jobs, ihre Liebe, ihre Körper. Das alles gehört denen, die zum Mensch*sein* berechtigt sind. Die Gebenden schulden es ihnen.

Dazu müssen sie jederzeit hübsch, glücklich, ausgeglichen, großzügig und aufmerksam für die Bedürfnisse anderer sein, das heißt, sie dürfen niemals hässlich, wütend, traurig oder ehrgeizig sein oder auf ihre eigenen Bedürfnisse Rücksicht nehmen. Die Gebenden sollten möglichst keine Bedürfnisse haben. Wenn sie es wagen, um etwas zu bitten oder gar etwas zu fordern, ist das ein Verstoß gegen ihre Rolle und könnte bestraft werden. Und wenn ein Gebender einem privilegierten Menschen nicht bereitwillig das gibt, was immer dieser will, kann er bestraft, an den Pranger gestellt oder sogar zerstört werden.

Wenn wir es darauf angelegt hätten, ein System zu entwickeln, um bei der Hälfte der Bevölkerung Burnout hervorzurufen, hätten wir nichts Effizienteres erfinden können.

Emotionale Erschöpfung entsteht, wenn wir in einer Emotion stecken bleiben und nicht durch den Tunnel gehen können. Das Gebersyndrom erlaubt es einem Gebenden nicht, jemanden mit seinen verwirrenden Emotionen zu behelligen, deshalb sind die Gebenden in einer Situation gefangen, in der sie nicht die Freiheit haben, durch den Tunnel zu gehen. Sie könnten sogar dafür bestraft werden.

Dein Körper mit seinem Selbsterhaltungstrieb weiß auf irgendeiner Ebene, dass dich das Gebersyndrom langsam umbringt. Deshalb probierst du es weiter mit Achtsamkeit und grünen Smoothies und einem Selbsthilfe-Trend nach dem anderen. Aber der Selbsterhaltungstrieb kämpft gegen ein Syndrom, das auf dem Glauben beruht, Selbsterhaltung sei *egoistisch*. Deine Bemühungen, dich um dich selbst zu kümmern, könnten also tatsächlich alles noch schlimmer machen, noch mehr Bestrafung durch die Umwelt provozieren, denn wie kannst du es wagen?

Unsere Krankheit ist das Gebersyndrom. Dieses Buch ist unser Rezept.

Wie das Buch konzipiert ist

Wir haben unser Buch in drei Teile geteilt. Teil 1 behandelt »Was du mitnimmst«. In dem Film *Star Wars Episode V. Das Imperium schlägt zurück* sieht Luke Skywalker eine Höhle des Bösen. Während er voller Angst zum Eingang blickt, fragt er seinen Lehrer Yoda: »Was ist da drin?«

Yoda antwortet: »Nur das, was du mitnimmst.«

Der erste Teil des Buches lautet entsprechend: »Was du mitnimmst«. Hier werden drei innere Ressourcen erklärt, die wir mitnehmen, wenn wir unsere Heldinnenreise unternehmen: der Stressreaktionszyklus, der »Monitor« (der Mechanismus im Gehirn, der das Gefühl der Frustration kontrolliert) und der Lebenssinn. Sinn ist nicht, »was wir am Ende des Tunnels finden«, wie häufig angenommen wird, sondern vielmehr der Grund, warum wir durch den Tunnel gehen, egal, was wir am Ende finden. (Spoileralarm: Sinn ist gut für uns.)

Das führt uns zu Teil 2. Wir nennen ihn »Der wirkliche Feind«. Wir beziehen uns dabei auf *Die Tribute von Panem*, eine Science-Fiction-Romantrilogie, in der die jugendliche Protagonistin Katniss Everdeen gezwungen wird, bei einem vom Schreckensregime organisierten »Spiel« mitzumachen, in dem sie andere Kinder töten muss.

Ihr Mentor sagt zu ihr: »Denk dran, wer der wirkliche Feind ist.« Es sind nicht die Menschen, die sie töten soll und die versuchen, sie zu töten. Der wirkliche Feind ist die Regierung, die dieses System errichtet hat.

Errätst du, wer in diesem Buch der Feind ist? (Einsatz unheilvoller Musik) Das Patriarchat. Puh.

Die meisten Selbsthilfebücher für Frauen lassen dieses Kapitel aus und beschäftigen sich nur mit den Dingen, auf die die Leserin Einfluss hat. Aber das ist so, als würde man jemandem die beste Gewinnstrategie beibringen, ohne zu erwähnen, dass das betreffende Spiel manipuliert ist. Zum Glück können wir nach unseren eigenen Regeln spielen, wenn wir die Art der Manipulation durchschaut haben.

Teil 3 – der erfreuliche Schluss – ist ein Konzept, wie der Krieg gegen diese »wirklichen Feinde« zu gewinnen ist. Es stellt sich heraus, dass wir jeden einzelnen Tag konkret etwas tun können, um stark zu werden und den Feind zu erobern.

Wir nennen diesen Teil »Wachsen und polieren.« Im Originalfilm *Karate Kid* lehrt Mr. Miyagi Danny LaRusso Karate, indem er ihn sein Auto wachsen lässt.

»Trag Wachs auf«, sagt Mr. Miyagi und bewegt seine Handfläche im Uhrzeigersinn. »Poliere«, sagt er und bewegt die andere gegen den Uhrzeigersinn. Und er fügt hinzu: »Vergiss nicht zu atmen.« Er lässt Danny auch die Veranda schleifen, den Zaun beizen und das Haus streichen.

Wozu die monotonen, profanen Arbeiten?

Weil unseren alltäglichen Aufgaben die schützenden Gesten innewohnen, die uns stark machen, sodass wir uns selbst und die Menschen, die wir lieben, verteidigen und mit unseren Feinden Frieden schließen können. »Wachsen und polieren« stärkt dich, deine Beziehungen, dein Selbstmitgefühl und fördert deine Erholung.

Durchs ganze Buch verfolgst du die Geschichten zweier Frauen: Julie, eine überforderte Lehrerin, deren Körper revoltiert und sie zwingt, ihm Beachtung zu schenken; und Sophie, eine Ingenieurin, die beschließt, nicht mehr dem Patriarchat zu dienen. Diese Frauen sind Montagen. Wie ein Film aus Tausenden von Bildern besteht, die zusammen eine Geschichte erzählen, sind sie aus Fragmenten Dutzender realer Frauen zusammengefügt. Das machen wir zum Teil, um die Identitäten der Frauen zu schützen, und zum Teil, weil der größere Erzählbogen systematische Zusammenhänge besser veranschaulicht als kurze Skizzen. Wissenschaftliche Forschung kann nicht annähernd der Erfahrung jeder einzelnen Frau Rechnung tragen, aber wir hoffen, dass diese Geschichten dir ein Verständnis dafür vermitteln, dass jede individuelle Erfahrung einmalig und gleichzeitig universal ist.

Jedes Kapitel schließt mit einer tl;dr-Liste, einer Zusammenfassung der wichtigen Punkte. Tl;dr ist im Internet die Abkürzung für »too long; didn't read«, also »zu lang; nicht gelesen«. Wenn du bei Facebook einen aus 500 Wörtern bestehenden Text postest oder einen aus mehreren Absätzen bestehenden Kommentar bei Instagram, antwortet vielleicht jemand: »tl;dr.« Unsere tl;dr-Listen beinhalten Erkenntnisse, die du an deine beste Freundin weitergeben kannst, wenn sie dich weinend anruft, Fakten, die du benutzen kannst, um in einer Diskussion Mythen zu widerlegen, und Gedanken, die dir hoffentlich helfen, wenn du dich in einem Gedankenkarussell befindest und nicht einschlafen kannst.

Ein oder zwei Bemerkungen über die Wissenschaft

In diesem Buch benutzen wir wissenschaftliche Erkenntnisse als Mittel, um Frauen zu helfen, ein besseres Leben zu führen. Wir haben uns verschiedener Wissenschaften bedient, darunter Affektive Neurowissenschaft, Psychophysiologie, Positive Psychologie, Spieltheorie, Bioinformatik und viele andere. Deshalb ein paar warnende Worte zu Theorie und Forschung.

Wissenschaft ist die beste Idee, die die Menschheit jemals hatte. Es ist die systematische Erforschung der Wirklichkeit, durch Prüfen und Beweisen oder Widerlegen von Ideen. Aber sie ist letzten Endes auch eine spezialisierte Form des Irrtums. Jedenfalls versucht jeder Wissenschaftler, sich (a) ein bisschen weniger zu irren als seine Vorgänger, indem er nachweist, dass etwas, das wir für wahr gehalten haben, falsch ist, und (b) sich auf eine Weise zu irren, die überprüft und nachgewiesen werden kann, was wiederum den nächsten Wissenschaftler auf den Plan ruft, der sich ein bisschen weniger täuscht. Forschung ist ein ständiger Prozess des Lernens, der uns ein bisschen mehr über Dinge lehrt und aufzeigt, wo wir uns geirrt haben, und er ist niemals »abgeschlossen«. Wenn du also die Überschrift liest »Neue Studie zeigt ...« oder »Neueste Forschungen beweisen ...«, lies es mit Skepsis. Eine Studie ist kein Beweis für irgendetwas. In diesem Buch haben wir uns nur auf Erkenntnisse gestützt, die seit vielen Jahrzehnten erwiesen sind und durch zahlreiche Ansätze bestätigt wurden. Trotzdem liefert Wissenschaft keine absolute Wahrheit, nur die bestmögliche Wahrheit, über die wir verfügen. Wissenschaft ist in gewissem Sinne keine exakte Wissenschaft.

Eine zweite Einschränkung: Die Methode der Sozialwissenschaften besteht im Allgemeinen im Erfassen und Messen vieler Daten von Versuchsteilnehmern und in der Ermittlung des durchschnittlichen Maßes all dieser Probanden, denn Menschen sind *unterschiedlich.* Nur weil etwas auf eine Gruppe von Menschen zutrifft – zum Beispiel »Amerikanische Frauen sind im Durchschnitt 1,63 Meter groß« –, bedeutet es nicht, dass es auf jedes einzelne Individuum der

Gruppe zutrifft. Wenn du also eine amerikanische Frau triffst, die kleiner oder größer als 1,63 Meter ist, bedeutet das nicht, dass mit ihr etwas nicht stimmt, sie weicht nur vom Durchschnitt ab. Auch die wissenschaftliche Aussage ist nicht falsch; es ist wahr, dass amerikanische Frauen im Durchschnitt 1,63 Meter groß sind – aber das sagt uns nichts über jede einzelne Frau, die wir treffen. Wenn du im Buch also etwas Wissenschaftliches über »Frauen« liest, das auf dich nicht zutrifft, bedeutet es weder, dass die wissenschaftliche Aussage falsch ist, noch, dass etwas mit dir nicht stimmt. Menschen weichen vom Durchschnitt ab, und sie verändern sich. Wissenschaft ist ein zu stumpfes Instrument, um die Situation jeder Frau zu erfassen.

Eine dritte Einschränkung: Wissenschaft ist oft teuer, und wer dafür bezahlt, kann die Ergebnisse beeinflussen und bestimmen, ob sie veröffentlicht werden oder nicht. So begeistert wir von empirischen Belegen für Praktiken sind – es ist wichtig zu bedenken, woher die Belege stammen und warum wir vielleicht gegenteilige Belege nicht sehen wollen.[10]

Wissenschaft ist noch in weiterer Hinsicht begrenzt, die in einem Buch über Frauen erwähnt werden muss: Wenn in einem Forschungsbericht gesagt wird, dass »Frauen« untersucht wurden, dann bedeutet das fast immer, es wurden Frauen untersucht, die in einem Körper geboren wurden, der alle Erwachsenen um sie herum veranlasste zu sagen: »Es ist ein Mädchen«. Und dann wurde die Person als Mädchen erzogen und wuchs zu einer Erwachsenen heran, die sich in der psychologischen Identität und sozialen Rolle der »Frau« wohlfühlte. Es gibt viele Menschen, die sich als Frau fühlen und für die mindestens eines davon nicht zutrifft, und es gibt viele Menschen, die sich *nicht* als Frau fühlen, für die eines oder mehr davon zutrifft. Wenn wir hier das Wort »Frau« benutzen, dann meinen wir meistens »Menschen, die sich als Frau fühlen«, aber wir sollten uns im Klaren sein: Wenn wir uns auf wissenschaftliche Aussagen beziehen, beschränken wir uns auf Frauen, die bei der Geburt als solche identifiziert und entsprechend erzogen wurden, denn sie wurden meistens in der Forschung untersucht. (Sorry.)

Also. Wir versuchen so wissenschaftlich wie möglich vorzugehen, sind uns aber der Grenzen bewusst.

Da kommt die Kunst ins Spiel.

Science-Fiction-Autorin Cassandra Clare schreibt: »Fiktion ist Wahrheit, auch wenn es nicht Realität ist.« Das ist der Sinn von Geschichten – und tatsächlich haben Forschungen ergeben, dass Menschen Wissenschaft besser verstehen, wenn sie durch Geschichten vermittelt wird! Deshalb werden wir parallel zu Neurowissenschaft und Bioinformatik über Disney-Prinzessinnen, Science-Fiction-Dystopien, Popmusik und mehr sprechen, denn Geschichten erzählen mehr, als Wissenschaft erkennen kann.

Die Eule und der Käse

Hier kommt eine Studie[11], die echte Wissenschaftler tatsächlich durchgeführt haben: Den Teilnehmern wurden Labyrinthe vorgelegt – einfach Linien auf Papier –, und sie sollten eine Cartoon-Maus von einer Seite des Labyrinths auf die andere befördern. In einer Version des Labyrinths schwebte eine Eule bedrohlich über der Seite und jagte die Maus. In einer anderen Version erwartete die Maus am Ziel ein Stück Käse.

Welche Gruppe war kreativer – die, die das Tierchen zu einem Stück Käse führen sollte, oder die, die es vor einer Eule aus dem Labyrinth retten sollte?

Die Käsegruppe. Die Teilnehmer durchliefen mehr Labyrinthe und waren schneller, wenn ihre Fantasie durch eine Belohnung beflügelt wurde, auch wenn es nur das Bild eines Käsestücks war, als wenn sie aus einer unangenehmen Lage flohen.

Wenn man darüber nachdenkt, ist das verständlich. Wenn man auf ein bestimmtes ersehntes Ziel hinarbeitet, konzentrieren sich Aufmerksamkeit und Anstrengungen auf dieses einzelne Ergebnis. Wenn man aber vor einer Bedrohung flieht, ist es egal, wo man landet, solange man vor der Bedrohung sicher ist.

Die Moral der Geschichte ist: Wir entwickeln uns, wenn wir ein positives Ziel haben, zu dem wir uns hinbewegen, statt einfach einer negativen Situation zu entkommen versuchen. Wenn wir es dort hassen, wo wir sind, ist unsere instinktive Reaktion oft, ziellos vor der

»Eule« der gegenwärtigen Situation wegzulaufen, was uns vielleicht irgendwo hinführt, wo es nicht viel besser ist. Wir brauchen etwas Positives, auf das wir uns zubewegen. Wir brauchen den Käse.

Der »Käse« bei *Stress* ist nicht allein, sich weniger überfordert und erschöpft zu fühlen oder sich keine Sorgen mehr zu machen, ob man »genug« mache. Der Käse ist es, stark zu werden, so stark, dass wir mit allen Eulen und Labyrinthen fertig werden, denen wir begegnen.

Wir versprechen dir: In welcher Lebenssituation auch immer du dich gerade befindest – ob du mit tiefster Verzweiflung kämpfst und nach einem Ausweg suchst oder ob es dir gut geht und du nach Mitteln suchst, um noch stärker zu werden –, du wirst auf diesen Seiten etwas Brauchbares finden. Wir beweisen dir, dass du ganz normal bist und nicht allein. Wir bieten dir evidenzbasierte Techniken, die du anwenden kannst, wenn du gerade zu kämpfen hast, und die du an liebe Menschen weitergeben kannst, die es ebenfalls gerade nicht leicht haben. Wir überraschen dich mit wissenschaftlichen Erkenntnissen, die dem »gesunden Menschenverstand« widersprechen, der dich bisher begleitet hat. Und wir wollen dich dazu anregen und befähigen, dein Leben positiv zu verändern, genauso wie das derjenigen, die du liebst.

Dieses Buch zu schreiben, hat all das bei uns bewirkt – uns gezeigt, dass wir normal und nicht allein sind. Es hat uns wichtige Techniken gelehrt, die wir anwenden können, wenn wir zu kämpfen haben, und uns überrascht und gestärkt. Es hat unser Leben bereits verändert und wir glauben, es wird auch deines verändern.

TEIL 1

WAS DU MITNIMMST

BEENDE DEN ZYKLUS

»Ich habe beschlossen, von nun an Drogen zu verkaufen, damit ich meinen Job kündigen kann.«

Das hat Amelias Freundin Julie kürzlich auf die Frage »Wie geht's dir?« geantwortet, an dem Samstag, bevor das neue Schuljahr begann. Das war natürlich ein Scherz … oder auch nicht. Sie ist Mittelstufenlehrerin. Ihr Burnout hatte einen solchen Schweregrad erreicht, dass die Aussicht auf den Schulbeginn ein solches Maß an Angst auslöste, dass sie um zwei Uhr nachts nach einer Flasche Chardonnay griff.

Niemandem gefällt die Vorstellung, dass die Lehrerin der eigenen Kinder ausgebrannt, verbittert und Trinkerin ist, aber sie ist nicht allein. Burnout – mit seinem Zynismus, dem Gefühl der Hilflosigkeit und vor allem der emotionalen Erschöpfung – ist erstaunlich verbreitet.

»Ich habe letztens eine Geschichte über einen Lehrer gelesen, der am ersten Schultag betrunken und ohne Hose auftauchte, und ich dachte: ›Das hätte mir auch passieren können‹«, erzählte Julie Amelia nach dem ersten Glas Wein.

»Angst ist übersteigerte Sorge«, sagte Amelia und erinnerte sich an ihre eigene Zeit als Mittelstufenlehrerin für Musik, »und die Sorge rührt von der Anhäufung fortdauernden Stresses her, Tag für Tag.«

»Ja«, erklärte Julie und füllte sich erneut das Glas.

»Das Dumme am Unterrichten ist, dass du niemals die Ursachen des Stresses loswirst«, sagte Amelia. »Und damit meine ich nicht die Kinder.«

»Genau«, stimmte Julie zu. »Wegen der Kinder bin ich hier. Aber es ist die Verwaltung und der Papierkram und der ganze Mist.«

»Die Stressoren wirst du nicht los«, sagte Amelia, »aber du kannst dich vom Stress befreien, wenn du weißt, wie du den Stressreaktionszyklus beendest.«

»Auf jeden Fall«, sagte Julie mit Nachdruck. Dann fügte sie hinzu: »Was meinst du mit ›den Zyklus beenden‹?«

Dieses Kapitel ist die Antwort auf Julies Frage, und es könnte der wichtigste Gedanke des Buches sein: Mit deinem Stress umzugehen, ist etwas anderes, als mit den Dingen umzugehen, die dir Stress bereiten. Um deinen Stress zu bewältigen, musst du den *Zyklus beenden.*

»Stress«

Wir wollen zuerst unseren Stress von unseren Stressoren unterscheiden.

Stressoren lösen eine Stressreaktion in unserem Körper aus. Ein Stressor kann alles sein, was du siehst, hörst, riechst, berührst, schmeckst oder dir vorstellst. Es gibt äußere Stressoren wie Arbeit, Geldangelegenheiten, Familie, Zeit, kulturelle Normen und Erwartungen, Erfahrungen von Diskriminierung und so weiter. Und es gibt weniger greifbare, innere Stressoren wie Selbstkritik, Körperwahrnehmung, Identität, Erinnerungen und Gedanken an die Zukunft. All diese Dinge können auf verschiedene Weise und in unterschiedlichem Maße von deinem Körper als *Bedrohungen* wahrgenommen werden.

Stress ist die neurologische und physiologische Veränderung, die in deinem Körper vor sich geht, wenn du dich mit einer dieser Bedrohungen konfrontiert siehst. Es ist eine evolutionäre Anpassungsreaktion, die uns hilft, Gefahren zu bewältigen, wie etwa von einem Löwen gejagt oder von einem Nilpferd angegriffen zu werden.[12] Wenn dein Gehirn den Löwen (oder das Nilpferd) registriert, aktiviert es eine generische Stressreaktion, eine Kaskade neurologischer und hormonaler Aktivität, die physiologische Veränderungen bewirkt, die dir wiederum helfen zu überleben: Adrenalin sorgt sofort dafür, dass deine Muskeln stärker durchblutet werden, Kortisol hält dich auf Trab, und Endorphine helfen dir zu ignorieren, wie heikel die Situation ist. Dein Herz schlägt schneller, dein Blutdruck steigt und du atmest schneller (Messungen der Herzkreislauffunktion sind ein verbreitetes Verfahren von Stressforschern).[13] Deine Muskeln sind angespannt, deine Schmerzempfindlichkeit nimmt ab. Deine Aufmerksamkeit ist erhöht, du bist hellwach und in Alarmbereitschaft, konzentriert auf das Hier und Jetzt, auf kurzfristige Entscheidungen. Deine Sinne sind geschärft, deine Erinnerung schränkt ihre Funktion auf das schmale Band von Erfahrung und Wissen ein, das unmittelbar relevant für diesen Stressor ist. Um die Leistungsfähigkeit deines Körpers zu erhöhen, treten zudem andere Organsysteme in den Hintergrund: Deine Verdauung wird langsamer, und deine Immunfunktion ändert sich (Messungen der Immunfunktion sind ein weiteres Verfahren von Stressforschern).[14] Ebenso Wachstum, Gewebereparatur und Fortpflanzungsfunktion. Dein ganzer Körper und dein Geist verändern sich als Reaktion auf die wahrgenommene Bedrohung.

Da kommt also der Löwe. Die Stressreaktion hat dich vollkommen im Griff. Was machst du?

Du rennst.

Du siehst, die komplexe, alle Systeme erfassende Reaktion hat ein Hauptziel: zu fliehen und dafür Sauerstoff und Energie in deine Muskeln zu befördern. Alle anderen für diese Aufgabe nicht relevanten Prozesse werden zurückgestellt. Wie Robert Sapolsky es ausdrückt: »Bei uns Wirbeltieren geht es bei der Stressreaktion im Kern darum, dass unsere Muskeln wie verrückt anfangen zu arbeiten.«[15]

Du rennst also. Und dann?

Dann gibt es nur zwei Möglichkeiten des Ausgangs: Entweder wirst du von dem Löwen gefressen (oder von dem Nilpferd niedergetrampelt – in beiden Fällen spielt der Rest keine Rolle), oder du entkommst! Du überlebst! Du läufst zurück in dein Dorf, während der Löwe dich die ganze Zeit verfolgt, und du rufst um Hilfe! Alle kommen heraus und helfen dir, den Löwen zu erlegen – du bist gerettet! Juhu! Du empfindest Liebe und Dankbarkeit für deine Freunde! Du bist so froh und dankbar, dass du lebst! Die Sonne scheint in deiner Wahrnehmung heller, während du dich dem beruhigenden Gefühl hingibst, dass du dich in deinem Körper sicher fühlen kannst. Das Dorf bereitet Teile des Löwen zusammen zu, und es wird ein Fest gefeiert. Dann wird der Rest des Kadavers, der nicht verwendet werden kann, in einer ehrenden Zeremonie begraben. Hand in Hand mit den Menschen, die du liebst, atmest du tief ein und dankst dem Löwen für sein Opfer.

Der Stressreaktionszyklus ist beendet und du lebst glücklich bis ans Ende deiner Tage.

Nur weil du den Stressor bezwungen hast, hast du nicht den Stress bewältigt

Unsere Stressreaktion ist perfekt an die Umwelt angepasst, in der sie sich entwickelt hat. Indem wir mit dem Löwen fertiggeworden sind, haben wir den Stressreaktionszyklus beendet. Daher könnte man annehmen, dass die Eliminierung des Löwen – der Ursache des Stresses – den Zyklus beende.

Aber so ist es nicht.

Stell dir vor, du läufst vor dem Löwen weg, und er wird vom Blitz getroffen! Du drehst dich um und siehst den toten Löwen, aber bist du plötzlich ruhig und entspannt? Nein. Du bleibst stehen, verwirrt, mit klopfendem Herzen, der Blick huscht suchend umher. Dein Körper will fliehen oder kämpfen oder sich in einer Höhle verstecken und weinen. Die Bedrohung mag durch einen Akt Gottes beseitigt sein, aber du musst noch etwas tun, das deinem Körper vermittelt, dass du sicher bist. Der Stressreaktionszyklus muss beendet werden, und die Eliminierung des Stressors ist dafür nicht ausreichend. Du läufst also vielleicht zurück zu deinem Dorf und erzählst deinen Leuten atemlos, was passiert ist, und ihr hüpft auf und nieder, freut euch und dankt Gott für den Blitzschlag.

Oder ein modernes Beispiel: Angenommen, der Löwe greift an – er stürzt auf dich zu! Adrenalin und Kortisol und Glykogen, oh Gott! Schnell entschlossen ergreifst du dein Gewehr und erschießt den Löwen, um dein eigenes Leben zu retten. Der Löwe fällt tot um.

Und nun? Die Bedrohung ist weg, aber wieder ist dein Körper noch im Aktionsmodus, weil du noch nichts getan hast, was deinem Körper signalisiert, dass du sicher bist. Dein Körper steckt noch mitten in der Stressreaktion. Dir selbst zu sagen: »Du bist jetzt sicher, beruhige dich,« hilft nicht. Selbst der Anblick des toten Löwen reicht nicht. Du musst etwas tun, das deinem Körper signalisiert: »Ich bin sicher«, sonst bleibst du in diesem Zustand, in dem die Botenstoffe und Hormone zwar abnehmen, aber nie ein Zustand der Entspannung eintritt. Dein Verdauungs-, Immun- und Herzkreislaufsystem, deine Muskulatur und dein Fortpflanzungssystem erhalten nie das Signal, dass du sicher bist.

Aber warte, es geht noch weiter: Angenommen, der Stressor ist kein Löwe, sondern irgendein Idiot bei der Arbeit. Dieser Idiot bedroht zwar nicht dein Leben, aber er geht dir auf die Nerven. Bei einem Meeting sagt er etwas Blödes, und bei dir werden ähnlich viel Adrenalin, Kortisol und Glykogen freigesetzt.[16] Aber du musst dasitzen und »nett« sein. Dich »sozial angemessen« verhalten. Die Situation würde nur eskalieren, wenn du über den Tisch springen und ihm die Augen auskratzen würdest, wie deine Physiologie es dir sagt. Stattdessen musst du ruhig bleiben, sozial angemessen, dich mit seinem Vorgesetzten treffen und dessen Unterstützung dafür einholen, dass du das nächste Mal einschreiten kannst, wenn der Idiot Blödsinn erzählt.

Glückwunsch!

Aber die Ursache des Stresses anzugehen, bedeutet nicht, dass du den Stress selbst aufgehoben hast. Dein Körper ist vollgesogen mit Stresssaft und wartet auf ein Zeichen, dass du jetzt sicher vor der Bedrohung bist und entspannt feiern kannst.

Und das geschieht Tag für Tag.

Sehen wir uns an, was das nur bei einem einzigen System anrichtet, dem Herzkreislaufsystem: Ist die Stressreaktion chronisch aktiviert, bedeutet das chronisch erhöhten Blutdruck. Das ist so, als würde ständig ein Löschschlauch in unsere Blutgefäße gehalten, die evolutionär nur für einen sanft fließenden Strom gemacht sind. Die erhöhte Abnutzung unserer Blutgefäße führt zu einem erhöhten Risiko für Herzkrankheiten. So kann chronischer Stress Ursache für lebensbedrohende Krankheiten sein.

Und das geschieht in jedem Organsystem unseres Körpers. Verdauung, Immunfunktion, Hormone. Wir sind nicht dafür geschaffen, in diesem Zustand zu leben. Wenn wir da nicht herauskommen, kann uns die physiologische Reaktion, die uns eigentlich retten soll, langsam töten.

Das ist die verkehrte Welt, in der wir leben: In der modernen, nachindustriellen westlichen Welt tötet dich der Stress schneller als der Stressor – es sei denn, du tust etwas, um den Zyklus zu beenden. Während du es täglich mit Stressoren zu tun hast, muss dein Körper den täglichen Stress bewältigen, und es ist absolut essenziell für dein Wohlergehen – so wie Schlafen und Essen absolut notwendig sind –, dass du deinem Körper gibst, was er braucht, um die aktivierten Stressreaktionszyklen zu beenden.

Bevor wir darüber sprechen, wie das geht, wollen wir klären, warum wir das nicht schon tun.

Warum wir stecken bleiben

Es gibt viele Gründe, warum der Zyklus vielleicht nicht beendet wird. Das sind die drei häufigsten:

1. *Chronischer Stressor, chronischer Stress.* Manchmal wird in deinem Gehirn eine Stressreaktion aktiviert, und du tust, was sie sagt, aber es ändert nichts an der Situation.

   »Lauf!«, sagt sie, wenn du mit einem Projekt konfrontiert bist, vor dem du dich fürchtest, beispielsweise vor einer Gruppe Menschen zu sprechen, einen umfangreichen Bericht zu schreiben oder mündlich abzugeben, oder dich für einen Job vorzustellen.

   Du »rennst«, wie man es im 21. Jahrhundert macht: Du drehst laut Beyoncé auf, wenn du nach Hause kommst, und tanzt den körperlichen Stress eine halbe Stunde lang weg.

   »Wir sind dem Löwen entkommen!«, sagt dein Gehirn, atemlos und grinsend. Du klatschst dich selbst ab, und in deinem Gehirn werden alle möglichen Wohlfühl-Botenstoffe freigesetzt.

   Und am nächsten Tag … ist das Projekt, das du fürchtest, immer noch da. »Lauf weg!«, sagt dir dein Gehirn wieder. Und der Kreislauf beginnt von vorn.

Wir stecken in der Stressrektion fest, weil wir in einer stressauslösenden Situation feststecken. Das ist nicht immer schlimm – es ist nur schlecht, wenn der Stress unsere Fähigkeit übersteigt, ihn zu verarbeiten, was leider häufig der Fall ist, weil …

2. *Soziale Akzeptanz.* Manchmal aktiviert das Gehirn eine Stressreaktion, aber du kannst nicht tun, was sie dir sagt: »Lauf!«, ruft sie, indem Adrenalin ausgeschüttet wird.

»Ich kann nicht!«, erwiderst du. »Ich stecke mitten in einem Examen!«

Oder sie sagt dir: »Schlag dem Arschloch ins Gesicht!«, indem Kortisol in dein Blut gepumpt wird.

»Ich kann nicht!«, sagst du. »Er ist mein Kunde!«

Du sitzt also höflich da, lächelst wohlwollend und tust dein Bestes, während dein Körper darauf brennt, etwas zu tun.

Und manchmal sagt dir deine Umwelt, dass es falsch ist, diesen Stress zu empfinden – aus vielen Gründen falsch: Es ist nicht nett; es ist schwach; es ist unhöflich.

Viele von uns sind dazu erzogen, »gute Mädchen« zu sein, »nett« zu sein. Angst und Wut und andere unangenehme Gefühle können deinen Mitmenschen Kummer bereiten, und es ist nicht angemessen, solche Empfindungen vor anderen zu haben. Wir lächeln und ignorieren unsere Gefühle, denn sie sind weniger wichtig als die der anderen.

Außerdem hat uns unsere Kultur gelehrt, dass es schwach ist, solche Gefühle zu haben. Du bist eine kluge, starke Frau, wenn du also die Straße entlanggehst und ein Mann schreit: »Hübsche Titten!«, zwingst du dich, es zu ignorieren. Du sagst dir, dass du nicht in Gefahr bist, dass es irrational ist, wütend oder ängstlich zu sein, und der Mann wäre es ohnehin nicht wert, er sei nicht wichtig.

Dabei schreit dein Gehirn: »Widerlich!«, und veranlasst dich, schneller zu gehen.

»Was ist?«, ruft der Mann, der es nicht wert ist, hinter dir her. »Kannst du kein Kompliment annehmen?«

»Ignorier es einfach«, sagst du dir und schluckst das Adrenalin runter. »Du bist zu stark, um dich davon beeindrucken zu lassen.«

Uns wurde beigebracht, dass es unhöflich ist, auf solche Anmaßungen emotional zu reagieren. Wenn dein Cousin einen frauenfeindlichen Kommentar bei Facebook postet, könntest du ihn ANSCHREIEN, WARUM ER DINGE WIEDERHOLE, DIE NICHT NUR FAKTISCH, SONDERN AUCH MORALISCH FALSCH SIND, VERFLUCHTE SCHEISSE, »ICH KANN NICHT GLAUBEN, DASS ICH DAS IMMER NOCH SAGEN MUSS.« Dann würde er – und wahrscheinlich noch einige andere Leute – antworten, dass du vielleicht recht hättest, aber dass er dir nicht zuhören könne, wenn du so schrill klingen würdest. So wütend. Du musst deine Argumente *höflicher* vortragen, wenn du ernst genommen werden willst.

Sei nett, sei stark, sei höflich. Keine Gefühle.

3. *Es ist sicherer.* Gibt es eine Strategie, mit der, nennen wir es Belästigung auf der Straße, umzugehen, durch die sowohl die Situation als auch der Stress, den die Situation verursacht, bewältigt wird? Klar. Dreh dich um und verpass dem Mann eine Ohrfeige. Aber was dann? Wird ihm plötzlich klar werden, dass Belästigung auf der Straße nicht in Ordnung ist, und es lassen? Wahrscheinlich nicht. Eher wird die Situation eskalieren, und er wird zurückschlagen. In dem Fall wird es viel gefährlicher. Manchmal ist weiterzugehen der Sieg. Lächeln und nett sein, es ignorieren und dir sagen, dass es unwichtig ist – das sind Überlebensstrategien. Benutze sie mit Stolz. Nur vergiss nicht, dass diese Überlebensstrategien nicht den Stress selbst bewältigen. Sie stellen das Bedürfnis deines Körpers, den Zyklus zu beenden, zurück, sie heben es nicht auf.

Es gibt so viele Arten, deine Stressreaktion zu leugnen, zu ignorieren oder zu unterdrücken! Aus all den genannten Gründen und anderen laufen die meisten von uns mit Jahrzehnten unvollendeter Stressreaktionszyklen herum, die in uns brodeln und darauf warten, beendet zu werden.

Und dann kommt Erstarrung.

Erstarrung

Wir haben die Stressreaktion mit den bekannten Begriffen »Kampf« oder »Flucht« beschrieben. Wenn du dich bedroht fühlst, entscheidet das Gehirn im Bruchteil einer Sekunde, welche Reaktion am ehesten geeignet ist, dein Überleben zu sichern. Es kommt zur *Flucht*, wenn dein Gehirn eine Bedrohung wahrnimmt und entscheidet, dass du wahrscheinlich überlebst, wenn du versuchst zu entkommen. Zum *Kampf*, wenn dein Gehirn entscheidet, dass du wahrscheinlich überlebst, wenn du versuchst, die Gefahr zu besiegen. Vom biologischen Standpunkt sind Kampf und Flucht dasselbe. Flucht ist Angst (Vermeidung), während Kampf Wut (Vorstoß) ist, aber beide Formen sind die »LOS, TU ETWAS!«-Stressreaktion des sympathischen Nervensystems.

Eine besondere Reaktion ist Erstarren. Erstarrung folgt, wenn das Gehirn zu dem Schluss kommt, dass du zu langsam bist, um wegzulaufen, und zu klein, um zu kämpfen, und deine größte Chance zu überleben ist, dich tot zu stellen, bis die Gefahr vorbei ist oder jemand dir zu Hilfe kommt. Erstarren ist deine allerletzte Stressreaktion, sie ist Gefahren vorbehalten, die das Gehirn als lebensbedrohend wahrnimmt, wenn Kampf oder Flucht keine Option sind. Während deine Stressreaktion schon auf vollen Touren läuft, tritt dein Gehirn auf die Bremse – das parasympathische Nervensystem überschwemmt das sympathische – und du schaltest ab.

Stell dir vor, du seist eine Gazelle, die vor einem Löwen davonläuft. Du bist in vollem Lauf, voller Adrenalin – aber spürst plötzlich die Zähne des Löwen in deiner Hüfte. Was machst du? Du kannst nicht mehr laufen – der Löwe hat dich erwischt. Du kannst nicht kämpfen – der Löwe ist stärker. Dein Nervensystem tritt auf die Bremse. Du brichst zusammen und stellst dich tot. Das ist Erstarren.

Du musst über Erstarrung nichts wissen, denn dein Gehirn entscheidet darüber. Aber wenn du nicht weißt, dass es diese Reaktion gibt, denkst du vielleicht an eine Situation, als du in Gefahr warst, und fragst dich, warum du nicht getreten und geschrien hast, warum du nicht gekämpft hast oder weggelaufen bist – warum es dir so vorkam, als *könntest* du nicht schreien oder treten oder weglaufen. Dein Gehirn hat versucht, dich angesichts einer lebensbedrohlichen Gefahr zu retten, und ist in einem allerletzten Versuch, dich am Leben zu erhalten, auf die Bremse getreten.

Und weißt du was? Es hat funktioniert. Hier bist du. Du lebst und liest ein Buch über Stress. Hallo! Wir freuen uns, dass du hier bist. Wir sind deinem Gehirn dankbar, dass es dich am Leben gehalten hat.

»Auflösung«

In unserer Kultur haben wir viele Beschreibungen dafür, wie es sich anfühlt, wenn unser Gehirn die »Los!«-Stressreaktion auslöst. Wenn dein Gehirn Kampf ansagt, bist du *irritiert, verärgert, frustriert, wütend, zornig* oder *aufgebracht*. Auch wenn es sich für Flucht entscheidet, haben wir Wörter, die das Gefühl beschreiben: *unsicher, besorgt, verängstigt, erschrocken sein, große Angst haben*. Aber wie beschreibt man das Gefühl der »Erstarrung«? Wörter, die vielleicht passen: *Abschalten. Taub. Bewegungsunfähig. Abgetrennt. Versteinert.* Allein schon das Wort *sympathisch* bedeutet »mit Emotion«, während *parasympathisch*, das System, das für Erstarren sorgt, »jenseits von Emotion« bedeutet. Du fühlst dich vielleicht getrennt von der (Um-)Welt, apathisch, als wäre dir alles gleichgültig oder nichts von Bedeutung. Es kommt dir vor, als wärst du ... draußen.

Wir haben schon kein passendes Wort für die Erfahrung der »Versteinerung«, aber das, was danach kommt, können wir tatsächlich noch weniger in Worte fassen: Nachdem die Gazelle als Reaktion auf den Angriff des Löwen erstarrt ist, lässt die Raubkatze zufrieden von ihrer Beute ab, um ihre Jungen zu holen, damit sie von der Gazelle fressen können. Und da geschieht das Wunder. Sobald die Gefahr vorüber ist, löst sich die Bremse allmählich und die Gazelle beginnt zu beben und zu zittern. All das Adrenalin und Kortisol, das sich in ihrem Blut aufgestaut hat, werden in diesem Prozess freigesetzt, genauso wie diese Hormone beim Weglaufen freigesetzt werden.

Das ist bei allen Säugetieren so. Als wir mit einer Bekannten über die Erstarrung sprachen, rief sie aus: »Das war es also! Ich habe kürzlich versehentlich eine Katze mit dem Auto angefahren und sie lag einfach bewegungslos da. Ich hatte Angst, dass sie tot sei, und fühlte mich schrecklich. Dann begann sie zu zucken und zu beben, und ich dachte, sie hätte einen Anfall, bis es so schien, als würde sie aufwachen … und dann lief sie weg.«

Das geschieht auch Menschen. Einige haben uns davon erzählt: »Das ist meiner Freundin passiert, als sie nach einer Operation aus der Narkose aufwachte.«

Und: »Mein Kind hat das in der Notaufnahme erlebt.«

Und: »Als ich ein Trauma aufgearbeitet hatte, geriet mein Körper in diesen Zustand, und es machte mir Angst, weil ich während des Traumas auch das Gefühl gehabt hatte, keine Kontrolle zu haben. Jetzt weiß ich, dass mein Körper für mich sorgte; es war Teil der Heilung.«

Wir haben keine Worte für die Erfahrung, wenn die Bremsen gelöst werden – das Zittern, Beben, Muskeldehnen, die unwillkürliche Reaktion, die oft von Wellen der Wut, Panik und Scham begleitet wird. Wenn du nicht weißt, was es ist, kann es Angst machen. Du versuchst vielleicht, dagegen anzukämpfen oder es zu kontrollieren. Deshalb ist es wichtig, dass wir ihm einen Namen geben: Wir nennen es »Auflösung«, und es ist nichts, wovor man Angst haben muss. Es gehört zur Beendigung des Stressreaktionszyklus und ist normal und gesund, eine physiologische Reaktion, die von allein aufhört. Normalerweise dauert es nur ein paar Minuten. Für gewöhnlich kommt es in extremen Fällen dazu, in denen der Stressreaktionszyklus plötzlich unterbrochen wurde und nicht beendet werden konnte. Die Auflösung ist Teil des Heilungsprozesses nach einem traumatischen Erlebnis oder nach langanhaltendem, intensivem Stress.

Vertrau deinem Körper. Ob man sich dessen bewusst ist, woher diese Gefühle kommen, oder nicht, spielt keine Rolle. Bewusstsein und Verständnis sind nicht notwendig, um die starke emotionale Bewegung zu spüren, die dich erfasst und aus dir herausbricht. Du weinst ohne Grund? Großartig! Registriere einfach jede scheinbar grundlose Emotion, jedes Empfinden, jedes Zittern, und sage: »Ah. Die Auflösung.«

Die wirksamste Art, den Zyklus zu beenden

Was machst du, wenn du von einem Löwen gejagt wirst? Du rennst.

Was machst du, wenn du davon gestresst bist, im 21. Jahrhundert mit all seiner Bürokratie, Mühen und Anforderungen zu leben? Du rennst. Oder schwimmst. Oder tanzt durchs Wohnzimmer und singst zu Beyoncé oder schwitzt es in einem Zumba-Kurs aus oder machst buchstäblich alles, was deinen Körper so in Bewegung bringt, dass du tief atmest.

Wie lange? Für die meisten reichen zwanzig bis sechzig Minuten am Tag. Und da du an den meisten Tagen Stress erlebst, solltest du auch fast täglich den Stressreaktionszyklus beenden. Vom Stuhl aufzustehen, tief einzuatmen, alle Muskeln zwanzig Minuten anzuspannen und dann unter langem Ausatmen auszuschütteln, ist schon ein guter Anfang.

Denk dran, dein Körper weiß nicht, was eine »Steuererklärung« ist oder was es bedeutet, »einen zwischenmenschlichen Konflikt rational zu lösen«. Aber er kann hochspringen. Benutze seine Sprache – und das ist *Körper*sprache.

Du hast schon oft gehört, Sport sei gut für dich. Dass er gegen Stress helfe, deine Gesundheit, Laune und Denkfähigkeit verbessere.[17] Der Grund ist folgender: Körperliche Aktivität signalisiert deinem Gehirn, dass du die Bedrohung erfolgreich überlebt hast und in deinem Körper sicher bist. *Körperliche Aktivität ist die wirksamste Strategie, um den Stressreaktionszyklus zu beenden.*

Andere Arten, den Zyklus zu beenden

Körperliche Aktivität – wirklich jede Bewegung deines Körpers – ist das Mittel der Wahl im Kampf gegen Burnout. Aber es ist nicht das einzige, das geeignet ist, den Stressreaktionszyklus zu beenden – bei Weitem nicht! Hier sind sechs andere evidenzbasierte Strategien.

Atmen. Tiefes, langsames Atmen reguliert die Stressreaktion herunter – besonders wenn die Ausatmung lang und langsam, bis zur letzten Atemluft erfolgt, sodass du den Bauch einziehst. Atmen ist am wirksamsten, wenn der Stresspegel nicht zu hoch ist oder du nur einen Teil abtragen willst, um eine schwierige Situation durchzustehen. Anschließend kannst du etwas Wirksameres machen. Auch wenn du unter den Nachwirkungen eines Traumas leidest, ist der einfachste und sanfteste Weg, um sich davon zu lösen, tief zu atmen; es ist ein guter Anfang. Eine einfache Übung ist, einzuatmen und dabei bis fünf zu zählen, dann den Atem anzuhalten bis fünf, dann auszuatmen und langsam bis zehn zu zählen, dann eine Pause zu machen bis fünf. Mach das dreimal – nur eine Minute und fünfzehn Sekunden – und beobachte, wie es dir geht.

Positive soziale Interaktion. Lockere, aber freundliche soziale Interaktion ist das erste äußere Zeichen, dass die Welt ein sicherer Ort ist. Die meisten von uns denken, es sei uns lieber, wenn uns unser Sitznachbar im Zug in Ruhe ließe und gegenseitiges Schweigen herrsche. Aber es zeigt sich, dass die Menschen sich wohler fühlen, wenn sie eine höfliche, lockere Unterhaltung mit ihrem Sitznachbarn führen.[18] Menschen mit einem größeren Bekanntenkreis sind glücklicher.[19] Bestell dir eine Tasse Kaffee und sag »Schönen Tag noch!« zum Barista. Mach der Frau in der Kantine ein Kompliment zu ihren Ohrringen. Vermittle deinem Gehirn, dass die Welt ein sicherer, vernünftiger Ort ist und nicht alle Menschen ätzend sind. Es hilft!

Lachen. Zusammen lachen – selbst sich nur daran zu erinnern, wie man zusammen gelacht hat – erhöht die Zufriedenheit in einer Beziehung.[20] Wir meinen nicht höfliches oder »künstliches« Lachen, wir meinen dröhnendes Lachen – tiefes, unhöfliches, haltloses Lachen. Wenn wir lachen, so die Neurowissenschaftlerin Sophie Scott, benutzen wir ein entwicklungsgeschichtlich sehr altes System, das Säugetiere entwickelt haben, um soziale Bindungen herzustellen und zu erhalten und um Gefühle zu regulieren.[21]

Zuneigung. Wenn freundliches Geplauder mit Kollegen nicht hilft und du zu gestresst bist, um zu lachen, ist eine tiefere Beziehung zu einem fürsorglichen Begleiter notwendig. Meistens ist das ein liebender und geliebter Mensch, der dich mag, dich respektiert und dir vertraut und dem gegenüber du ebenso empfindest. Es muss keine physische Anziehung im Spiel sein, obwohl körperliche Nähe großartig ist. Eine liebevolle Umarmung in einem sicheren, vertrauensvollen Kontext kann deinem Körper ebenso das Gefühl vermitteln, du wärst gerade einer Gefahr entronnen, wie ein paar Meilen zu joggen, und es kostet wesentlich weniger Schweiß.

Ein Beispiel für eine Zuneigungsübung ist der »Sechs-Sekunden-Kuss« des Beziehungsforschers John Gottman. Er rät, deinen Partner jeden Tag sechs Sekunden lang zu küssen. Es geht um einen sechs Sekunden langen Kuss, nicht sechs Küsse von je einer Sekunde Dauer. Wenn du darüber nachdenkst, ist das möglicherweise unangenehm lang. Jedenfalls zu lang, um jemanden zu küssen, dem du nicht so nah sein willst oder den du nicht magst, und viel zu lang, um jemanden zu küssen, bei dem du dich nicht sicher fühlst. Für einen so langen Kuss musst du innehalten und dir bewusst sein, dass du diese Person magst, dass du ihr vertraust und Zuneigung für sie empfindest. Wenn du all das spürst, signalisiert der Kuss deinem Körper, dass du sicher bist.

Ein anderes Beispiel: Umarme jemanden, den du liebst und dem du vertraust, für volle zwanzig Sekunden, während ihr beide mit eurem Körperschwerpunkt ausbalanciert steht. Meistens sind Umarmungen eine Art flüchtiges Hinüberlehnen oder man lehnt sich in einer längeren Umarmung aneinander, sodass der eine hinfallen würde, wenn der andere losließe. Stattdessen steh fest auf deinen eigenen Füßen, dein Partner genauso, und legt die Arme umeinander. Haltet euch fest. Die Forschung behauptet, dass eine zwanzig Sekunden lange Umarmung deine Hormone beeinflussen, deinen Blutdruck und deine Herzschlagfrequenz senken und deine Laune verbessern kann, was auf den Anstieg des Bindungshormons Oxytocin zurückzuführen ist.[22]

Wie ein langer bewusster Kuss kann eine zwanzig Sekunden lange Umarmung deinem Körper signalisieren, dass du sicher bist; du bist dem Löwen entkommen und sicher und wohlbehalten zu Hause bei den Menschen, die du liebst, angekommen.

Natürlich müssen es nicht genau zwanzig Sekunden sein. Was zählt ist, dass du die Veränderung spürst, wenn der Zyklus beendet ist. Die Therapeutin Suzanne Iasenza beschreibt es als »Umarmen bis zur Entspannung«.

Glücklicherweise ist unsere Fähigkeit, den Zyklus durch Zuneigung zu beenden, nicht auf andere Menschen beschränkt. Schon ein paar Minuten eine Katze zu streicheln kann unseren Blutdruck senken, und Tierbesitzer beschreiben ihre Verbindung zu ihrem Haustier häufig als stabilisierender als ihre menschlichen Beziehungen.[23] Kein Wunder, Menschen, die mit ihren Hunden spazieren gehen, fühlen sich besser als andere – sie sind in Bewegung und erfahren dabei gleichzeitig Zuneigung.[24] Und für Menschen, die die Erfahrung gelehrt hat, dass niemand vertrauenswürdig ist, können Therapien mit Pferden, Hunden und anderen Tieren eine Tür zur Kraft von Beziehungen öffnen.

Unsere Fähigkeit, den Zyklus durch Zuneigung zu beenden, reicht nicht nur bis zu unserem alltäglichen Leben auf der Erde. Forscher, die die Rolle von Spiritualität für das Wohlbefinden von Menschen untersuchen, sprechen vom »Sinn im Leben« – der so bedeutsam ist, dass wir ihm ein ganzes Kapitel widmen (»Sinn«) – oder von der sozialen Unterstützung, die die Mitglieder einer religiösen Gemeinschaft einander geben. Aber eine spirituelle Beziehung bedeutet auch, dass man sich durch eine höhere Macht sicher, geliebt und beschützt fühlt. Kurz, es geht darum, sich mit einer unsichtbaren, aber deutlich spürbaren Gemeinschaft verbunden zu fühlen.[25]

Der gute alte Heulanfall. Jeder, der sagt: »Weinen bringt nichts«, versteht nicht den Unterschied zwischen dem Umgang mit Stress und der Bewältigung der Situation, die den Stress verursacht. Hast du schon einmal die Erfahrung gemacht, dass du beinahe mitten auf der Straße in Tränen ausbrechen und zehn Minuten lang heulen musstest? Du ranntest nach Hause, knalltest die Tür hinter dir zu und ließest den Tränen freien Lauf. Anschließend hast du dir die Nase geputzt, tief geseufzt und dich erleichtert gefühlt, befreit von dem Gewicht, das dich zum Weinen gebracht hat. Es hat vielleicht an der Situation nichts geändert, aber du hast den Zyklus beendet.

Gibt es einen Film, der dich jedes Mal zum Weinen bringt? Bei dem du genau weißt, wann du nach einem Taschentuch greifen musst und schniefst: »Ich liebe diesen Teil!« Wenn du mit den Charakteren mitfühlst, macht auch dein Körper diese Emotion durch. Die Geschichte führt dich durch den gesamten emotionalen Zyklus.

Kreativer Ausdruck. Wenn man sich heute kreativ betätigt, verfügt man morgen über mehr Energie, Eifer und Begeisterungsfähigkeit.[26] Woher das kommt? Wie Sport schaffen die Künste – einschließlich Malerei, Bildhauerei, Musik und Geschichtenerzählen jeder Art – einen Kontext, der große Gefühle nicht nur zulässt, sondern auch fördert. Zum Beispiel verstehen wir, wenn wir verliebt sind, auf einmal all die Lieder, die im Radio gespielt werden. Und sie begleiten uns, selbst wenn unsere Freunde mit den Augen rollen und nicht mehr hören können, wie verknallt wir sind. Und wenn unsere Herzen gebrochen sind, gibt es eine Playlist, die uns durch den Tunnel der Trauer zu einem Ort des Friedens begleitet. Auf die gleiche Art ermöglichen uns visuelle und darstellende Künste buchstäblich, große Gefühle zu feiern und zu durchleben. Es ist wie ein kulturelles Schlupfloch in einer Gesellschaft, die von uns erwartet, »nett« und unauffällig zu sein. Nutze das Schlupfloch.

Viele Schriftsteller, Maler und Kreative aller Art haben – auf ihre Form der Kunst bezogen – dasselbe gesagt wie eine Singer-Songwriterin aus Nashville: »Wenn ich an meine ersten Lieder zurückdenke, ist es vollkommen offensichtlich, dass ich mich mit meiner Vergangenheit beschäftigt und versucht habe, meine traumatischen Erfahrungen zu etwas Sinnvollem zu verarbeiten. Zu der Zeit habe ich es komplett abgestritten – ich wusste nicht einmal, dass es mir schlecht ging. Die Songs zu schreiben, hat mir geholfen zu fühlen, was mein Verstand vor mir verbarg. Meine Lieder waren ein sicherer Ort für Dinge, mit denen ich sonst nicht umgehen konnte.«[27]

Sophie ist Ingenieurin, Star-Trek-Kennerin und vieles mehr, aber sie ist keine Sportlerin. In der Highschool sahen die Leute ein 1,83 Meter großes afroamerikanisches Mädchen und sagten ihr, sie solle Basketball spielen, aber sie antwortete ihnen, sie könnten sich ihren Basketball sonst wohin stecken. Sie hasst Sport. Sie macht keinen Sport. Tatsächlich ist sie ein paar Tage, nachdem sie Sport gemacht hat, immer krank oder verletzt, oder ein Projekt taucht auf und sie hat keine Zeit mehr. Sie kann einfach keinen Sport treiben. Sie hasst es, kann es nicht, will es nicht.

Emily war einmal in ihrem Büro, um in der Mittagspause einen Stresskurs abzuhalten, und sagte: »Sport ist gut für dich.« Sophie kam anschließend zu ihr.

»Du verstehst nicht, Emily. Es ist langweilig und schrecklich, und jedes Mal, wenn ich Sport mache, geht etwas schief. Ich kann nicht, will nicht, wirklich nicht, nein. Nein. Ich werde keinen Sport machen. Ist mir egal, wie gut es gegen meinen Stress hilft.«

Nicht jeder ist von Natur aus ein Sportler. Aber die Forschung belegt so eindeutig, dass Sport gut ist, dass Emily als Gesundheitsberaterin nach Alternativen für Menschen gesucht hat, die absolut keinen Sport treiben wollen, aus welchem Grund auch immer. Als sie sich die Forschung angesehen hat, fand sie zu ihrem Erstaunen in den Zusammenfassungen Ratschläge wie: »Suche dir einen Teamsport« oder »Mach daraus ein Hobby!« Das sind gute Ratschläge, aber nicht für jemanden mit chronischem Schmerzleiden oder Krankheit, Verletzung oder Behinderung oder jemanden wie Sophie, die absolut keinen Sport treiben will.

Dann fand Emily einen bemerkenswerten Forschungszweig über körperbezogene Therapien. Die Ergebnisse wendete sie bei Menschen wie Sophie an.

Emily empfahl ihr Folgendes: »Leg dich einfach aufs Bett.«

»Mein Lieblingssport«, sagte Sophie.

»Dann kontrahiere und entspanne nacheinander jeden Muskel deines Körpers, fang mit den Füßen an und hör mit dem Gesicht auf. Spanne sie ganz fest an und zähle langsam bis zehn. Lass dir an den Stellen, wo du Stress kompensierst, besonders viel Zeit.«

»Schultern«, sagte Sophie sofort.

»Super! Und während du das tust, stellst du dir vor, ganz deutlich und aus tiefstem Herzen, dass du jeden Stressor, auf den du triffst, windelweich prügelst.«

»Okay!«, rief Sophie mit Begeisterung.

»Aber stell es dir ganz deutlich vor – das ist sehr wichtig. Du solltest merken, wie dein Körper reagiert, dass dein Herz schneller schlägt und du die Fäuste ballst, bis du ein befriedigendes Gefühl des …«

»Sieges fühlst«, vollendete Sophie Emilys Satz. »Ich hab's verstanden.«

Und das hatte sie. Merkwürdige Dinge geschahen. Manchmal, wenn sie ihre Muskelanspannungsübung machte, überkamen sie Wellen unerklärlicher Frustration und Wut. Hin und wieder weinte sie. Manchmal schien ihr Körper außer Kontrolle und bebte und zitterte seltsam, als wäre sie von etwas besessen.

Sie mailte es Emily.

»Vollkommen normal«, versicherte diese ihr. »Das ist dein Gepäck, das sich entlädt. All die unbeendeten Stressreaktionszyklen, die sich in dir aufgestaut haben, werden schließlich freigesetzt. Vertrau deinem Körper.«

·

Es gibt viele Arten, den Stressreaktionszyklus zu beenden, es ist unmöglich, alle hier anzuführen und zu behandeln. Aber alle Strategien – körperliche Aktivität, Zuneigung, Lachen, kreativer Ausdruck und selbst Atmen – haben eines gemeinsam: Du musst *etwas tun*.

Eines wissen wir sicher: Es funktioniert nicht, »dir zu sagen«, dass alles in Ordnung ist. Das Beenden des Zyklus ist keine intellektuelle Entscheidung; es ist ein körperlicher Vorgang. Genauso wie du deinem Herz nicht sagen kannst, es solle weiterschlagen, oder deiner Verdauung, sie möge weiterarbeiten, kannst du nicht durch bewusste Entscheidung bewirken, dass der Zyklus beendet wird. Du gibst deinem Körper, was er braucht, und lässt ihn arbeiten, in der Zeit, die er braucht.

Woran merkst du, dass du den Zyklus beendet hast?

Es ist, wie nach dem Essen zu spüren, dass du satt bist, oder nach dem Sex zu wissen, dass du einen Orgasmus gehabt hast. Dein Körper sagt es dir. Einige Menschen erkennen es leichter als andere. Du bemerkst vielleicht eine Veränderung in deiner Stimmung, geistigen Verfassung oder körperlichen Anspannung, während du tiefer atmest und dich in Gedanken entspannst.

Für einige Menschen ist es so klar wie die Tatsache, dass sie atmen. So war es auch bei Emily. Lange bevor sie wusste, dass es dafür wissenschaftliche Belege gab, stellte sie fest, dass es ihr besser ging, nachdem sie laufen oder Fahrrad fahren war. Selbst an den Tagen, an denen sie ihre Laufschuhe ansah und dachte: *Uff, ich habe keine Lust,* wusste sie, dass nach dem Laufen oder Fahrradfahren Ruhe und Frieden da sein würden.

Einmal weinte sie sogar oben auf einem Hügel inmitten der Landschaft des südwestlichen Pennsylvania. Sie atmete schwer und nahm den Geruch der Kühe und das Sonnenlicht auf der Straße intensiv wahr, während die Gangschaltung ihres Fahrrades unter ihr surrte. Sie kann die Veränderung in ihrem Körper immer intuitiv spüren.

Wie fühlt es sich für sie an? Es ist wie ein Gangwechsel – die Kette rutscht in einen kleineren Gang und plötzlich laufen die Räder freier, ihre Muskeln entspannen sich und ihre Atmung wird tiefer.

Je regelmäßiger sie Sport treibt, desto leichter kommt sie an diesen Punkt. Wenn sie zulässt, dass sich der Stress tage- oder wochenlang in ihr aufstaut, kommt sie mit einer Trainingseinheit nicht ganz dahin. Sie fühlt sich nach dem Laufen zwar besser, aber nicht *am Ende angekommen.* Wenn du lange Zeit unbeendete Stressreaktionszyklen in deinem Körper aufgestaut hast, geht es dir vielleicht auch so. Wenn du mit Praktiken zur Beendigung des Zyklus beginnst, spürst du zuerst nur eine gewisse Erleichterung, nicht unbedingt die vollständige Entspannung, die am Ende des Zyklus eintritt. Das ist auch in Ordnung.

Andere – wie Amelia – merken nicht intuitiv, wenn der Zyklus beendet ist. Als es das erste Mal geschah, war sie gerade bei ihrer Therapeutin, und sie spürte eine Art ängstlicher Unruhe. Die Therapeutin bat sie zu beschreiben, wie es sich anfühlte, und Amelia beschrieb vier Minuten lang mit blumigen Worten die Anspannung in den Schultern, die Hitze im Nacken und das Kribbeln in den Haarwurzeln, dann hielt sie inne, um Luft zu holen.

»Und wie fühlst du dich jetzt?«, fragte die Therapeutin.

»Hm. Ich … ich weiß nicht. Ich spüre es nicht mehr. Ich glaube, es ist einfach … weg?«

»Ja. So funktioniert es. Wenn die Unruhe kommt, endet er.«

»Er endet einfach?«

»Ja. Wenn du es zulässt, endet er einfach.«

Wir haben eine Gruppe von Psychotherapeuten gefragt, woran sie merken würden, dass sie den Zyklus beendet hätten. Eine Therapeutin sprach nicht von sich, sondern von ihrer kleinen Tochter. Als diese einmal mit Kummer zu ihr kam, hielt sie sie, wie eine Mutter es eben tut, und beobachtete das Gesicht ihrer Tochter, während sie weinte. Allmählich lockerten sich die angespannten Gesichtsmuskeln, der Körper wurde weicher und sie seufzte bebend. Dann war sie in der Lage, darüber zu sprechen, was Schlimmes passiert war. Der tiefe Seufzer war das Signal, dass ihr Körper umgeschaltet hatte.[28]

Du bist nicht sicher, ob du merkst, dass du den Zyklus beendet hast? Mach dir keine Sorgen. Besonders wenn du viele Jahre – vielleicht sogar dein ganzes Leben – an deiner Wut und deinem Ärger festgehalten hast, hast du wahrscheinlich eine Menge aufgestauter Stressreaktionszyklen, die mit laufenden Motoren darauf warten dranzukommen. Es wird also eine Weile dauern, bis du den Rückstand aufholst. Du musst nur merken, dass du dich *schrittweise besser* fühlst. Du spürst, dass sich in deinem Körper etwas verändert und in Richtung innerer Frieden bewegt hat.

»Wenn ich auf der Stressskala bei acht war, als ich angefangen habe, bin ich jetzt bei vier«, kannst du sagen. Und das ist ziemlich gut.

Praktischer Rat

Das Wie ist ganz einfach: Finde zuerst etwas, das funktioniert. Es wäre praktisch, wenn wir dir sagen könnten, welche Strategie am besten zu dir passt, aber du wirst wahrscheinlich merken, dass an verschiedenen Tagen unterschiedliche Strategien gut funktionieren. Manchmal ist die für dich effektivste nicht jeden Tag durchführbar und du brauchst eine Ersatzstrategie. Dir fallen wahrscheinlich schon ein paar Dinge ein, die sich gut anfühlen. Experimentiere ein bisschen und plane es dann in deinen Tagesablauf ein. Trag es in deinen Kalender ein. Dreißig Minuten irgendetwas, das bei dir funktioniert: Sport, Meditation, kreativer Ausdruck, Zuneigung und so weiter. Da du jeden Tag Stress hast, musst du jeden Tag etwas einbauen, das geeignet ist, den Zyklus zu beenden. Mach es zur Priorität, als würde dein Leben davon abhängen. Denn das tut es.

Erinnern wir uns: Emily hat es seit frühester Jugend verstanden, den Zyklus zu beenden, während Amelia, genetisch identisch und im selben Elternhaus aufgewachsen, erst nach jahrelanger Therapie, zwei Krankenhausaufenthalten wegen stressbedingter Entzündung, Meditationsübungen und genauen Anweisungen ihrer Schwester, die Gesundheitsberaterin ist, allmählich verstand. Jeder ist anders. Aber mit etwas Übung beginnst du bald zu spüren, wie sich verschiedene Stresslevel körperlich anfühlen. Du bekommst ein Gefühl dafür, an welchen Tagen mehr oder weniger Zeit oder Intensität notwendig ist, um den Zyklus zu beenden.

Für die meisten Menschen ist das Schwierigste an der Sache mit dem »Zyklus beenden«, dass sie fast immer aufhören müssen, sich mit dem zu beschäftigen, was den Stress verursacht, aus der Situation heraustreten und sich ihrem Körper und ihren Gefühlen zuwenden müssen.

Du weißt jetzt, dass mit dem Stressor umzugehen und den Stress zu bewältigen zwei verschiedene Prozesse sind und dass du beides tun musst. Wenn du das nicht machst, wird der Stress allmählich dein Wohlbefinden aushöhlen und Körper und Geist werden über kurz oder lang zusammenbrechen.

Zeichen dafür, dass du den Stress bewältigen musst, auch wenn es bedeutet, den Stressor zu ignorieren

Wenn dein Stresslevel erhöht ist, geben dir Gehirn und Körper eindeutige Anzeichen dafür, dass du zuerst den Stress bewältigen musst, bevor du dich wirksam dem Stressor stellen kannst.

Du bemerkst, dass du immer wieder dieselbe scheinbar sinnlose Sache machst oder dich selbstzerstörerisch verhältst. Wenn deine Gedanken festgefahren sind, beginnen sie vielleicht zu stottern oder sich zu wiederholen wie eine Platte, die einen Sprung hat, oder wie eine atemlose Achtjährige, die die Aufmerksamkeit ihrer Mutter erregen will, indem sie sagt: »Weißt du, was passiert ist? Weißt du, was passiert ist? Weißt du, was passiert ist?« Du beobachtest dich vielleicht dabei, dass du Dinge überprüfst, an Dingen herumnörgelst, zwanghafte Gedanken hast oder achtlos mit deinem eigenen Körper umgehst. Das sind Anzeichen, dass der Stress die Fähigkeit deines Gehirns beeinträchtigt, rational mit dem Stressor umzugehen.

Chandeliering. Das ist Brené Browns Begriff für den plötzlichen, überwältigenden Ausbruch des Schmerzes, der so stark ist, dass du ihn nicht länger beherrschen kannst und gleichsam bis zum Kronleuchter springst. Der Ausbruch ist unverhältnismäßig zum Anlass im Hier und Jetzt, aber nicht zum Leiden, das du lange unterdrückt hast. Und das muss irgendwohin. Also entlädt es sich. Die Entladung ist ein Zeichen, dass du eine Schwelle überschritten hast und den Stress bewältigen musst, bevor du den Stressor bewältigen kannst.

Du verwandelst dich in einen Hasen, der sich unter einer Hecke versteckt. Stell dir ein Kaninchen vor, das von einem Fuchs gejagt wird und unter einen Busch läuft, um sich zu verstecken. Wie lange bleibt es da? Bis der Fuchs weg ist, stimmt's?

Wenn dein Gehirn mitten im Zyklus steckt, verliert es vielleicht die Fähigkeit zu erkennen, dass der Fuchs weg ist, und du bleibst unter dem Busch hocken – das heißt, du kommst von der Arbeit nach Hause und guckst Katzenvideos, isst dabei Eis direkt aus der Packung und benutzt dazu Chips als Löffel. Oder du bleibst das ganze

Wochenende im Bett und versteckst dich vor deinem Leben. Wenn Letzteres passiert, hast du die Schwelle überschritten. Du beschäftigst dich weder mit dem Stress noch mit dem Stressor. Bewältige den Stress, damit du in der Lage bist, den Stressor zu bewältigen.

Dein Körper ist aus dem Gleichgewicht. Du fühlst dich die ganze Zeit krank: Du leidest unter chronischem Schmerz, hast Verletzungen, die nicht heilen, oder wiederkehrende Infektionen. Denn Stress ist nicht »einfach Stress«, sondern ein biologisches Geschehen, das sich tatsächlich in deinem Körper abspielt, und es kann organische Probleme hervorrufen, die nicht immer durch eindeutige Diagnosen erklärt werden können. Chronische Krankheiten oder Verletzungen können durch chronische Aktivierung der Stressreaktion verursacht oder verschlimmert werden.

Amelia hat Julie erzählt, wie das Wissen über den Stressreaktionszyklus ihr (zweimal) das Leben gerettet habe:

»Das war, als ich das Aufbaustudium gemacht habe. Ich wollte etwas machen, das mir sehr wichtig war, während ich gleichzeitig mit der total undurchsichtigen, komplizierten Bürokratie kämpfte …«

»Oh mein Gott, das kommt mir bekannt vor«, sagte Julie.

»… und der Stress hat sich schichtweise in mir aufgestaut, wurde immer dichter, bis er mich schließlich erdrückt hat. Mitten im Studium kam ich mit Unterleibsschmerzen und einer stark erhöhten Anzahl weißer Blutkörperchen ins Krankenhaus. Sie fanden nichts, schickten mich wieder nach Hause und sagten, ich solle mich ›entspannen‹«.

»Was immer das heißt«, meinte Julie.

»Das wusste ich auch nicht! Ich wusste nur, dass ich etwas tun musste. Also begann ich, auf alle äußeren Stressoren zu achten, die Stress bei mir auslösten, um sie künftig meiden zu können, und merkte, wie wenig Kontrolle ich über sie hatte. Ich bin sicher, es hat mir das Leben gerettet. Aber das reichte nicht. Ein Jahr später war ich wieder im Krankenhaus, und sie haben mir den

Blinddarm rausgeholt – der Druck des in mir aufgestauten Stresses hatte schließlich ein Organ zerstört.«

»So kann sich Stress auswirken?«

»Allerdings«, sagte Amelia. »Meine Schwester besuchte mich im Krankenhaus und brachte mir ein Buch über Entzündungen mit.«

»Deine Schwester hat dir ein Buch gegeben, als du im Krankenhaus warst?«

»Und einen Luftballon, der ›Don't worry, be happy‹ sang, was geholfen hat«, sagte Amelia. »In dem Buch wird erklärt, wie Gesundheitsprobleme wie wiederholte Infektionen, chronischer Schmerz und Asthma – das alles hatte ich – durch Stress verschärft oder sogar verursacht werden. Durch unverarbeitete Gefühle. Ich kam nach Hause, las das Buch und begann zu weinen, obwohl ich dachte, das sei Unsinn. Aber, Mann, es ging mir die ganze Zeit so schlecht, und es wurde schlimmer, je älter ich wurde. Ich rief also Emily an und fragte schluchzend: ›In dem Buch steht, dass Gefühle im Körper entstehen. Stimmt das?‹«

»Okay, wow«, sagte Julie. »Das wusste sogar ich.«

»Genau. Wenn ich lernen kann, mit dem Stress umzugehen und den Zyklus zu beenden, dann kannst du es auch. Jeder kann es.

Jedenfalls fragte ich Emily, was ich mit dem ganzen Gefühl und Schmerz und Mist in meinem Körper machen sollte, und sie fuhr eineinhalb Stunden, um mir ein Buch über Entspannungsmeditation zu bringen.«

»War klar, dass Emily dir ein Buch gibt«, meinte Julie.

»Ja! Ich begann also diese Meditationen auf dem Laufband und Crosstrainer zu praktizieren und merkte zum ersten Mal, dass bestimmte einzelne Gedanken mit bestimmten körperlichen Missempfindungen korrespondierten. Es war toll. Wahnsinn. Und es funktionierte. Ich bin gesund – und klarer und glücklicher als in den Zwanzigern –, denn mir ist bewusst geworden, dass meine Gefühle, meine Gedanken und mein Körper zusammenhängen. Jetzt nerve ich sie damit, Sport zu machen, zu weinen und etwas zu schreiben, wenn sie es braucht.«

»Weil das die Möglichkeiten sind, den Zyklus zu beenden«, stellte Julie fest. »Okay.« Nachdenklich drehte sie ihr Weinglas zwischen den Fingern.

Julie machte einen Plan. Zu Beginn des Schuljahrs fasste sie zwei Vorsätze: Sie würde kontrollierbare von unkontrollierbaren Stressoren trennen, und sie würde den Zyklus beenden. Sie plante an sechs Tagen pro Woche eine halbe Stunde für Sport oder reines Spiel mit ihrer Tochter Diana ein.

Es half … aber ein paar Monate später traf sie auf ein ernstes Hindernis. Das ist Gegenstand des nächsten Kapitels.

Die gute Nachricht ist, dass nicht Stress das Problem ist. Das Problem ist, dass die Strategien, mit Stressoren umzugehen, fast nichts mit den physiologischen Reaktionen unseres Körpers auf diese Stressoren zu tun haben.

»Wohl«-befinden heißt nicht, sich im Zustand ständiger Sicherheit und Ruhe zu befinden, sondern sich fließend zwischen Bedrohung, Risiko, Abenteuer, Aufregung einerseits sowie Sicherheit und Ruhe andererseits hin- und herzubewegen. Stress ist nicht schlecht für dich, aber darin *festzustecken* ist prekär. Wohlergehen bedeutet, dass dein Körper ein sicherer Ort für dich ist, selbst wenn er sich nicht an einem sicheren Ort befindet. Selbst in Zeiten, in denen es dir nicht gut geht, kannst du wohlauf sein.

Die Moral von der Geschichte: Wohlbefinden ist keine Form des Seins, sondern des Handelns.

Unsere Aufgabe in diesem Kapitel war, dir zu zeigen, wie du mit dem *Stress* umgehen kannst, damit du genug Kraft für den nächsten stressigen Tag hast.

Aber natürlich sind dadurch nicht all deine bisher unerreichten Ziele, Hindernisse, unerledigten Pflichten, unerfüllten Hoffnungen und andere Stressquellen, große und kleine, angenehme wie schmerzliche, beseitigt.

Sprechen wir also über diese Ziele und die Mechanismen im Gehirn, die daran festhalten.

tl;dr

- Dass du den Stressor bewältigt hast, bedeutet nicht, dass du den Stress überwunden hast. Das musst du tun. »Beende den Zyklus« – sonst wird er dich langsam umbringen.
- Körperliche Aktivität ist die wirksamste Art, den Zyklus zu beenden – selbst wenn du einfach nur herumspringst oder dich ordentlich ausweinst.
- Zuneigung – ein Sechs-Sekunden-Kuss, eine Zwanzig-Sekunden-Umarmung, sechs Minuten Kuscheln nach dem Sex, haltloses Lachen – sind soziale Strategien, die den Zyklus beenden, ebenso wie kreativer (Selbst-)Ausdruck: Schreiben, Zeichnen, Singen, was immer für dich ein sicherer Ort ist, von dem aus du den emotionalen Stresszyklus beenden kannst.
- Wohlbefinden ist die Freiheit, sich fließend durch die Zustände menschlichen Seins zu bewegen. Wohlbefinden ist somit keine Form des Seins, sondern des Handelns.

#PERSIST (MONITOR)

Sophie, die Nicht-Sportlerin, ist Ingenieurin, aber auch eine Afroamerikanerin, deshalb kann sie selten einfach nur Ingenieurin sein. Sie muss zugleich Lehrerin für soziale Gerechtigkeit sein und den weißen Männern um sie herum die Erfahrung als dunkelhäutige Frau in Wissenschaft und Technik vermitteln – nicht, weil sie es will; alles, was sie jemals wollte, ist Wissenschaft betreiben. Aber weil sie so oft der einzige nicht-weiße Mensch und die einzige Frau im Raum ist, erwarten alle eine Erklärung von ihr, warum dem so ist.

Als wir einmal anlässlich des Semesterendes zum Frühstück mit ihr und einem Haufen anderer Frauen zusammensaßen, erzählte uns Sophie, wie selbstverständlich sie dem »Diversity«-Komitee zugewiesen worden war.

»Ist es … Rassismus?«, sagte Emily zögernd, als weiße Frau, die Angst hatte, die Gefühle von jemandem zu verletzen. »Ist es, weil du eine Frau bist?«

»Es ist der übliche Unsinn«, sagte Sophie. »Ich bin daran gewöhnt.«

Ohne zu zögern sagte Amelia: »Was ist bloß los mit ihnen? Zeigt sich daran nicht einmal mehr die Vorherrschaft der Weißen, wenn man Schwarze dazu verdonnert, Weißen beizubringen, nicht rassistisch zu sein? Es sind die Weißen, die ein Problem haben, deshalb sollten wir die Arbeit machen und nicht den Menschen anderer Hautfarbe noch mehr aufbürden.«

Sophie grinste ihr Omelett an und sagte: »Eigentlich … habe ich gedacht, wenn sie mich darum bitten, lasse ich mich dafür bezahlen. Schnüre ein Paket von Vorträgen und Workshops. Gehe mit der Sophie-Show auf Tournee. Ich bekomme ständig Anfragen.«

»Können wir wissenschaftlich darüber reden, wie klug diese Idee ist?«, sagte Emily aufgeregt und beeindruckt. »Es gibt so viel Forschung dazu, wie wir unsere Frustrationen in Aktiva verwandeln.«

»Können wir es wissenschaftlich betrachten?«, wiederholte Sophie. »Wir sollten immer wissenschaftlich reden!«

Dieses Kapitel ist diese Wissenschaft.

Im Kapitel »Beende den Zyklus« ging es um den Stress. In diesem Kapitel geht es um den Umgang mit den Stressoren. Es handelt davon, wie du Widerstand leistest, wenn du jenseits deiner Belastungsgrenze bist, und davon, wie du weißt, wann du aussteigen musst. Insbesondere handelt es von dem Mechanismus im Gehirn, der die Lücke zwischen dem »Ist«, wo wir sind, und dem »Ziel«, wohin wir gehen, reguliert. Wir nennen ihn »Monitor«. Der sieht bei jedem anders aus, betrifft aber alle Lebensbereiche, vom Elternsein über beruflichen Erfolg bis zu Freundschaft und Körperwahrnehmung. Und für Frauen wird die Lücke schnell zum Abgrund.

Wir erklären in diesem Kapitel, wie der Monitor funktioniert und warum er manchmal zusammenbricht. Dann sprechen wir darüber, wie wir für jede Frustration und jedes Versagen, vom Verkehrsstau bis zum Full-Time-Job, evidenzbasierte Strategien einsetzen können.

Dürfen wir vorstellen ... der Monitor

Eigentlich wird der Mechanismus »Diskrepanz reduzierende/erhöhende Feedbackschleife« und »Normgeschwindigkeit« genannt, aber die Leute schlafen sofort ein, wenn wir das sagen, deshalb nennen wir ihn einfach Monitor. Er ist der Gehirnmechanismus, der entscheidet, ob wir es weiter versuchen oder aufgeben.

Der Monitor weiß, 1. was dein Ziel ist, 2. wie viel Anstrengung du unternimmst, um das Ziel zu erreichen, und 3. wie viel Fortschritt du machst. Er führt laufend Buch über das Verhältnis von Anstrengung zu Fortschritt und hat eine feste Meinung, wie diese Relation sein sollte. Es gibt so viele Möglichkeiten, wie ein Plan fehlschlagen kann – einige kannst du kontrollieren und andere nicht, aber alle frustrieren deinen Monitor.[29]

Stell dir zum Beispiel vor, du arbeitest auf ein einfaches Ziel hin:

zum Einkaufszentrum fahren. Du weißt, dass es normalerweise, sagen wir, zwanzig Minuten dauert. Wenn du eine grüne Welle hast und schnell dahinsaust, fühlt es sich gut an, stimmt's? Du kommst schneller und leichter voran, als dein Monitor erwartet hat, und das ist großartig. Weniger Anstrengung, mehr Fortschritt: zufriedener Monitor.

Aber nehmen wir an, du musst an einer Ampel halten, weil jemand vor dir zu langsam war. Du bist ein wenig verärgert und frustriert, und vielleicht versuchst du, den Idioten vor der nächsten Ampel zu überholen. Aber sobald du einmal an einer roten Ampel halten musstest, musst du an jeder stehenbleiben, und mit jedem Mal wird deine Frustration ein bisschen größer. Es sind schon zwanzig Minuten um, und du bist erst auf halbem Weg zum Einkaufszentrum. »Verärgert« und »frustriert« steigert sich zu »stinksauer«. Dann kommst du auf die Autobahn, und es hat einen Unfall gegeben! Während Polizei und Rettungswagen hin- und herfahren, sitzt du auf der Autobahn fest, wutschnaubend, kochend und schwörend, dass du nie wieder zu diesem Einkaufszentrum fahren wirst. Großer Einsatz, wenig Fortschritt: wütender Monitor.

Und dann! Wenn du lange genug dasitzt, vollzieht sich in dir eine bedeutsame emotionale Veränderung. Dein Monitor schaltet bei der Bewertung deines Zieles von »erreichbar« auf »unerreichbar« und stößt dich von einer emotionalen Klippe in eine Grube der Verzweiflung. Hilflos gibt dein Gehirn jede Hoffnung auf, und du sitzt schluchzend in deinem Auto. Du willst nur noch nach Hause und kannst nichts tun als dasitzen und warten.

In einem fast schmerzlich lustigen Video, das die satirische Website *The Onion* im Januar 2017 gepostet hat, wird berichtet, dass »eine zunehmende Zahl von Frauen ihren Arbeitsplatz verlassen, um sich mit dem Gesicht nach unten Vollzeit auf den Boden zu legen. Einem Bericht des Arbeitsministeriums zufolge reicht es den meisten Frauen nicht mehr, nachts und am Wochenende völlig resigniert bewegungslos dazuliegen.« Das ist die Grube der Verzweiflung: Resignation und Hilflosigkeit.

Den Monitor zu verstehen, verleiht uns enorme Macht. Denn

wenn wir wissen, wie er funktioniert, können wir unser Gehirn mit Strategien für den Umgang mit kontrollierbaren wie unkontrollierbaren Stressoren beeinflussen.

Umgang mit Stressoren, die du kontrollieren kannst: Planvolle Problemlösung

Der Monitor verfolgt deine Bemühungen und deinen Fortschritt. Wenn viel Anstrengung nicht zu einem zufriedenstellenden Ergebnis führt, können wir die *Art* der Anstrengung verändern, die wir investieren. Zum Beispiel kann die Frustration, im Verkehrsstau zu stecken, mit einem GPS minimiert werden: Es zeigt dir eine Route an, mit der du den Stau umgehen kannst. Du musst nur dafür sorgen, dass dein Handy GPS hat. Das nennt man planvolle Problemlösung.

Wenn du eine Handtasche hast, in der sich der gesamte Inhalt einer Drogerie befindet, weißt du, was planvolle Problemlösung ist. Wenn du Listen schreibst, Kalender führst oder dich an einen Haushaltsplan hältst, weißt du es ebenfalls. Wie die Bezeichnung sagt: Du analysierst das Problem, auf der Grundlage deiner Analyse machst du einen Plan und dann führst du ihn aus. Die gute Nachricht ist, dass Frauen so sozialisiert sind, dass sie planvoll Schwierigkeiten angehen. Die schlechte Nachricht ist, dass jedes Problem eine besondere Art der Planung erfordert.

Nehmen wir zum Beispiel eine Krebsbehandlung: Um sie neben Vollzeitbeschäftigung, Kindererziehung und Aufmerksamkeit für den Partner zu bewältigen, bedarf es einer Menge Terminplanung, Informationen über Medikamenten-Nebenwirkungen und wie man damit umgeht und Strategien, damit alle zu essen bekommen, ihre Hausaufgaben machen und jeden Tag dahin kommen, wo sie hin müssen. Oder wenn du einen Job suchst, musst du Stellenangebote checken, Bewerbungen verschicken, Netzwerkveranstaltungen besuchen, dich auf Vorstellungsgespräche vorbereiten und so weiter. Es gibt praktische Schritte, um die kontrollierbaren Faktoren zu steuern. Wenn du so viel kontrollierst, wie du kannst, macht es das Übrige erträglicher.

Der am wenigsten intuitive Teil planvoller Problemlösung ist, den Stress zu bewältigen, den die Probleme und ihre Lösung verursachen. Im Kapitel »Beende den Zyklus« haben wir gelernt, dass das, was für Bewältigung des Stressors funktioniert, dir selten hilft, den Stress zu bewältigen. Baue also das *Beenden des Zyklus* mit in deinen Plan ein.

Das führt uns zur effektiven Möglichkeit, mit *un*kontrollierbaren Stressoren umzugehen.

Umgang mit Stressoren, die du nicht kontrollieren kannst: Positive Neubewertung

Stell dir vor, du steckst im Verkehrsstau und dein GPS ist kaputt. In dieser Situation wenden wir die Strategie der »positiven Neubewertung« an.[30]

Positive Neubewertung bedeutet zu erkennen, dass es sich lohnt, im Verkehr festzustecken; zu entscheiden, dass die Anstrengung, die Unannehmlichkeit, die Frustration, die unvorhergesehenen Hindernisse und selbst der wiederholte Misserfolg Wert haben – nicht nur, weil es Schritte in Richtung auf ein lohnenswertes Ziel sind, sondern weil du Schwierigkeiten zu Chancen für Wachstum und Lernen umdeutest.[31]

Manche Menschen bemerken von Natur aus den Wert schwieriger Situationen. Diese Optimisten erwarten nur Gutes, und wenn schlechte Dinge passieren, sind sie überzeugt, dass es nur vorübergehende, isolierte Ereignisse ohne bleibende Auswirkung sind. Glückwunsch, wenn du so jemand bist! Optimismus ist mit allen möglichen positiven Folgen für geistige und körperliche Gesundheit und Beziehungen verbunden.[32] Du brauchst wahrscheinlich keine weitere Überredung oder Anleitung für positive Neubewertung. Du machst einfach so weiter – siehst den Silberstreif am Horizont und den Regenbogen in jedem Sturm.

Demgegenüber erwarten Pessimisten nicht immer, dass etwas gut ausgeht, und sie betrachten negative Ereignisse häufig als symptomatisch für größere Probleme, die bleibende Auswirkungen haben könnten. Amelia ist der pessimistischste Mensch, den wir kennen –

wir haben es objektiv mit Messgeräten getestet, die zur Beurteilung von Pessimismus und Optimismus benutzt werden –, und noch dazu ist sie eine Dirigentin, die in ihrer Ausbildung gelernt hat, dass sie für *alles* verantwortlich ist. Sie war natürlich skeptisch gegenüber der Strategie der »positiven Neubewertung«. Es erinnerte sie an ein Video mit dem Titel »Acht Dinge, die glückliche Menschen anders machen«, das ein Freund von uns bei Facebook geteilt hatte. Es enthielt so hilfreiche Perlen wie »Zeige Dankbarkeit – vergiss das, was du dir wünschst, und nicht das, was du hast« und »Kultiviere Optimismus. Bleib positiv. Wenn es regnet, such nach dem Regenbogen. Wenn es dunkel ist, such nach Sternen.«

Das ist nicht mit »positiver Neubewertung« gemeint; es bedeutet nicht einfach »Geh auf die Sonnenseite« oder »Sieh den Silberstreif« oder »Genieße die Reise«. Ebenso wenig bedeutet es, dass wir nicht frustriert über die Lücke zwischen dem, was ist, und dem, was sein könnte, sein dürfen. Und auch nicht, dass wir uns die Ohren zuhalten und manisch wiederholen sollen: »La, la, la, alles ist gut!« Mit positiver Neubewertung kannst du akzeptieren, dass Dinge schwierig sind, und du erkennst, dass die Schwierigkeit sich lohnt – dass sie tatsächlich eine *Chance* ist.

Emily präsentierte Amelia anerkannte wissenschaftliche Studien aus ein paar Jahrzehnten, und sie hatte mit den ersten beiden Schritten keine Probleme. Erstens: Schwierigkeiten akzeptieren. Und zweitens: erkennen, dass sie sich lohnen. Pessimisten gehen davon aus, dass alles schwer ist und Arbeit erfordert. Das ist einfach. Der knifflige Teil ist anzuerkennen, dass diese Schwierigkeiten Chancen sind.

Positive Neubewertung funktioniert jedoch, weil Schwierigkeiten tatsächlich Chancen sind! Wenn eine Handlung unangenehm ist, tust du wahrscheinlich gerade etwas, das dich mehr und besser voranbringt, als wenn es einfach wäre. Einige Beispiele: Studenten, bei denen der aufgegebene Lesestoff in einer hässlichen, schwer lesbaren Schriftart getippt ist, erinnern sich kurzfristig besser an das, was sie gelesen haben, und schneiden in Examen langfristig besser ab, als die, deren Materialien lesbarer waren.[33] Ein merklicher, störender Hintergrundlärm kann die Kreativität steigern.[34] Heterogenere Gruppen entwickeln mehr Innovationen und kommen zu besseren Lösungen, obwohl diese Gruppen von ihren Lösungen weniger überzeugt sind und den Prozess schwieriger finden.[35] Und, am deutlichsten: Menschen, die regelmäßig Sport treiben, entwickeln stärkere Knochen, Muskeln und Herzkreislaufsysteme – der Körper reagiert mit Stärke auf die Anstrengung.

Tatsächlich hat eine zu mühelose Leistung ihre eindeutige Schattenseite. Wenn eine Aufgabe leicht erscheint, erwarten wir eher, dass wir fähig sind, diese Aufgabe zu erfüllen, obwohl es *wahrscheinlicher* ist, dass wir *versagen*. Anfänger, die völlig inkompetent sind, beurteilen ihre Fähigkeit, Dinge zu tun, die sie gerade erst gelernt haben, sehr selbstbewusst. Demgegenüber wissen wirkliche Experten, wie schwierig ihre Arbeit ist, sind deshalb realistisch, was ihre Kompetenz angeht, und in der Einschätzung ihrer eigenen Fähigkeiten bescheiden, obwohl ihre Leistungen natürlich Expertenniveau haben.

Der durch positive Neubewertung reduzierte Stresslevel ist keine Illusion. Gegen etwas anzukämpfen, kann Kreativität und Lernen steigern, deine Fähigkeit stärken, zukünftig mit noch größeren Schwierigkeiten fertigzuwerden, und dich befähigen, weiter auf Ziele hinzuarbeiten, die dir wichtig sind. Neubewertung bewirkt auch Veränderungen in unserem Gehirn: Der präfrontale Kortex wird aktiviert, das hemmt den ventromedialen präfrontalen Kortex, das hemmt die Amygdala, das reduziert die Stressreaktion.[36] Natürlich wirkt sich nicht jede Art von Stressor eindeutig positiv aus. Zum Beispiel zu wissen, dass man mit anderen verglichen wird, mindert wahrscheinlich Kreativität.[37] Aber oft ist ein unbequemer oder frustrierender Prozess erfolgreicher. Oder wie Forscher es ausdrücken: Du kannst »deine affektiven Leiden in kognitive Gewinne ummünzen«.[38]

Ändere die Erwartung: Definiere Erfolg neu

Planvolle Problemlösung und positive Neubewertung sind evidenzbasierte Arten, den Fokus zum Erreichen eines Ziels zu ändern. Sie reduzieren deine Frustration, indem sie deine Motivation aufrechterhalten und dafür sorgen, dass du vorankommst. Aber angenommen, du wendest das alles an, und es funktioniert ... aber ... es ist viel schwieriger oder geht viel ... langsamer ... als ...

du ...

erwartet hast.

Obwohl du vorankommst, bist du allmählich frustriert, weil es nicht den Erwartungen deines Monitors entspricht. In diesem Fall musst du die Erwartungen deines Monitors, wie schwierig es sein wird oder wie lange es dauern wird, ändern.

Erwartungen entsprechen dem Plan. »Zwanzig Minuten zum Einkaufszentrum« ist eine Erwartung. »Vier Jahre, um meinen Abschluss zu machen« ist eine andere. Ebenso »mit dreißig verheiratet zu sein und ein Kind zu haben«. Wenn du vom langsamen oder unterbrochenen Fortschritt zu deinem Ziel frustriert bist und planvolle Problemlösung und positive Neubewertung nicht helfen, musst du Erfolg neu definieren. Und zwar folgendermaßen: Sagen wir, dein Ziel ist, den Mount Everest zu besteigen. Wenn du losgehst und erwartest, dass du es problemlos zum Gipfel schaffen wirst, wird dein Monitor ausrasten, sobald es schwierig wird. Du gibst vielleicht auf. Du fragst dich, ob mit dir etwas nicht stimmt – schließlich hat dir jemand erzählt, dass es einfach sei, und wenn sich nun herausstellt, dass es schwer ist, ist nicht der Berg das Problem, sondern du!

Wenn du aber den Aufstieg mit dem Wissen angehst, dass es die schwierigste Sache wird, die du jemals gemacht hast, wird dein Monitor es ohne Frust registrieren, wenn es schwierig wird. Es ist ein ambitioniertes Ziel, also ist es normal, dass du zu kämpfen hast.

Wenn du etwas zu erreichen versuchst, bei dem du unvermeidlich scheiterst und wiederholt abgewiesen wirst, bevor du dein Ziel erreichst – wie zum Beispiel eine Musikerkarriere zu starten, erfolgreicher Schauspieler zu sein, Versicherungen zu verkaufen oder einen Teenager zu einem vernünftigen Erwachsenen zu erziehen –, dann musst du Erfolg auf eine Art definieren, die nicht dem üblichen Standard entspricht und auf schrittweisen Zielen beruht.

Amelia hat diese Strategie bei einer Choraufnahme ausprobiert. Unter einer Aufnahme stellst du dir vielleicht eine Gruppe von

Musikern vor, die stundenlang zusammen improvisieren, oder du siehst eine Sängerin mit riesigen Kopfhörern, die sich vor einem Mikrofon die Seele aus dem Leib singt, und wenn die Musiker Stunden später gehen, sind sie voller Freude über das künstlerische Resultat.

Vielleicht ist es manchmal so. Aber meistens ist eine Musikaufnahme eher so, als würde man auf dem Weg nach Hause in einem schweren Verkehrsstau stecken. Stop-and-go, während du nur nach Hause willst.

Eine Aufnahme soll *perfekt* sein und Menschen sind nicht perfekt. Es werden also sechs Takte (vielleicht fünfzehn Sekunden Musik) immer noch mal wiederholt, während ein Mann hinter einer Scheibe zwischendurch sagt: »Toller Gesang, Chor; wir machen es noch mal.«

Nachdem du zwanzig Minuten dieselben sechs Takte immer wieder gesungen hast, wird dir langweilig. Nach vierzig Minuten hat die Musik kein Gefühl mehr. Und dann sagt der Mann hinter der Scheibe: »Hübscher Gesang, Chor. Es klingt ein bisschen trocken. Können wir diesmal etwas mehr Farbe hineinbekommen?« Und du willst dir die Haare ausreißen, denn nein, wir kriegen nicht mehr Klangfarbe rein, weil alle Neurotransmitter, die mit einem bestimmten Gefühl (und damit Klangfarbe) in Verbindung stehen, vor fünfzehn Minuten verbraucht waren, als Takt zwei falsch gesungen war.

Aber da es eine Aufnahmesession ist, musst du es noch mal singen. Das Ziel ist *Perfektion* – jede Aufnahme, jedes Bruchstück, jeder Moment. Sechs bis acht Stunden künstlerische und stimmliche Perfektion sind das Ziel. »Wir haben zwei Möglichkeiten«, sagte Amelia zu dem aus vierzig professionellen Sängern bestehenden Chor. »Wir können die Frustration tief wegstecken, was dazu führen wird, dass wir später bei jemand anderem explodieren oder dass es sich nachteilig auf unsere Kunst und unsere Gesundheit auswirkt … oder wir können Erfolg neu definieren. Das Ziel jeder Aufnahme ist«, schlug Amelia vor, »Andrew Freude zu bereiten.«

Andrew war der Mann hinter der Scheibe, der Tontechniker – und nicht irgendein Tontechniker. Andrew war der mit einem Grammy ausgezeichnete Tontechniker, der mit einigen der renommiertesten Künstler des 21. Jahrhunderts gearbeitet hatte. Es schadete nichts, dass er außerdem sehr süß war – blond, britisch, schüchtern. Jeder im Chor war ziemlich aufgeregt, mit ihm zu arbeiten.

Vierzig Sänger lächelten bei dem Gedanken, Andrew Freude zu bereiten, und die Energie im Raum veränderte sich.

»Es ist schon besser, oder?«, bemerkte Amelia.

Das war es.

Am dritten Tag, als es allmählich ziemlich hart wurde, konzentriert zu bleiben, aber noch ein Titel aufgezeichnet werden musste, fragte ein Sopran Andrew: »Andrew, bist du voller Freude?«

Andrew, der gerade mit einem Mikrofonkabel beschäftigt war, hielt inne, dachte einen Moment nach und nickte: »Ja, das bin ich wirklich.«

Dadurch, dass der Erfolg neu definiert worden war, wurde die Aufnahme weniger quälend. Und was noch besser war: Ein Jahr später, als sich die Gruppe wieder traf, kamen einige auf Amelia zu und erzählten ihr: »Die Sache mit dem Monitor hat mein ganzes Leben verändert.«

Am Ende des Kapitels findest du ein Arbeitsblatt, das dir hilft, schrittweise Ziele zu sammeln, die deinen Monitor zufriedenstellen. Die Leitlinien in Kürze sind: *kurzfristig, sicher, positiv, konkret, bestimmt, persönlich.*[39] *Kurzfristig:* Das Ziel sollte erreichbar sein, ohne dass du Geduld brauchst. *Sicher:* Du solltest das Ziel unter Kontrolle haben. *Positiv:* Es sollte etwas sein, das sich gut anfühlt, nicht nur etwas, das Leiden verhindert. *Konkret:* Messbar. Du kannst Andrew fragen: Bist du von Freude erfüllt?, und er kann Ja oder Nein sagen. *Bestimmt:* Nicht allgemein, wie »Menschen Freude bereiten«, sondern bestimmt: *Andrew* Freude bereiten. *Persönlich:* Schneide das Ziel auf dich zu. Wenn es gleichgültig ist, wie es Andrew geht, vergiss Andrew. Wer ist dein Andrew? Vielleicht bist du dein Andrew.

Erfolg neu zu definieren in Form von schrittweisen Zielen bedeutet nicht, dich für Fortschritte zu belohnen – solche Belohnungen sind, entgegen dem gesunden Menschenverstand, nicht hilfreich und können sogar kontraproduktiv sein.[40] Wenn du Erfolg neu definierst, setzt du Ziele, die gleichzeitig Leistungen sind – und Erfolg an sich ist Belohnung.

Ändere die Erwartung: Definiere Versagen neu

Bei Zielen, die abstrakt, utopisch oder auf andere Weise nicht greifbar sind, kannst du Frustration reduzieren, indem du eigene Standards für Erfolg festsetzt. Aber manchmal strebst du ein klares, konkretes Ziel an, das du nicht neu definieren kannst. Für diese Ziele brauchst du ein anderes Verständnis von *Versagen*, eines, das nicht dem üblichen entspricht. Du machst vielleicht alles so, wie du solltest, erreichst aber nicht, was du wolltest, sondern es führt zu etwas anderem, ganz Erstaunlichem. Oder, wie Douglas Adams' Figur Dirk Gently es ausdrückt: »Ich landete selten da, wo ich hinwollte, aber häufig landete ich da, wo ich sein musste.« Erweitere deinen Blickwinkel und erkenne die unbeabsichtigten Gewinne, über die du auf deinem Weg stolperst. Dieser Blickwinkel macht Versagen fast unmöglich, denn man erkennt an, dass Erfolg nicht aufs Gewinnen beschränkt ist.

Und wir meinen damit nicht die Einstellung: »Wir haben unser Bestes gegeben!«, wie die Fußballmannschaft deines Sechsjährigen. Es gibt endlos Beispiele für Menschen, die nicht ein bestimmtes Ziel erreicht haben, aber auf dem Weg etwas anderes Wichtiges, ja etwas Weltveränderndes, erreicht haben. Haftnotizzettel wurden erfunden, als ein Chemiker einen starken Kleber herstellen wollte. Es erwies sich, dass seine schwache Klebekraft einen gefragten praktischen Nutzen hatte. Der Herzschrittmacher wurde erfunden, als Wilson Greatbatch ein Gerät zum Messen der Herzfrequenz erfinden wollte und den Prototyp falsch baute. Hillary Clintons Scheitern bei den Präsidentschaftswahlen bereitete den Weg dafür, dass eine rekordverdächtige Zahl von Frauen erfolgreich für politische Ämter und andere Führungspositionen in den Vereinigten Staaten kandidierte. Haftnotizzettel, Herzschrittmacher und eine Flutwelle von Frauen, die in die Politik gehen, sind weltverändernde Resultate davon, dass jemand bei etwas anderem gescheitert ist.

Versagen neu zu definieren, ist die Form positiver Neubewertung, die dir am meisten abverlangt. Sie nimmt nicht den Schmerz über das Scheitern und den Verlust. Um dich von einem Verlust zu erholen, musst du dich mit Wohlwollen und Mitgefühl deiner Trauer zuwenden und den durch das Scheitern ausgelösten Stresszyklus beenden. Aber dazu gehört auch, die beim Scheitern unbeabsichtigten positiven Ergebnisse anzuerkennen.

Wie du deinen Monitor nicht managen solltest

Planvolle Problemlösung und positive Neubewertung sind adaptive Bewältigungsstrategien. Das heißt, sie funktionieren im Allgemeinen und bergen ein geringes Risiko ungewollter Folgen. Es gibt andere Bewältigungsstrategien, die nicht unbedingt helfen, und wieder andere sind ausgesprochen destruktiv. Zu diesen schlecht angepassten Strategien gehören *selbstzerstörerische Konfrontation, Unterdrückung des Stresses* und *Vermeidung*. Häufig wenden wir uns solchen Strategien zu, wenn wir in einer sehr stressigen Situation die Kontrolle verlieren und verzweifelt versuchen, sie wiederzuerlangen.

Ein Beispiel für *selbstzerstörerische Konfrontation* ist: »Ich habe mich nicht unterkriegen lassen und gekämpft!« Uns nicht unterkriegen zu lassen ist im Prinzip wichtig und kann effektiv sein, aber nicht, wenn wir gestresst und außer Kontrolle sind. Wenn du immer noch kämpfst, während du überfordert bist, ist es nicht so sehr ein tapferes Gefecht, sondern vielmehr stehst du mit dem Rücken zur Wand und bist umzingelt. Bitte stattdessen um Hilfe.

Unterdrückung des Stresses bedeutet: »Ich habe es nicht an mich herangelassen.« Wenn etwas wichtig ist, solltest du es an dich heranlassen! Es sollte eine Stressreaktion auslösen. Wenn du leugnest, dass du Stress erlebst, verhindert das, dass du den Stress bewältigst – und aus dem Kapitel »Beende den Zyklus« wissen wir, was dann passiert. Wenn du merkst, dass du so tust, als ginge es dir gut, obwohl du zutiefst unglücklich bist, bitte um Hilfe.

Vermeidung hat zwei verschiedene Facetten. Für die eine steht der Satz: »Ich hab darauf gewartet, dass ein Wunder geschieht«, was bedeutet, dass man persönliche Verantwortung für Veränderung ablehnt. Der Satz: »Ich habe gegessen, bis ich nichts mehr gefühlt habe«, steht für die andere Art, nämlich sich zu betäuben. Beide Maßnahmen können zur

Überbrückung sinnvoll sein, wenn Stress, Sorge, Frustration, Wut oder Verzweiflung überwältigend sind. Manchmal müssen wir uns mit Netflix und einer Packung Häagen-Dazs betäuben. Als Emily einmal über das Beenden des Zyklus sprach und wie wichtig es sei, seine Gefühle wirklich wahrzunehmen, fragte jemand: »Gilt das auch, wenn man zum Beispiel einen todkranken Elternteil pflegt? Ist es schlecht, manchmal alles auszublenden und den ganzen Tag *Stolz und Vorurteil* zu gucken?«

Zum Teufel nein. Manchmal musst du die Tür vor der Welt verschließen und dir erlauben, dich einfach nur behaglich und sicher zu fühlen – solange es nicht das Einzige ist, was du tust. Betrachte es als kurzfristige Überlebensstrategie. Du brauchst auch einen Plan und ein Gefühl dafür, welchen Wert es hat zu kämpfen.

Die Reaktion auf Unglück, die am ehesten als schlecht angepasst gelten kann, ist *Wiederkäuen*. Wie eine Kuh wiederkäut, würgen wir unser Leiden immer wieder hoch, kauen darauf herum, um das letzte bisschen Schmerz herauszuholen. Wenn du merkst, dass deine Gedanken und Gefühle immer wieder zu deinem Leiden zurückkehren, such dir Hilfe.

»Deshalb hören Menschen auf, sich selbst zu pflegen«, sagte Julie zu Amelia und öffnete einen Karton, der eine klebrige Schokoladentorte enthielt. Sie schnitt ein großes Stück ab. »Wenn du die schmutzigste Wand in einem Zimmer streichst, sehen die anderen nur noch schmutziger aus. Du hast gesagt: ›Verarbeite deinen Stress, das ist etwas anderes als die Bewältigung des Stressors.‹ Na, das hab ich gemacht, und es hat geholfen, und jetzt denke ich darüber nach, mich scheiden zu lassen, und im Grunde genommen ist es wegen dir. Greif zu!« Sie bot Amelia das Stück Kuchen auf einem Teller an.

»Was ist das Problem?«, fragte diese und nahm den Kuchen.

Das »Problem« war, dass Julie einen Monat lang die Stressoren in ihrem Leben ausgemacht und ihre Stressreaktionszyklen beendet hatte. Dabei merkte sie, dass einer ihrer chronischen Stressoren ihr Mann Jeremy war.

»Ich bemerkte, wie viel Arbeit ich in den Umgang mit seinen Gefühlen investierte«, sagte sie, »wie viel zusätzlichen Stress ich durch seinen Stress hatte. Dann, letzte Woche, war Dianas Herbstaufführung. Als ich sagte: ›Zeit, uns auf den Weg zu machen‹, stöhnte er: ›All diese Kinder und diese schreckliche Musik‹, und ich versuchte, es ihm schmackhaft zu machen und ihn aufzumuntern, verstehst du? Ich würde auch gern diese drei Stunden meines Lebens auf angenehmere Art verbringen, aber so ist es nun mal. Ich sagte: ›Das ist etwas Besonderes, wir sehen unsere Tochter auf der Bühne‹, um ihm das Positive zu zeigen. Und weißt du, was er gesagt hat? ›Du kannst mich zwingen hinzugehen, aber du kannst mich nicht zwingen, es zu mögen.‹ Ihn zwingen hinzugehen! Ihn zwingen, es zu mögen! Aufführungen sind Elternpflicht! Warum muss ich ihn zu seinen Elternpflichten ›zwingen‹?! Und warum muss ich dafür sorgen, dass er sich besser fühlt? Niemand kümmert sich darum, dass ich mich besser fühle, das muss ich selbst machen! Ich habe durch unangenehme Dinge herausgefunden, was angenehm ist. Ich muss einen Weg finden, mich nicht über Dinge in meinem Leben zu beklagen, die ich nicht mag oder will. An diesem Abend gerieten wir darüber in einen Streit und er sagte: ›Na, wenn du es nicht willst, dann lass es. Fühl dich nicht dafür verantwortlich, dass es mir gut geht. Versuch nicht, das Positive zu sehen. Beklag dich, wenn du willst!‹

Genau das habe ich getan. Normalerweise mache ich automatisch alles selbst, denn er macht es nie – das Geschirr, die Wäsche, die Arbeitsflächen in der Küche abwischen. Stattdessen beklagte ich mich. Du rätst nicht, was passiert ist. Eine Woche später sagte er: ›Was ist los mit dir? Die ganze Zeit beklagst du dich und kritisierst an allem herum! Du bist so negativ!‹ Ich bin so negativ! Ist das zu glauben? Ich entgegnete: ›Du hast gesagt, ich solle mich beklagen, wenn mir danach sei. Du hast gesagt: Versuch nicht, deine Gefühle zu kontrollieren. Und wenn ich auf deine Gefühle keine Rücksicht nehme, sage ich dir, dass es nicht als Saubermachen der Küche zählt, einfach den Geschirrspüler anzustellen.‹

Dann sagte er – halt dich fest –, er sagte: ›Wenn du willst, dass es so gemacht wird, wie du es machst, musst du es selbst machen.‹«

Auf diese Weise fuhr sie noch eine Weile fort, bevor sie schloss: »Also gebe ich auf. Ich weiß nicht, was ich aufgebe und für wie lange, aber ich gebe auf. Ich verzichte auf alles, außer Schokoladenkuchen.« Julie schob sich Kuchen in den Mund und kaute trotzig.

»Deshalb denkst du über Scheidung nach«, sagte Amelia.

»Manchmal ist es toll. Das ist erstaunlich«, sagte Julie. Sie hielt inne, um vom Kuchen abzubeißen und spülte ihn mit Wein hinunter. Dann fuhr sie fort: »Weißt du, wie Spielautomaten dich süchtig machen? Die meiste Zeit wirfst du gutes Geld schlechtem hinterher, aber hin und wieder zahlt es sich aus, sodass du das Gefühl hast, du müsstest weitermachen. So ist meine Ehe«, sagte Julie. »Deshalb steige ich aus. Ich weiß nicht, was ich aufgebe, weiß nicht, für wie lange, aber ich gebe auf. Alles außer Schokoladenkuchen.«

Es ist normal, dass eine Veränderung schwierig ist. Manchmal wird es schlimmer, bevor es besser wird. Manchmal schafft die Lösung eines Problems ein neues. Manchmal kann nichts auf der Welt, keine Organisation und keine positive Einstellung, eine Ehe retten. Manchmal – wie Julie noch herausfinden wird – muss man sich selbst retten, um eine Ehe zu retten.

Wann wir aufgeben müssen

Der Monitor hat einen Drehpunkt, an dem die Beurteilung deines Ziels von »erreichbar« zu »unerreichbar« schaltet. Du schwankst vielleicht zwischen weitermachen und aufgeben, zwischen frustrierter Wut – »Dieses Ziel *ist* erreichbar, diese Idioten können mich mal!« – und hilfloser Verzweiflung – »Ich schaffe es nicht, ich gebe auf, es ist alles schrecklich!«

Es ist leichter, mit Gefühlen umzugehen, wenn wir sie benennen können.[41] Wir haben für dieses Gefühl keine Bezeichnung gefunden, obwohl jeder, den wir kennen, es schon erlebt hat. Deshalb haben wir ihm einen Namen gegeben: »Foop«. Du kannst es nennen, wie du willst und wie es sich richtig für dich anfühlt, aber uns gefällt dieses alberne Wort. Wir erleben es bei schwierigen Jobs, wenn wir uns sagen »Ich hasse diesen Ort. Ich hasse diese Leute, ich kündige! Ach nein, ich kann nicht, ich brauche das Geld, ich muss warten, bis ich einen neuen Job in Aussicht habe, ich komme niemals aus diesem Loch!« Du hängst in »Foop Town« fest. Wir erleben es in der Uni, wir sagen uns: »Ich werde dieses Semester beenden und nichts und niemand kann mich davon abbringen, egal, mit wie viel Mist sie mich bewerfen! Huh, ich schaffe es nicht, ich gebe auf, ich bin ein Versager!« »Foop-o-rama«. Es kommt in schwierigen Beziehungen vor, wenn wir uns sagen: »Ich bin sicher, ich kann diese Beziehung retten, ich muss es nur ernsthafter versuchen! Aber nein, es ist hoffnungslos, sie werden sich nie ändern. Ich bin nicht gut, was Gefühle angeht, darin, anderen zu helfen, ein besserer Mensch zu sein. Aber es ist nicht meine Aufgabe, sie zu ändern! Ich sollte lieber *mich* ändern.« »Über-foop«.

Woher weißt du, dass es Zeit ist, mit planvoller Problemlösung, positiver Neubewertung aufzuhören und einfach … aufzugeben?

Die Wissenschaft hat eine Antwort darauf, wann man gehen sollte – in gewisser Weise. Sie formuliert sie in Form der Frage: »Erobern oder Ausbeuten – sollte ich neues Terrain erobern oder soll ich das Terrain ausbeuten, in dem ich mich befinde?« Wild lebende Tiere haben mit der Beantwortung kein Problem.

Stell dir einen kleinen Vogel oder ein Eichhörnchen vor, das in einem Waldstück nach Samen und Nüssen sucht und diese hortet. Ab einem gewissen Punkt verbringt es mehr und mehr Zeit mit Suchen, mit immer weniger Erfolg. Sein Monitor ist gut auf die Umgebung eingestellt und löst automatisch die Entscheidung aus, zum nächsten Stück weiterzuziehen. Das ist keine rationale, kognitive Entscheidung; seine Instinkte sind mit der Umwelt verbunden, lesen die Umgebung und signalisieren ihm weiterzuziehen. Dabei wird der Preis der Veränderung mit einkalkuliert, einschließlich des Weges zu einem neuen Terrain, des Risikos, Beute eines Raubtiers zu werden und so weiter.[42]

Wenn du dieses Prinzip rational anwenden willst, musst du vier Listen anlegen:

Entscheidungstabelle

Soll ich weitermachen oder aufgeben: ______________________

____

(zum Beispiel meinen Job, meine Beziehung, meine Diät, meinen Drogenkonsum, meine Angewohnheit, mich zu überfordern …)

So weitermachen	Aufgeben
kurzfristiger Gewinn:	kurzfristiger Gewinn:
langfristiger Gewinn:	langfristiger Gewinn:
kurzfristiger Preis:	kurzfristiger Preis:
langfristiger Preis:	langfristiger Preis:

1. Welchen Gewinn bringt es weiterzumachen?
2. Welchen Gewinn bringt es aufzuhören?
3. Was ist der Preis fürs Weitermachen?
4. Was ist der Preis fürs Aufhören?

Und dann siehst du dir die vier Listen an und triffst eine Entscheidung auf Grundlage des geschätzten maximalen Vorteils und minimalen Preises. Wenn du dich entschließt weiterzumachen, denk daran, das Beenden des Zyklus einzuplanen.

Aber häufig fällt unsere Entscheidung aufzugeben nicht aufgrund einer rationalen Kosten-Nutzen-Analyse; wir treffen sie intuitiv, wie der Vogel oder das Eichhörnchen, indem wir Bauchwissen folgen. Wir hören eine Stimme in uns sagen: »Du hast alles getan. Es ist Zeit weiterzugehen.«

Menschen – besonders Frauen – haben eine außerordentliche Fähigkeit, diese Stimme zu ignorieren. Wir leben in einer Kultur, in der Selbstkontrolle, Entschlossenheit und Beharrlichkeit geschätzt werden. Viele von uns haben gelernt, eine Änderung des Ziels als Schwäche und Versagen zu betrachten, während es in einer anderen Kultur als Mut, Stärke und Offenheit für neue Möglichkeiten betrachtet wird. Wir haben gelernt, dass ein Ziel aufzugeben dasselbe ist wie Versagen. Wir erzählen uns Geschichten von Menschen, die Schwierigkeiten überwunden und bemerkenswerte Dinge trotz großer Widerstände erreicht haben, und es inspiriert uns. Aber diese Geschichten gehen häufig davon aus, dass wir unser Schicksal vollkommen kontrollieren können – als ob wir auf die Menge von Nüssen und Samen in einem bestimmten Waldstück Einfluss hätten. Wenn wir ein Ziel nicht erreichen, liegt es an uns. Wir haben nicht hart genug gekämpft. Wir haben nicht daran »geglaubt«.

Unsere Neigung, uns an Dinge zu klammern, die sich zerschlagen haben, statt loszulassen und nach etwas Neuem zu greifen, ist aber nicht nur das Ergebnis sozialen Lernens. Auch der damit verbundene Stress (Angst, Sorge und so weiter) beeinflusst unsere Entscheidung, und je stärker uns der Gedanke an Veränderung stresst, desto weniger sind wir geneigt, sie durchzuführen. Wenn ein Eichhörnchen irgendwo in der Nähe ein Rascheln in den Blättern hört, hält es einen Moment inne, lauscht … und hört nichts weiter. Aber es ist jetzt wachsam. Seine Stressreaktion ist aktiviert. Es bleibt vorerst in seinem gegenwärtigen Terrain auf Futtersuche, denn das Risiko, neues Terrain zu betreten, ist wegen des möglichen verborgenen Feindes in den raschelnden Blättern erhöht. Es spielt keine Rolle, wie viel mehr Nüsse und Samen im nächsten Waldstück sind, wenn dort ein Falke ist, der es fressen würde.

Auch das Angebot deiner Umgebung beeinflusst, ob du dich entscheidest zu gehen oder zu bleiben. In einer Umgebung mit reichem Angebot geben Menschen eher das Alte auf und nehmen die nächste Gelegenheit wahr, weil das Risiko der Veränderung geringer ist. Es ist leichter, den Job zu wechseln, wenn man vier Angebote hat. Es ist einfacher, eine Beziehung zu beenden, wenn bereits ein neuer potenzieller Partner in den Startlöchern steht.

Etwas aufzugeben ist aus vielerlei Gründen schwierig, und wir können dir nicht sagen, was die richtige Entscheidung ist. Da wir aber die Faktoren kennen, die zum Widerstand führen, etwas aufzugeben, können wir dir sagen: Wenn du dich nicht nur frustriert und überfordert fühlst, sondern auch hilflos, isoliert und gefangen, und dich am liebsten in einer Höhle verstecken würdest als einen Tag länger weiterzumachen, dann solltest du damit aufhören, was immer es ist.

#shepersisted

Massachusetts' Senatorin Elizabeth Warren sorgte für Schlagzeilen, als sie versuchte, im Senat zu sprechen und auf Antrag des Mehrheitsführers Mitch McConnell Redeverbot und eine Rüge erhielt. Senatorin Warren hatte aus einem Brief Coretta Scott Kings zitieren wollen, um die aktenkundige rassistische Vorgeschichte des damaligen Senators Jeff Sessions zu thematisieren. In seinem nur zu bekannten Kommentar sagte McConnell: »She was warned. She was given an explanation. Nevertheless, she persisted.« (»Sie wurde gewarnt. Sie wurde belehrt. Trotzdem blieb sie standhaft.«)

Anschließend lasen die Senatoren Tom Udall, Sherrod Brown,

Bernie Sanders und Jeff Merkley Teile des Briefes vor, ohne eine Rüge zu erhalten.[43]

Hm. Was ist der Unterschied zwischen Senatorin Warren und den Senatoren Udall, Brown, Sanders und Merkley? Wie Udall und Brown ist sie eine der dienstälteren Senatorinnen ihres Staates, wie Sanders ist sie Neuengländerin. Ist sie die einzige Juristin? Nein, Udall ist ebenfalls Anwalt, das kann es nicht sein. Schwierige Frage.

Was immer McConnell bewegt hat, Frauen haben seine Worte gehört und erkennen darin nur zu gut die Art, wie auch sie schon zum Schweigen gebracht worden sind. »Nevertheless, she persisted«, »Trotzdem blieb sie standhaft«, wurde zum Schlachtruf von Frauen auf der ganzen Welt, die aufgefordert worden waren, sich hinzusetzen und den Mund zu halten. Die Worte lösten einen Sturm in den sozialen Medien aus und Blog-Posts, die #shepersisted mit Malala Yousafzai, Rosa Parks, Sonia Sotomayor, Tammy Duckworth, Laverne Cox und vielen anderen Frauen in Verbindung brachten, die es gegen Widerstände geschafft hatten.[44]

Es fand so starken Widerhall, weil Frauen jeden einzelnen Tag beharrlich sein müssen. Häufig sind wir beharrlich, weil wir keine andere Wahl haben. Wir müssen Kinder ernähren und die Welt verändern und können nicht aufhören, nur weil es schwer ist. Hindernisse wie die Mitch McConnells dieser Welt zu überwinden, ist nicht nur ein notwendiger Schritt, um unsere Ziele zu erreichen, es ist Teil unseres Erfolges! Juhu!

Aber heb die Hand, wenn es aufreibend wird. Heb die Hand, wenn du aufhören willst. Heb die Hand, wenn du dich fragst: Wie viel mehr muss ich tun, damit es genug ist? Wie viel mehr muss ich geben? Wie viel mehr Ecken und Kanten muss ich abschleifen, um nicht daran zu zerbrechen?

Frauen fehlt es selten an Beharrlichkeit – im Gegenteil. Wir sehen, wie die Welt sein könnte – was wir sein könnten. Unsere Welt könnte gerecht sein, unsere Kommunikation sicher, unser Zuhause ordentlich, unsere Kinder kooperativer. Aber zwischen uns und der Verwirklichung dieser Möglichkeiten tut sich eine tiefe, breite Kluft auf. Unsere Standardreaktion angesichts dieser Kluft ist, alles zu tun, um auf die andere Seite zu kommen, und in jedem Fall weiterzumachen, bis wir dort sind.

Aber irgendwann sind wir erschöpft und fragen uns, ob wir überhaupt irgendetwas von dem erreichen können, was wir uns erhoffen, ohne uns dabei selbst zu zerstören. Wir fragen uns, ob es Zeit ist, aufzuhören.

Das Leben ist selten perfekt. Fast immer besteht eine Lücke zwischen dem Zustand, wie die Dinge sind, und wie wir sie uns wünschen, erhoffen oder erwarten. Unsere Lebensqualität misst sich nicht an der Zeitdauer, die wir in einem perfekten Zustand verbringen. Andererseits sehen Visionäre – man denke an die Kämpfer für soziale Gerechtigkeit im 20. und 21. Jahrhundert – die tiefste Kluft zwischen Wirklichkeit und Anspruch, und sie wissen, dass sie nicht erleben werden, dass ihre Visionen einer gerechteren Welt wahr werden. Eine Diskrepanz zwischen Wirklichkeit und Ideal ist nicht unnormal oder Zeichen einer Störung. Es gehört zum Leben. Tatsächlich entwickelt sich der Monitor, wie wir gesehen haben, wenn die Dinge ein bisschen frustrierend sind, wenn es neue Herausforderungen gibt, innovative Fähigkeiten erforderlich sind, unbekanntes Territorium erfasst werden muss. Unsere Lebensqualität, Tag für Tag, misst sich an der Freiheit zu wählen, ob wir bleiben oder gehen. Diese Freiheit entsteht aus der Möglichkeit aufzugeben, was zerbrochen ist, und nach etwas Neuem zu greifen.[45]

Sophies Strategie, ihre Kompetenz zu Geld zu machen, ist planvolle Problemlösung und positive Neubewertung und in höchstem Maße pragmatisch. Beharrt deine Umgebung darauf, dass du etwas gut kannst, was du nie gut können wolltest? Mach daraus ein Geschäftsmodell, das löst das Problem!

People of Colour, also Menschen mit nicht-weißer Hautfarbe, Frauen, Behinderte und Mitglieder anderer entrechteter Gruppen sind trotz unglaublicher Frustrationen beharrlich geblieben und häufig an ihren schwersten Prüfungen am meisten persönlich gewachsen.

Warum strengen wir uns weiter an, wenn wir wissen, dass wir selbst die Veränderungen, für die wir kämpfen, nicht mehr erleben werden? Warum sind wir beharrlich, wenn wir nur die Hoffnung haben, das Leben für die nächste Generation besser zu machen?

Ein Ziel kann unserem Leben jeden Tag Form und Richtung geben. Während unsere Ziele das sind, *was* wir erreichen wollen, ist »Sinn« der Grund, *warum* wir es erreichen wollen. Wir bemühen uns weiter, ein Kind so gut wir können zu erziehen, selbst wenn dieses Kind uns auf den Gedanken bringt, wegzulaufen und uns einem Zirkus anzuschließen. Wir machen einen frustrierenden Job weiter, weil wir wissen, dass wir das Leben von Menschen verändern können. Wir machen Kunst, auch wenn wir wissen, dass wir niemals davon leben können, weil wir einfach nicht vollkommen wir selbst wären, wenn wir damit aufhören würden. Auch wenn deine Ziele sich von unseren unterscheiden, haben sie einen gemeinsamen übergreifenden Beweggrund: Sie geben uns das Gefühl, uns für etwas zu engagieren, das größer ist als wir.

Die Antwort auf die Fragen ist »höherer Sinn«, Thema des nächsten Kapitels.

tl;dr

- Frustration stellt sich ein, wenn sich das Vorankommen zu einem Ziel als mühsamer erweist, als wir erwartet haben.
- Bei Stressoren, die du unter Kontrolle hast, kannst du durch planvolle Problemlösung Frustration bewältigen, bei Stressoren, die du nicht kontrollieren kannst, durch positive Neubewertung.
- Wenn wir uns abmühen, erreichen wir vielleicht einen Punkt, an dem wir zwischen frustrierter Wut und hilfloser Verzweiflung schwanken. Die Lösung: Wähle den richtigen Zeitpunkt, um aufzugeben, was jetzt oder niemals sein kann. Egal wie, durch die Wahl hast du wieder das Ruder in der Hand.
- Dein Gehirn hat einen Mechanismus eingebaut, der *beurteilt*, wann es Zeit ist aufzugeben. Höre auf seine leise Stimme. Oder leg dir ein Arbeitsblatt (siehe unten) an, manchmal hilft das.

Erfolg neu definieren

Um die Frustration zu bewältigen, die entsteht, wenn wir versuchen, ein unmögliches Ziel zu erreichen – zum Beispiel »Perfektion« oder auch ein niemals abgeschlossenes Ziel wie zum Beispiel, ein Kind »erfolgreich« zu erziehen –, definieren wir neu, was Gewinn und Erfolg bei diesem Ziel bedeuten.

Frustrierendes Ziel

____

____

Was an diesem Ziel frustriert deinen Monitor? Ist es unerreichbar? Stehst du dem Ziel ambivalent gegenüber? War es die dumme Idee eines anderen? Fühlst du dich teilweise hilflos dem Ziel gegenüber? Gibt es zu viele frustrierende, jedoch unvermeidliche Hindernisse zwischen dir und dem »Erfolg«?

____

____

____

____

Sammle mindestens zwanzig verschiedene Definitionen von »Erfolg«, die deinen Monitor zufriedenstellen. Sorge dafür, dass eine Menge dummer, unpraktischer Ideen dabei sind, ebenso wie ein paar, die funktionieren könnten. Brainstorming funktioniert am besten, wenn du nicht filterst! Bei manchen Menschen klappt es besser, wenn sie mit anderen zusammenarbeiten; wenn es bei dir so ist, bitte einen Freund mitzumachen.

Jetzt wähle die drei, die dir am besten gefallen, und bewerte sie nach den Kriterien für Ziele, die den Monitor zufriedenstellen:

Kurzfristig: Wann weißt du, dass du es geschafft hast? Dein Ziel sollte erreichbar sein, ohne Geduld zu erfordern.
Sicher: Wie zuversichtlich bist du, dass du es schaffst? Dein Ziel sollte deiner Kontrolle unterliegen.
Positiv: Was gewinnst du, wenn du es erreichst? Es sollte etwas sein, das sich gut anfühlt, nicht nur etwas, mit dem Leiden vermieden wird.
Konkret: Messbar. Wie weißt du, dass du es geschafft hast? Es gibt einen externen Indikator, dass du es erreicht hast.
Bestimmt: Im Gegensatz zu allgemein. Du solltest dir genau vorstellen können, wie der Erfolg aussieht.
Persönlich: Warum ist dir dieses Ziel wichtig? Wie wichtig ist es dir? Schneide das Ziel auf dich zu, sodass es dir etwas bedeutet.

	kurzfristig	sicher	positiv	konkret	bestimmt	persönlich
1.						
2.						
3.						

SINN

Einige Zeit nach Julies Ausraster mit dem Schokoladenkuchen bat sie Amelia, vorbeizukommen, denn sie müsse einiges rauslassen, wie sie sagte.

Aber statt zu reden, guckte sie eine Kindersendung. Es war auf hypnotische Weise beruhigend. Sie starrte wie betäubt auf den Bildschirm, erst als der Abspann lief und die Musik spielte, sagte sie: »Jeremy hat jetzt eine Woche auf dem Sofa geschlafen. Ich hab keine Ahnung, was als Nächstes passieren könnte.« Amelia blieb die Sprache weg, aber Julie fügte schnell hinzu: »Ich will nicht drüber reden.«

Sie sahen sich schweigend eine weitere vierzehnminütige Folge an. Der Abspann lief. Der Fernseher wurde dunkel und still, und auf dem Bildschirm erschien ein Text mit der Frage, ob Julie noch weitersehen wolle.

»Urteile nicht über mich!«, schrie sie den Fernseher an und klickte auf Ja.

Als eine dritte hypnotisch beruhigende Folge begann, sagte Julie: »Ich hatte einmal eine Lebensmittelvergiftung. Schlimm. So schlimm, dass ich mit einem Eimer im Schoß auf der Toilette sitzen musste, verstehst du?«

Amelia zuckte ein bisschen zusammen und sagte: »Und jetzt fühlt es sich genauso an?«

Julie schüttelte den Kopf und sagte: »Es ist viel schlimmer. Bei einer Lebensmittelvergiftung weißt du, warum es dir schlecht geht. Du kannst es akzeptieren, weil du weißt, warum.«

Das ist die Macht von Sinn. Wir können Leiden ertragen, wenn wir den Grund kennen.

Nicht zu wissen, warum, das ist an sich eine Art von Leiden.

»Ich hab noch eine Liste geschrieben«, sagte Julie und gab Amelia ein beschriebenes Blatt Papier.

Darauf war unter anderem eine Liste von Fragen: Ist es das wert? Will ich, dass es das wert ist? Sollte es das wert sein? Wie kann ich mich selbst respektieren, wenn ich aufgebe? Wie kann ich mich selbst respektieren, wenn ich nicht loslassen kann? Was für ein Mensch bin ich? Was ist Liebe? Was zählt wirklich?

»Lass uns noch eine Folge angucken.« Sie drückte auf die Fernbedienung, und die bunten Kreaturen mit ihrem Singsang bewegten sich über den Bildschirm.

»Ich würde gern die Antwort auf einige der Fragen wissen«, unterbrach Amelia. Sie blickte auf das Blatt Papier und las: »Was zählt wirklich?«

Die Antwort ist Gegenstand dieses Kapitels.

Jede Disney-Heldin hat einen »I want«-Song, in dem sie erklärt, was sie in ihrem Leben vermisst. Moana spürt den Ruf des Meeres. Tiana hat es »fast geschafft«, hat Geld für ihr eigenes Restaurant gespart. Belle will »Abenteuer in der großen weiten Welt« erleben. Die Tradition geht zurück bis zu Snow White, die singt: »Eines Tages wird mein Prinz kommen.« Man kann die Emanzipation der Frauen in Amerika daran ablesen, was sich die Disney-Heldinnen in ihren »I want«-Songs wünschen.

Aber was sie auch anstreben, es gibt eine Konstante: Die Heldin fühlt sich zu etwas gerufen.

Ebenso wie die wenigsten von uns spontan ein Lied anstimmen (nur einige – wie Amelia – tun es), führen die wenigsten von uns das Leben epischer Helden oder großer Abenteurer. Wir sind nicht vom Meer auserwählt, den Halbgott Maui zu finden, Te Fiti das Herz wieder einzusetzen und die Welt zu retten – die meisten von uns würden es, offen gesagt, auch gar nicht wollen, wenn sie die Wahl hätten. Wir haben andere Dinge auf dem Zettel: Arbeit, Uni, wir haben Kinder zu ernähren, Badewannen zu schrubben und Posteingänge durchzusehen, nebenbei Romane zu lesen und Filme anzusehen.

Aber wie alle Heldinnen blühen wir auf, wenn wir einem Ruf von etwas folgen, das größer ist als wir, wenn alles Pendeln und Wäschewaschen und Aufsammeln von Hundekot und Ermahnen: »Kein

Fernsehen, bevor du deine Hausaufgaben fertig hast!« einen Sinn hat, der über den täglichen Trott hinausgeht.

In den letzten dreißig Jahren hat sich in der Wissenschaft die Meinung etabliert, dass ein »Lebenssinn« gut für uns sei, genauso wie grünes Blattgemüse, Sport und Schlaf gut für uns sind.

Dieses Kapitel handelt von »Sinn« als etwas, das uns stark macht, uns gegen Burnout wappnet und hilft, uns davon zu erholen. Das Bedürfnis nach einem »Lebenssinn« ist bei Frauen nicht grundsätzlich anders als bei Männern, aber die Hindernisse, die zwischen Frauen und dem Gefühl von Sinnhaftigkeit stehen, sind andere.

Was genau ist Sinn?

Was haben Kunst, Orgasmus und Lebenssinn gemeinsam? Sie sind anders als alles, was du sonst erlebst; du merkst sofort, wenn sie dir begegnen, und jeder Mensch erfährt sie anders.[46]

Forscher nähern sich »Sinn« auf zwei Arten. Positive Psychologie, angeführt von Martin Seligman, betrachtet Sinn als ein wesentliches Element, das Glück in Menschen zum Vorschein bringt, die insgesamt gesund sind.[47] Andere Forschungen betrachten Sinn als Bewältigungsstrategie für Menschen, die sich von einer Krankheit oder einem Trauma erholen.[48] Diese verschiedenen Betrachtungsweisen haben vier Dinge gemeinsam.

Erstens: Beide Ansätze stimmen darin überein, dass Sinn nicht immer Spaß macht.[49] Bei der Auffassung von Sinn als glücksverstärkendem Element werden sinnvolle Aktivitäten als solche beschrieben, durch die wir »versuchen, das Beste in uns zu nutzen und zu entwickeln«, im Gegensatz zu denen, die allein »Vergnügen bereiten«.[50] Bei der Auffassung als Bewältigungsstrategie heißt Sinn zum Beispiel, dass wir lernen, mit einer chronischen Krankheit zu leben. Im ersten Fall ist es so, als würdest du deine Nährstoffe in Form von Gemüse zu dir nehmen, im zweiten, als würdest du sie durch eine schmerzliche Injektion bekommen. Die meisten von uns ziehen Gemüse vor, aber manchmal ist die Injektion die einzige Option.

Zweitens: Beide Ansätze stimmen darin überein, dass Sinn einen »positiven Wert« bietet, »den ein individuelles Leben aufweisen kann«.[51] Das heißt, ein Leben hat Sinn, wenn ein Mensch vor seinem Ableben einen positiven Beitrag zu seiner Lebenswelt geleistet hat – ob es ihm Freude gemacht hat oder nicht. Sinn ist das Gefühl, dass du »in einem größeren Zusammenhang wichtig bist. Einzelleben können als sinnvoll erlebt werden, wenn man das Gefühl hat, über das Triviale oder Momentane hinausgehend Bedeutung zu besitzen, einen Zweck oder Sinnzusammenhang innezuhaben, der das Chaos überwindet«.[52]

Drittens: Sinn ist nicht konstant. Einige Momente in unserem Leben erscheinen uns äußerst sinnvoll. Andere »sinnneutral« – du machst Besorgungen oder den Haushalt, und es spielt keine Rolle, ob du eine Verbindung mit etwas Größerem als dir selbst wahrnimmst. In anderen Momenten spüren wir stark seine Abwesenheit, das sind Momente, in denen wir Sinn *suchen*. Wir machen vielleicht schon zu lange immer weiter, ohne die Erfahrung von Sinnhaftigkeit, und beginnen uns zu fragen, was unser Dasein überhaupt für einen Zweck hat. Oder es geschehen schreckliche Dinge, die unserem Leben jegliche Bedeutung zu nehmen scheinen, und wir fragen uns: Warum? Sinn kommt und geht.

Und schließlich viertens: Ob Sinn nun dazu beiträgt, dass wir uns weiterentwickeln oder etwas zu bewältigen – er tut uns gut.[53] Menschen mit einem Gefühl für Sinn und Zweck in ihrem Leben sind gesünder und nehmen eher Maßnahmen zur Gesundheitsvorsorge in Anspruch.[54] Eine Metaanalyse zum Zusammenhang von Lebenssinn und Gesundheit kam zu dem Ergebnis, dass mehr Lebenssinn mit einem 17 Prozent geringeren allgemeinen Sterblichkeitsrisiko einhergeht.[55] Und dieser Nutzen kann durch aktive Maßnahmen erzielt werden. Menschen, die an sinnorientierten Psychotherapien teilnehmen, entwickeln ein größeres allgemeines Wohlbefinden, führen mehr Beziehungen, haben stärkere Hoffnung, leiden weniger unter psychischem Stress und haben eine bessere körperliche Gesundheit.[56] Selbst Menschen mit einer fortgeschrittenen tödlichen Krankheit profitieren davon, weil dann Depression, Ängste und Sorgen abnehmen und die allgemeine Lebensqualität steigt.[57]

Kurz: Sinn ist die aufbauende Erfahrung, mit etwas verbunden zu sein, das größer ist als wir selbst. Es hilft uns zu wachsen, wenn die Dinge gut laufen, und damit fertigzuwerden, wenn es mal nicht so gut läuft.

Du produzierst Sinn

Du bist es vielleicht gewohnt, dass Sinn als etwas betrachtet wird, das wir »suchen« oder »finden«, und manchmal erleben Menschen es tatsächlich so – als plötzliche Offenbarung, die von oben auf sie niederfährt, oder einen Schatz, den sie nach jahrelanger Suche finden. Aber selten finden wir Sinn am Ende einer langen, beschwerlichen Reise. Für die meisten von uns ist Sinn das, was uns auf der langen, schweren Reise hilft, egal, was wir am Ende finden. Sinn wird nicht gefunden, sondern *produziert*.[58]

Die Forschung lehrt uns: Um Sinn herzustellen, musst du dich für etwas engagieren, das größer ist als du.[59]

Dieses Größere – zum Beispiel ein Gott, an den du glaubst, oder ein Traum, den du für die Zukunft hast – ist deine Sinnquelle. Aber die bloße »Existenz« einer Vorstellung von Sinn reicht nicht, ebenso wie das bloße Vorhandensein von grünem Gemüse nicht reicht, um genährt zu sein. Du musst dich aktiv dafür einsetzen: Iss das Gemüse. Engagiere dich für »das Größere«. Wie Grünkohl ist es vielleicht nicht das Verlockendste auf deinem Teller, aber es ist das Nahrhafteste. Anders als bei Kohl fühlst du dich vielleicht *berufen*, dich für das Größere zu engagieren, so wie die Heldinnen den Sog des Abenteuers oder des Meeres in sich spüren oder sich berufen fühlen, ein Restaurant zu eröffnen.

Die Forschung hat ergeben, dass es höchstwahrscheinlich drei Quellen für Sinn gibt:[60]

1. Verfolgen und Erreichen ehrgeiziger Ziele, die ein Erbe hinterlassen – wie »ein Mittel gegen HIV finden« oder »die Welt für unsere Kinder zu einem besseren Ort machen«
2. Dienst für das Göttliche oder eine andere spirituelle Berufung – wie »spirituelle Befreiung und Vereinigung mit Akal erlangen« oder »Gott mit Worten, Gedanken und Taten preisen«
3. Liebevolle, emotional nahe Beziehung zu anderen – wie »meine Kinder großziehen, sodass sie wissen, dass sie geliebt werden, egal was passiert« oder »meinen Partner offen und freundlich lieben und unterstützen«

Viele Sinnquellen sind eine Mischung aus allen dreien, und wenn dein höherer Sinn nicht unter diese drei Kategorien fällt, ist das auch okay. In Bezug auf dein persönliches Wohlbefinden gibt es keine richtige oder falsche Sinnquelle; es zählt, was immer dir das Gefühl gibt, dein Leben bewirke etwas Positives.[61]

Was ist deine größere Sache?

Manche Menschen wissen genau, was die größere Sache in ihrem Leben ist, andere brauchen Jahre, um es herauszufinden. Amelia hat es immer gewusst, selbst als sie noch nicht wusste, dass sie es wusste. Seit sie zwölf ist, wollte sie Chorleiterin werden, und hier ist sie, hat drei Abschlüsse in Chorleitung und eine beeindruckende Reihe von Auftritten vorzuweisen. Emily stolperte von der Uni zur Arbeit und zurück zur Uni, bis sie es schließlich ungefähr zwanzig Jahre nach Amelia herausfand, als sie rückschauend die Türen verfolgte, durch die sie gegangen war, und ihr Muster. Emilys größere Sache ist, Frauen zu lehren, selbstbewusst und mit Freude in ihrem Körper zu leben. Amelias größere Sache ist die Kunst. Es gibt viele andere Arten, auf die wir etwas beitragen könnten – der Bedarf ist endlos –, aber diese geben uns das Gefühl, dass wir der Welt etwas Positives geben. So stellen wir Sinn her.

Unsere Erfahrungen zeigen, dass es viele Möglichkeiten gibt, Sinnquellen im Leben zu entdecken. Bei jedem Menschen läuft es anders ab. Aber das Gemeinsame ist eine innere Stimme, die du hörst, wenn du innehältst und lauschst. Jeder hat sie.

Hörst du den gleichmäßigen Rhythmus in deiner Brust? Oder vielleicht ist es auch ein langsamerer Puls weiter unten, wo sich dein Bauch beim Atmen wölbt. Oder ein Heiligenschein, der deinen Kopf krönt. Halte eine Minute inne – hör auf zu lesen, stell vielleicht sogar einen Wecker – und horch in dich hinein. Frag dich: *Was mache ich, wenn ich am stärksten spüre, dass ich das tue, was ich tun sollte?*

Dolores Hart war ein Filmstar, der die Gabe hatte, auf diese Stimme mit »dem Ohr des Herzens«, wie sie es nannte, zu hören. 1964 hatte sie bereits in mehreren großen Filmen die Hauptrolle gespielt, war die Partnerin von Elvis Presley gewesen und spielte die Protagonistin in einem Broadway-Stück, als sie das Kloster Regina Laudis in Bethlehem (Connecticut) besuchte, um sich zu erholen. Mit 24 war sie ein aufgehender Stern mit allem, was in der Welt am meisten zählte: Schönheit, beruflicher Erfolg, Ansehen, Geld und einen gutaussehenden Verlobten. Aber sie hatte den Eindruck, dass etwas nicht stimmte, dass etwas fehlte.

Als sie den Fuß ins Kloster setzte, hatte sie das Gefühl, nach Hause zu kommen. Nur wenig später legte sie das Gelübde ab und widmete ihr Leben dem Dienst Gottes.

Sie sagt: »In gewisser Weise fühlte ich mich nie wirklich wie ein vollwertiger Mensch, bevor ich nach Regina Laudis kam. Dazubleiben war kein Kompromiss, sondern die eigentliche Herausforderung meines Lebens ... Ich wollte mich nicht meiner Verantwortung entziehen, indem ich mich von der Realität zurückzog. Ich glaubte, wenn es eine endgültige und wirkliche Rettung für die ganze Menschheit gibt, dann muss sie mit einem sehr persönlichen Engagement beginnen.«[62]

Sie trat nicht deshalb ins Kloster ein, weil der Katholizismus etwa eine Reihe fertiger Antworten lieferte, die ihr gefielen. Selbst als Angehörige einer römisch-katholischen Klostergemeinschaft sagt sie: »Ich lasse mich nicht leicht von religiösen Antworten überzeugen ... Ich habe meine Antworten Schritt für Schritt gefunden.« Sie sagt weiter: »Mein Leben – Körper und Geist – dafür zu opfern, ein

Medium Gottes zu sein, schien eine natürliche Erweiterung meines Engagements für die Medien Theater und Film als Schauspielerin.« Zwanzig Jahre nach ihrem Eintreten eröffnete das Kloster ein Laientheater, weil sie fand, sie könnte »jungen Menschen helfen, durch das Medium des Theaters ihre Berufung in Christus zu finden.«

Wenn du noch auf der Suche nach der größeren Sache in deinem Leben bist, gibt es ein paar Strategien, die dir helfen können:

Schreib zum Beispiel deinen eigenen Nachruf oder eine Art Resümee deines Lebens aus Sicht deines Enkelkindes oder eines Schülers.

Oder bitte deine engeren Freunde, dein »wahres Ich« zu beschreiben, Merkmale deines Charakters und Lebens, die dich im Kern von deiner besten Seite zeigen.

Stell dir vor, dass jemand, der dir etwas bedeutet, eine harte Zeit durchmacht – einen schweren Verlust erlebt und sich hilflos und allein fühlt (die beiden Dinge, die uns am schnellsten jeglichen Sinns berauben). Schreib dem Menschen einen Brief, in dem du dich von deiner besten Seite zeigst und ihm deine Unterstützung in dieser schwierigen Zeit zusicherst. Dann lies ihn noch einmal. Er ist für dich.[63]

Schließlich überlege, wann du ein starkes Gefühl von Sinn erlebt hast oder Zweck oder »Richtung« oder wie auch immer es sich für dich anfühlt. Was hast du zu dem Zeitpunkt gemacht? Wie kam es zu dieser Erfahrung von Sinn?

All diese Ansätze können dir helfen, das echte Gefühl von Sinn, das dir deine innere Stimme einflüstert, von dem zu unterscheiden, was sich ihm in den Weg stellt: das Gebersyndrom.

Das Gebersyndrom

In der Einleitung haben wir uns auf Kate Mannes Unterscheidung von »human *givers*« und »human *beings*« bezogen, eine kulturelle Verabredung, man könnte auch sagen, ein hierarchisches System, das ersteren erlaubt, vollkommen Mensch zu *sein* und letzteren die Pflicht auferlegt, ihre ganze Menschlichkeit mit Freude zu *geben*. Wir nennen die damit verbundenen Verhaltensmuster Gebersyndrom.

Betrachte das Gebersyndrom als einen Virus, dessen einziges Ziel es ist, zu überleben. Du wurdest damit bei deiner Geburt infiziert, hast es mit deinem ersten Atemzug eingeatmet. Wie der Tollwutvirus Hunde aggressiver macht und der BSE-Virus Kühe »verrückt«, verändert das Gebersyndrom menschliches Verhalten, um selbst zu überleben – sogar wenn es dabei den Wirt (das sind wir) tötet.

Leidest du unter dem Gebersyndrom? Zu den Symptomen gehört:

- Der Glaube, dass du eine moralische Verpflichtung hast – das heißt, du bist es deinem Partner, deiner Familie, der Welt oder sogar dir selbst schuldig –, hübsch, glücklich, friedlich, großzügig sowie aufmerksam für die Bedürfnisse anderer zu sein;
- der Glaube, dass du als Mensch versagt hast, wenn du nicht hübsch, glücklich, friedfertig, großzügig und aufmerksam bist;
- der Glaube, dass du es verdienst, bestraft zu werden, wenn du versagst – das geht soweit, dass du dich selbst bestrafst;
- der Glaube, dass dies keine Symptome, sondern normale, wahre Gedanken sind.

Letzteres ist natürlich das Entscheidende. Das »Virus« ist so gefährlich, weil die Symptome schwer zu erkennen sind. Du merkst nicht, dass du es hast, und so erhält es sich selbst – wir sind umgeben von Menschen, die ebenfalls infiziert sind und die sich und jeden anderen behandeln, als wäre das Gebersyndrom normales menschliches Verhalten. Das bestärkt uns in dem Gefühl, dass es keine Krankheit, sondern eine normale Art zu leben ist.

Wenn du in einer Kultur aufgewachsen bist, die vom Gebersyndrom geprägt ist, wurde dir beigebracht, in erster Linie hübsch, glücklich, friedfertig, großzügig und aufmerksam für die Bedürfnisse anderer zu sein. Vielleicht – *vielleicht* – kannst du deine eigene (sprich: egoistische) größere Sache verfolgen, nachdem du die Bedürfnisse aller anderen hinlänglich befriedigt hast und dabei hübsch und friedfertig geblieben bist.

Oberflächlich betrachtet scheint das Gebersyndrom etwas Größeres zu verfolgen, zum Beispiel *zu dienen*. Dienen, die moralische

Pflicht der Gebenden, ist auch das Merkmal aller großen Persönlichkeiten der Geschichte.

Audre Lorde: »Wenn ich mich traue stark zu sein, all meine Kraft in den Dienst meiner Vision zu stellen, hat es immer weniger Bedeutung, ob ich Angst habe.«[64]

Malala Yousafzai: »Ich erhebe meine Stimme – nicht um zu schreien, sondern damit die, die keine Stimme haben, gehört werden.«

Shirley Chisholm: »Dienst an anderen ist die Miete, die du für dein Zimmer hier auf der Erde zahlst.«

Hillary Clinton: »Tu so viel Gutes, wie du kannst, für so viele Menschen, wie du kannst, auf so vielen Wegen, wie du kannst, solange du kannst.«[65]

Jede dieser Frauen hat auf ihre Weise einer Sache gedient und dadurch gegen ihre Rolle als Gebende verstoßen. Und wenn du das tust – indem du zum Beispiel die Bedürfnisse von jemand anderem nicht erfüllst oder währenddessen nicht hübsch und friedfertig bist oder Macht beanspruchst, die einem Gebenden nicht zusteht –, dann wirst du niedergemacht.

Sie sagen: »Was ist los mit dir?«

Sie sagen: »Zurück in die Reihe!«

Auf dieses Thema werden wir immer wieder stoßen: Benimm dich. Halt dich an die Regeln. So oder anders formuliert.

Das Gebersyndrom geht so weit, auszuschließen, dass wir uns als Heldinnen betrachten dürfen, die einen Feind bekämpfen. Eine Gebende hat keine Bedürfnisse und somit auch nichts, wofür sie kämpfen muss. Joseph Campbell, Autor und Urheber eines populären Konzepts der mythischen Heldenreise, hat es einmal prägnant zusammengefasst: »Frauen müssen keine Reise unternehmen. Während der ganzen mythologischen Reise ist die Frau immer da. Sie muss nur erkennen, dass sie der Ort ist, an den Menschen zu gelangen versuchen.«[66]

Frauen sind ein »Ort«; nur Männer sind »Menschen«, die sich auf einer Reise befinden, um einen Schurken zu besiegen. Für Frauen sind Männer das Größere, der Lebenssinn.

Sag es Malala; viele haben es getan. Sag es der U.S.-Abgeordneten Tammy Duckworth, die ihre Beine im Kampf im Irakkrieg verloren hat und als erste asiatisch-amerikanische Frau und als erste behinderte Frau in den U.S.-Kongress gewählt wurde. Sag es Tona Brown, der ersten Transgender-Frau, die in der Carnegie Hall aufgetreten ist. Sag es Ellen Ochoa, der ersten Latina, die ins All flog und die jetzt Leiterin des Johnson Space Center in Houston ist. Sag es jeder Frau, die jemals einen zermürbenden Job in einer Fabrik gemacht oder achtzig Stunden die Woche die Häuser anderer Leute saubergemacht oder in einem Striplokal getanzt hat. Das alles, um die Rechnungen zu bezahlen, damit die Heizung läuft und ihre Kinder nachts nicht frieren.

Sag ihr: »Was ist los mit dir? Stell dich wieder in die Reihe. Du brauchst nirgendwo hinzugehen; du bist nur der Ort, an den ein Mann gelangen will.«

Wir sagen es ständig anderen Frauen und uns selbst. Wenn wir unter dem Gebersyndrom leiden, sind wir auf einer gewissen Ebene überzeugt, dass jeder mit uns leiden sollte. Wenn wir jemanden sehen, der es nicht einmal versucht, sind wir wütend. Wenn wir Frauen sehen, die nicht versuchen, ihre äußere Erscheinung oder ihre Gefühle unter Kontrolle zu haben, damit sich niemand unbehaglich fühlt, oder Frauen, die Zeit, Geld und Mühe aufwenden, um ihr eigenes Wohlbefinden zu verbessern, statt das von jemand anderem, dann sagen wir uns: »Was ist los mit ihr? Wenn ich die Regeln befolgen muss, muss sie es auch! Sie muss zurück in die Reihe.« Und wir nennen die widerspenstige Frau dick oder herrisch oder von sich überzeugt. Als ob das schlechte Dinge wären.

In einer Hinsicht ist das Gebersyndrom der Hauptübeltäter in unserer Geschichte. Es versucht, dich dazu zu bringen, die größere Sache, zu der du dich berufen fühlst, zu ignorieren, weil du all deine Ressourcen für »human beings«, Menschen, die einen Anspruch darauf haben, einsetzen sollst. Aber wie können wir dem Übeltäter in unserer Geschichte entkommen oder ihn besiegen, wenn wir ständig damit beschäftigt sind, andere zu überwachen, damit sie ihn nur ja nicht besiegen?

Die gute Nachricht ist: Wenn du dich für eine größere Sache engagierst und deinem Leben einen Sinn gibst, überwindest du das Gebersyndrom in dir und den Menschen in deiner Umgebung.

Produziere Sinn, überwinde das Gebersyndrom

Früher sagte das Gebersyndrom Frauen, dass ihr Platz – ihr *einziger* Platz – im Haus wäre (und mancherorts ist es immer noch so). Betty Friedan hat gezeigt, wie die Pflicht zu *geben* in den 1950ern und 60ern als Waffe benutzt wurde, um Hausfrauen zu manipulieren und von den Arbeitsplätzen fernzuhalten, die sie während des Zweiten Weltkriegs innegehabt hatten: indem behauptet wurde, dass Haushaltsführung die (einzige) größere Sache wäre, in der Frauen Erfüllung fänden. Und wenn sie nicht, wie Betty Friedan formulierte, »beim Bohnern des Küchenbodens einen Orgasmus (hatten)«, waren sie selbst Schuld.[67] Wenn Haushaltsführung sie nicht ausfüllte oder sie damit unzufrieden waren, waren sie gebrochene Frauen. Bevor Friedan das »Problem, das keinen Namen hatte«, benannte, hatten Millionen von Frauen schweigend gelitten.

Die zweite Welle der feministischen Bewegung entfaltete eine neue Kraft und führte dazu, dass Frauen nach etwas anderem oder mehr drängten, ohne gefragt zu werden: »Was ist los mit dir?« Sie eröffnete Frauen neue Möglichkeiten und motivierte sie dazu, ihr persönliches Leben zu ändern und politisch aktiv zu werden. Es führte zu einem gesellschaftlichen Wandel, der umgekehrt die Kultur selbst veränderte.

Es gab – wie immer – eine Gegenreaktion. Das Gebersyndrom bestraft diejenigen, die versuchen, es zu kurieren, und viele bezahlten einen Preis für ihren Widerstand und ihre Auflehnung. Aber das langfristige Ergebnis war eine schrittweise gerechtere Welt.

Das Gebersyndrom wird versuchen, dich davon abzuhalten, etwas Sinnvolles zu tun. Aber lass dich nicht davon abbringen. Setz dich weiter für deine größere Sache ein. Löse Probleme planvoll. Beende den Zyklus. #Persist. Bleib standhaft.

Natürlich ist es manchmal nicht leicht.

Sophie engagiert sich auf viele verschiedene Arten für ihre größere Sache – Naturwissenschaft für alle! Ihre eigene Arbeit stellt eine Art dar. Die Tätigkeit als Mentorin junger Frauen in MINT-Fächern (Mathematik, Informatik, Naturwissenschaft und Technik) eine andere. Außerdem möchte sie die MINT-Fächer vor allem für Women of Colour einladender machen, indem sie Vorträge darüber hält und berät. Sie arbeitet äußerst hart, viele Stunden am Tag, häufig in einer ziemlich feindseligen Umgebung, und sie bewirkt wirklich viel. Hunderte Menschen könnten dir erzählen, wie sie ihr Leben zum Besseren verändert hat.

Sophies Sinnquelle ist ihre Star-Trek-Fangemeinde. Als sie ein kleines Mädchen war, sah Sophie Lieutenant Uhura im Fernsehen und wusste, dass sie als Afroamerikanerin Wissenschaftlerin und Entdeckerin sein könnte und ernst genommen würde. Und weil sie sah, dass es möglich war, war sie davon überzeugt, dass nichts zwischen sie und ihr Ziel kommen könnte.

Und was ist aus ihr geworden? Eine Ingenieurin.

Sophie ist ein eingefleischter Fan. Sie hat sogar ein Uhura-Kostüm – nicht das Uhura-Kostüm von Zoe Saldana oder den beigen Overall des 1979er Star-Trek-Films, sondern das Minikleid, das Nichelle Nichols in der dritten Staffel getragen hat, mit großem Ausschnitt und langen Ärmeln und allem, in Technikrot. Sie trägt es zu Star-Trek-Treffen, wo sie mit anderen Fans in einer Zukunft schwelgt, in der jeder Ingenieur und Entdecker sein kann. Im Kostümspiel lebt sie in einer Welt, in der diese Zukunft bereits existiert.

Und auf eine Art existiert sie tatsächlich – in ihr. Von den Spitzen ihrer halbhohen Stiefel bis zum Scheitel ihrer toupierten Perücke steht Sophie mit ihren 1,94 Meter für alles, worauf Star Trek Hoffnungen macht – und für die Vision, die Dr. Martin Luther King hatte, als er Nichelle Nichols überredete, die Rolle von Lieutenant Uhura weiterzuspielen.[68] Nichols erzählt: »Zum ersten Mal werden wir von der Welt gesehen, wie wir gesehen werden sollten. Martin Luther King sagt: ›Weißt du, dass es die einzige Sendung ist, für die Coretta und ich unseren kleinen Kindern erlauben aufzubleiben?‹«

Um die Welt für alle Wissenschaftler gerechter zu machen, helfen nicht nur geduldige Erklärungen, was Privilegien sind, und Geschichten über den »zufälligen« Ausschluss von Frauen und People of Colour. Auch ein hellrotes Minikleid und Flügeleyeliner können dazu beitragen. Wenn Sophie bei einem Trekker-Treffen aus ihrem Auto steigt und ihre Schlüssel dem Valet übergibt, blicken sich alle voller Bewunderung um. Alle wollen Fotos von ihr machen.

Und wenn sie erfahren, dass sie im wirklichen Leben tatsächlich Ingenieurin ist, sind sie vollkommen überrascht.

Uhuras Vorname ist Nyota, das ist Swahili für »Stern«. Wie das, wonach wir greifen.

Sinn herstellen, wenn schreckliche Dinge passieren

Wenn das Leben beständig ist, brauchen wir kein Gefühl von Sinn, damit es uns gut geht. Wir beschäftigen uns regelmäßig mit unserer größeren Sache, und unser Gehirn verarbeitet diese Erfahrungen so, dass wir das Gefühl haben, die Welt ergebe Sinn und unsere Existenz habe einen Zweck. Hurra!

Aber.

Manchmal wird das Leben steinig.

Wenn ein Flugzeug plötzlich in Turbulenzen gerät, greifst du nach der Sitzlehne, als ob du dadurch das Flugzeug stabil halten könntest. Du weißt natürlich, dass das nicht funktioniert, aber deine Hände wissen es nicht. Sie halten sich an allem fest, was sie erreichen können, und allein die Tatsache des Festhaltens macht die Turbulenzen erträglicher.

Wenn unser Leben in Turbulenzen gerät – etwa durch die Unsicherheit der Arbeitslosigkeit oder die Konfrontation mit dem Tod oder das Gefühl, dass unsere Arbeit sinnlos ist oder dass wir nicht dazugehören –, hält sich unser Gehirn an der größeren Sache fest, als könnte sie verhindern, dass unser Leben oder die Welt abstürzt. Und es funktioniert.[69] Es hilft uns, Unsicherheit zu ertragen, Sterblichkeit,

Hilflosigkeit oder Einsamkeit, bis wir die Turbulenzen hinter uns haben und uns wieder in ruhigem Luftraum befinden.

Aber manchmal dauern die Turbulenzen zu lang oder das Flugzeug stürzt tatsächlich ab. Wir überleben, finden uns aber in einem »existenziellen Vakuum« wieder, frei von Sinn.[70] Schreckliche Dinge passieren und geben uns das Gefühl, gefangen zu sein, überzeugt, dass nichts, was wir tun, etwas daran ändert. In solchen Krisenzeiten müssen wir das Flugzeug reparieren, bevor wir unsere Reise fortsetzen können. Wir müssen uns liebevoll und nachsichtig den schwierigen Gefühlen in uns zuwenden.

In allen »I Want«-Geschichten der Disney-Prinzessinnen gibt es einen Punkt, an dem unsere Heldin eine Krise hat, innehalten und sich Zeit nehmen muss, in sich zu gehen. Moana muss ihr Boot reparieren. Snow White braucht ein längeres Nickerchen und einen Kuss von ihrer wahren Liebe. Tiana muss das Verfolgen ihres Traums aufgeben, als sie in einen Frosch verwandelt wird. Dass sie das Froschproblem löst, indem sie »ein bisschen tiefer gräbt«, bringt sie nicht nur ihrem Traum näher, sondern macht sie auch zur Prinzessin. Durch Mitgefühl für die Verwundungen, die wir im Herzen, im Geist, im Körper und in der Gemeinschaft erlitten haben, entwickeln wir ein stärkeres Gefühl für Sinn, während wir uns von einem Unglück erholen, sodass wir nicht nur damit fertigwerden, sondern auch daran wachsen.

Eine Studie mit mehr als 3000 amerikanischen Veteranen, die alle Traumata erlitten hatten, ergab zum Beispiel: Diejenigen, die Symptome einer posttraumatischen Belastungsstörung (PTBS) aufwiesen, erlebten eher posttraumatisches Wachstum als die ohne PTBS. Dazu gehörte ein ausgeprägteres Gefühl für die eigene Stärke (»Ich entdeckte, dass ich stärker war, als ich dachte« und »Ich weiß jetzt, dass ich mit Schwierigkeiten fertigwerde«) und Wertschätzung des Lebens (»Ich weiß jetzt mein Leben mehr zu schätzen«).[71]

Wie schaffen es Menschen, sich selbst angesichts schrecklicher Dinge weiter für eine größere Sache zu engagieren? Selbst wenn die schrecklichen Dinge sie von ihrer größeren Sache trennen?

Der Schlüssel ist: Du kannst nicht von deiner größeren Sache getrennt werden, denn sie ist in dir.

Ursprungsgeschichte

Du willst etwas Schreckliches als Chance nehmen, dich für deine größere Sache zu engagieren, sodass es Sinn ergibt? Schreib deine Erfahrung auf und konzentrier dich dabei auf die Lehren und Stärken, die du durch das Unglück gewonnen hast.[72] Wir nennen es deine »Ursprungsgeschichte«, wie Batmans Leben als Superheld mit dem tragischen Tod seiner Eltern beginnt oder Wonder Woman von der geschützten Insel Themyscira stammt.

Nimm dir ungefähr eine halbe Stunde Zeit, um deine Geschichte aufzuschreiben, und beantworte dabei diese Fragen:

1. Auf welche Aspekte des Unglücks hattest du keinen Einfluss? (Zum Beispiel andere Menschen und ihre Entscheidungen, kulturelle Normen, deine Lebensumstände zu der Zeit, dein Alter und vorherige Erfahrungen, das Wetter …)
2. Was hast du gemacht, um das Unglück zu überstehen? (Wir wissen, dass du das Unglück überstanden hast, denn hier bist du.)
3. Welche konkreten Ressourcen hast du benutzt, um weiterzuleben, nachdem das Unglück überstanden war? (Dazu können praktische Quellen wie Geld und Informationen gehören, soziale Ressourcen wie Freunde, deine Fähigkeit, Hilfe zu suchen, zu finden und zu akzeptieren, dein sozialer Einfluss oder emotionale Ressourcen wie Beharrlichkeit, Selbstberuhigung und Optimismus.)

Sobald deine Geschichte fertig ist, nimm dir einen Moment Zeit, um aufzuschreiben, wie du einmal mithilfe dieser Ressourcen eine Schwierigkeit überwunden hast.

Dann fasse zusammen:

Obwohl ich keinen Einfluss auf ______________________________

hatte, habe ich es geschafft, das ______________________________

(Unglück) zu überstehen. Ich habe ______________________________

(Überlebensstrategie) benutzt, um zu überleben, und

____

(Ressourcen), um stärker zu werden. Danach konnte ich

____

Eine Ursprungsgeschichte zu schreiben, kann dich sogar dabei unterstützen, eine größere Sache zu finden, denn es hilft dir zu erkennen, was von deiner Erfahrung du genutzt hast, um zu überleben.[73] Nicht die schreckliche Erfahrung ergibt Sinn, sondern die Art, wie du sie bewältigt, überlebt hast.

Dieser Prozess ist vielleicht schmerzlich. Auch aus diesem Grund ist die Übung wirksam. Du empfindest noch einmal körperlich die vergangenen Verletzungen, lernst, dass diese Gefühle nicht gefährlich sind, und beendest die unvollendeten Stressreaktionszyklen, die vor Jahren aktiviert wurden.[74] Es beginnt damit, dass du bereit bist, genau hinzusehen, das unangenehme Gefühl in Kauf zu nehmen, das sich einstellt, wenn du dir etwas vergegenwärtigst, was du bis dahin nur negativ betrachtet hast, und zu lernen, es unvoreingenommen, neugierig und sogar liebevoll zu betrachten.

Die größere Sache ist in dir

Moanas größere Sache ist das Meer, sie spürt seinen Ruf. Sie sagt Maui, das Meer habe sie für ihre Mission auserwählt. Fast niemand ist damit einverstanden. Ihre Familie will, dass sie zu Hause bleibt und Herrscherin ihrer Insel wird. Maui ist skeptisch, dass das Meer eine »Nicht-Prinzessin mit lockigen Haaren« wählt, die nicht segeln kann. Dann passieren jedoch einige schreckliche Dinge, und Moana gerät in tiefste Verzweiflung. Sie bittet das Meer sogar, »jemand anderen auszuwählen.«

Aber der Geist ihrer Großmutter, der verrückten Frau im Dorf, die immer an sie geglaubt hat, erscheint ihr und erinnert Moana daran, wer sie ist. Als Moana überlegt, was sie zu diesem entscheidenden

Moment geführt hat, wird ihr klar: »Der Ruf ist nicht irgendwo da draußen. Er ist in mir!«

Der Ruf kam niemals von »da draußen«, er kam aus ihrem Herzen. Sie war nicht die »Erwählte«, weil etwas von außen sie auserkoren und über eine Entfernung zu sich geholt hatte, sondern weil etwas in ihrem Herzen sie rief. Ohne es zu wissen, wählte sie ihr Schicksal selbst.

Moana ist Maori für »Meer«; Disney hat die Lehre schön wörtlich gestaltet.

Was immer dich ruft, ob das Meer, die Kunst, die Familie oder die Demokratie, es ist nicht da draußen. Es ist in dir. Wie alle Zyklen und Rhythmen, die wir in diesem Buch beschreiben, kommt und geht er, wird drängender und lässt nach, verebbt und kommt wieder hoch. Wie Gezeiten in dir. Aber egal, welche Kräfte dir entgegenstehen, ob es das Gebersyndrom ist oder Naturkatastrophen oder ein persönlicher Verlust, nichts kann zwischen dich und deine größere Sache kommen. Denn sie lebt in dir.

Vielleicht haben die Menschen um dich herum etwas dagegen einzuwenden. Vielleicht will deine Familie, dass du zu Hause bleibst – oder weggehst. Vielleicht sind sogar deine Mentoren skeptisch, und nur die verrückte Frau im Dorf ist auf deiner Seite. Dennoch hörst du es gegen den Lärm des Gebersyndroms und durch Gewalt und Ungerechtigkeit hindurch. Du weißt es; du hörst den Ruf deines Herzens.

Julie atmete tief, starrte in Richtung des Fernsehers und überlegte, was sie auf die Frage, was ihr wichtig sei, antworten sollte. »Meine Tochter ist mir wichtig«, sagte sie, während sie heftig heulte. »Diana. Unterrichten ist so wichtig, es bedeutet mir wirklich viel, aber selbst wenn ich das nicht mehr hätte, wenn ich alles verlieren würde, wäre es in Ordnung, solange ich Diana habe.«

Sie weinte lange Zeit, bis die Wahrheit weniger schmerzte.

Und das reichte – der Moment, die Erinnerung –, um ihr ein Stück weiter durch die schwierigste Zeit ihres Lebens zu helfen.

»Ich brauche ein bisschen mehr Hilfe«, sagte sie schließlich.

»Wir hatten immer wieder denselben Streit. Er hörte mich nicht und nichts änderte sich. Ich konnte einfach nicht mehr. Mein Durchhaltevermögen war aufgebraucht. Ich hab die Fähigkeit, alles zu ertragen, verloren. Wenn ich alles mache, wenn ich mich um seine Gefühle und das Haus und den ganzen Rest kümmere, bin ich erschöpft. Und wenn ich es nicht mache, leide ich unter seiner Scheißlaune und nichts wird erledigt. Ich bin einfach müde. Als ich ihn aufgefordert habe, nach unten zu ziehen, hatte ich nicht mal mehr die Energie, wütend zu sein, verstehst du? Ich war zu müde, um zu schreien.«

Sie war noch nicht so weit, um ihr eigenes Wohlbefinden zu schützen. Es würde ein stärkerer Weckruf nötig sein, um sie zu einer Kehrtwende zu zwingen und für ein größeres, langfristigeres Wohlbefinden zu kämpfen. Aber manchmal reicht es, durch den Tag zu kommen und noch das Gefühl zu haben, dass es einen Grund gibt zu kämpfen.

Während des Zweiten Weltkriegs ritzte ein unbekannter Jude, der sich vor den Nazis versteckte, diese Worte in eine Kellerwand:[75]

»Ich glaube an die Sonne, auch wenn sie nicht scheint.
Ich glaube an die Liebe, auch wenn ich sie nicht fühle.
Ich glaube an Gott, auch wenn er schweigt.«

Dieses Gedicht erklärt nicht, welchen »Sinn« der Holocaust haben könnte. Wie kann ein Völkermord für die Opfer und Überlebenden einen Sinn haben? Es ist ein Gedicht darüber, wie ein Mensch solchen Horror überstehen kann. Wir können nicht »glauben«, dass wir Unterdrückung, Exil oder Verzweiflung entkommen, wenn wir mittendrin sind. Aber wenn wir einen Sinn sehen, können wir schlimmere Dinge überstehen, als wir uns vorstellen können.

Sinn im Leben entsteht, wenn du dich für eine größere Sache engagierst, die in dir selbst wartet und dich mit der Welt verbindet. Es braucht nicht viel, aber es ist wichtig, denn ein »Sinn im Leben«, der sich einstellt, wenn wir gut vorankommen, wird das Fundament sein, das uns stützt, was auch immer uns begegnet. Wir können alles aushalten, komme was wolle, indem wir der Stille in uns lauschen, die weiß, dass die Welt Sinn ergibt.

Es gibt viele Widrigkeiten auf der Welt, sie sind Thema der nächsten beiden Kapitel. Aber wir wollen, dass du ihnen in dem Wissen ins Auge siehst, dass du mit deinen natürlichen Waffen und der Fähigkeit, sie zu benutzen, gut gerüstet bist. Du hast deine Stressreaktion und das Wissen, wie du den Zyklus beenden musst. Du hast deinen Monitor, die Fähigkeit zu planvoller Problemlösung und positiver Neubewertung. Du hast eine größere Sache. All das wird dich vor Unglück bewahren. Es wird dich in der Zeit nach einem Unglück heilen.

Dies ist der Punkt der Geschichte, an dem wir aus dem Schutz der inneren Erfahrung treten. Dies ist der Zeitpunkt, an dem wir dem Feind ins Gesicht sehen.

Es wird gleich ziemlich dunkel werden, aber du bist vorbereitet.

tl;dr

- »Sinn im Leben« ist gut für dich. Du produzierst Sinn, indem du dich für eine größere Sache, etwas, das über dein persönliches Interesse hinausgeht, engagierst – ob es ehrgeizige Ziele sind, Dienst am Göttlichen oder liebevolle Beziehungen.
- Sinn steigert das Wohlbefinden, wenn alles gut läuft, und er kann dir das Leben retten, wenn du zu kämpfen hast.
- Das Gebersyndrom beinhaltet eine Reihe persönlicher und kultureller Überzeugungen und Verhaltensmuster, die davon ausgehen, dass es für einige Menschen der einzige Sinn im Leben ist, hübsch, glücklich, friedfertig, großzügig und aufmerksam für die Bedürfnisse anderer zu sein.
- Der Stressreaktionszyklus, der Monitor und der Sinn sind Ressourcen, die du mit in den Kampf gegen den wirklichen Feind nimmst.

TEIL 2

DER WIRKLICHE FEIND

DAS SPIEL IST MANIPULIERT

Sophie legte los. Sie wurde dafür bezahlt – gut bezahlt –, dass sie auf Firmenveranstaltungen über die Schaffung von Arbeitsplätzen sprach, die eine vielfältige Belegschaft förderten. Sie besprach einige Abschnitte ihres Vortrags kurz mit Emily wegen ihres pädagogischen Sachverstands.

»Was ist das?«, fragte Emily und zeigte auf ein ungewöhnliches Wort auf einer Power-Point-Folie.

»Kobayashi Maru«, sagte Sophie, und als Emily verständnislos guckte, erklärte sie: »Das ist ein Simulationstraining für Starflottenkadetten, ein No-win-Szenario, das entwickelt wurde, um die Charakterstärke zu testen. Du kannst nicht gewinnen, das Ziel ist, auf ehrenwerte Art zu verlieren.«

»Eine Star-Trek-Geschichte?«, fragte Emily.

»Eine Star-Trek-Geschichte«, bestätigte Sophie, »systemischer Bias in einem Spiel umgesetzt.« Sie klickte die nächste Folie an. »Die Arbeitgeber stellen Leute ein, die sie kennen, Leute, die auf dieselbe Schule gegangen sind.« Sie deutete auf eine statistische Grafik, klickte dann die nächste Folie an, die auf Forschungsergebnisse über implizite Assoziationen verwies. »Sie haben ein unbewusstes Vorurteil, das sie veranlasst, Menschen zu bevorzugen, die so ähnlich aussehen wie sie.« Die nächste Folie war voller Bilder aus Filmen, Fernsehshows, Videospielen und Comic-Büchern. »Alles, was sie in den Medien konsumieren, bestätigt ihre Vorurteile. Und« – sie klickte die nächste Folie an, die mit Dutzenden von Figuren bedeckt war, alles Männer, alles Helden: Ritter in schimmernden Rüstungen, Männer mit Capes, Mutanten mit telepathischen Fähigkeiten, Zauberer, Detektive, Zauberdetektive – »sie sehen, dass mit weißen Männern gefüllte Räume nicht nur normal, sondern besser sind.«

Ihr Tonfall hellte sich auf und bekam den aufgeregten Klang, den man eher von ihr kannte. »Und hier bin ich, versuche, das Schiff in der neutralen Zone zu retten, und die Klingonen werden gleich angreifen. Ich. Werde. Sterben. Der Gewinn ist, dass ich bei jedem Test meinen Charakter unter Beweis stelle.«

»Du sagst ihnen rundheraus, dass sie ein No-win-Szenario produzieren?«

Sophie nickte. »Es ist wissenschaftlich erwiesen, dass es gut ist, wenn man das Problem benennt.«

Diese Erkenntnis ist Gegenstand des nächsten Kapitels.

Nach Gewalttaten muss zunächst die Blutung gestoppt und das Leben des Opfers gerettet werden. Aber an einem gewissen Punkt müssen wir zurückgehen und herausfinden, wie es zu der Blutung kam, um zu verhindern, dass es noch einmal passiert. Wir müssen über das Messer reden und die Person, die uns damit angegriffen hat.

Die Werkzeuge, die wir im ersten Teil beschrieben haben, stoppen die Blutung. Sie können dir im Moment helfen. Sie können buchstäblich dein Leben retten. Jeder Mensch kann den Stressreaktionszyklus beenden, seinen Monitor steuern und sich für eine größere Sache engagieren, denn diese Ressourcen existieren in uns allen. Du hast Zugang dazu, egal wohin du gehst oder in welcher Kultur du lebst.

Aber wir müssen darüber sprechen, was die Blutung verursacht hat – über das Messer und den Feind, der es geführt hat. Wenn du eine Frau im industrialisierten Westen bist, stehst du einer Reihe von Feinden gegenüber, die immer wieder versuchen, dich in deine Schranken zu weisen. Dabei lügen sie dich an, dass es zu deinem eigenen Besten wäre, sagen, dass du dankbar für ihre »Hilfe« sein solltest. Und da du diesen Feinden praktisch seit vorgeburtlicher Zeit gegenüberstehst, glaubst du ihnen oft.

Um das zu erklären, müssen wir auf Rattenforschung zurückgreifen. Wir versprechen, es lohnt sich. Okay, stell dir zwei Ratten vor. Ratte 1 – wir nennen sie Ralph, die Ratte, ausgesprochen »Räif«, wie Ralph Fiennes. Sagen wir, es ist keine Ratte, sondern tatsächlich Ralph Fiennes. Er ist in einer Kiste – Shuttle-Box genannt – mit einem Boden, der seinen Füßen regelmäßig Stromschläge versetzt. Es tut nicht weh, aber es ist unangenehm. Ralph hasst es, Stromschläge zu bekommen, und will jedes Mal, wenn es passiert, hinaus. Zu seinem Glück öffnet sich jedes Mal, nachdem es angefangen hat, kurz eine kleine Tür, und er kann weglaufen! Er entkommt! Sein Dopaminlevel verdoppelt sich, während sein Monitor schnell lernt, dass es ein erreichbares Ziel ist, dem Schock zu entkommen. Er hat die Widrigkeit überwunden und gelernt, dass er an seiner Situation etwas ändern kann.

Ratte 2 – wir nennen ihn Colin und machen daraus Colin Firth, warum nicht? – ist nicht in einer Kiste, sondern in einem Behälter mit Wasser für den »erzwungenen Schwimmtest«. (Man erkennt schon am Namen, dass er schlimm ist, oder?) Colin kann wie die meisten Ratten schwimmen – er hat es in *Stolz und Vorurteil* getan und in *Ein alleinstehender Mann* –, aber er macht es nicht gern. Er würde am liebsten so schnell wie möglich aus dem Wasser kommen. Also schwimmt und schwimmt und schwimmt er … und erreicht niemals das Trockene. Während er es vergeblich versucht, wird er frustriert … und dann verzweifelt! Foopy! Und schließlich schaltet Colins Monitor bei der Bewertung des Ziels von »potenziell erreichbar« auf »unerreichbar«. Sein Dopaminlevel fällt um die Hälfte; er fühlt sich hilflos und lässt sich mit letzter Anstrengung treiben, bis Land in Sicht ist.

Und hier kommt der vielleicht traurigste Teil des Experiments: Wenn wir Colin aus dem Wasser holen, ihn abtrocknen und in die Shuttle-Box stecken, wird er nicht einmal versuchen, dem Schock zu entkommen, obwohl die Tür direkt da ist.[76] In der Shuttle-Box könnte Colin entkommen, wenn er es versuchen würde, aber er *kann* es nicht versuchen. Sein Gehirn hat gelernt, dass es nichts bringt, es zu versuchen, dass nichts etwas ändert, egal, was er tut … Er hat die Fähigkeit verloren, es zu versuchen.

Das nennt man Hilflosigkeit. Tiere, einschließlich Menschen, die sich wiederholt in unangenehmen Situationen befinden, denen sie nicht entkommen können, versuchen irgendwann nicht einmal mehr zu entkommen, selbst wenn sie die Möglichkeit haben. Wenn ein Tier Hilflosigkeit erlernt hat, gerät es – die Frustration übergehend – direkt in Verzweiflung. Das ist keine rationale Entscheidung;

sein zentrales Nervensystem hat abgespeichert, dass es nichts ändern kann, wenn es leidet. Es hat gelernt, dass es in solchen Situationen hilflos ist. Der einzige Weg zur Selbsterhaltung ist, es gar nicht erst zu versuchen.

Wenn man solche Untersuchungen liest – und es gibt Hunderte davon –, möchte ein Teil von uns am liebsten zu der Ratte gehen und ihr das Geheimnis verraten. »Colin, das Ganze ist manipuliert! Die Versuchsleiter verarschen dich absichtlich, nur um zu sehen, wie du reagierst.«

Genau das machen Forscher, wenn sie erlernte Hilflosigkeit bei Menschen untersuchen. In einem Fall setzten Forscher Versuchsteilnehmer einem störenden Lärm aus, den die Teilnehmer entweder abstellen konnten oder nicht. Viele Teilnehmer der »hilflosen« Gruppe schalteten ab wie die Ratten und hörten einfach auf, zu versuchen, das Problem zu beheben. Aber die Forscher sorgten dafür, dass die Teilnehmer nicht in tiefer Verzweiflung das Experiment beendeten. Sobald einem Teilnehmer der »hilflosen« Gruppe »gezeigt wurde, dass der Lärm manipuliert oder das Problem unlösbar war, verschwanden seine Symptome.«[77]

Zu wissen, dass das Spiel manipuliert ist, kann dazu führen, dass du dich sofort besser fühlst. Und darum geht es in diesem Kapitel.

In der bereits herangeführten dystopischen Romantrilogie *Die Tribute von Panem* wird Katniss Everdeen zu einem Spiel gezwungen, in dem sie andere Kinder töten soll. Es ist ein vom totalitären Herrschersystem entwickeltes Ritual, um die Provinzen zu kontrollieren.

Bevor sie in die Arena geht, sagt ihr Mentor: »Denk dran, wer der wirkliche Feind ist.«

Wir sind nicht unser schlimmster Feind. Noch sind die anderen Menschen im Spiel unsere Feinde.

Der Feind ist *das Spiel selbst*, das uns davon zu überzeugen versucht, dass es nicht der Feind ist.

Fangen wir an.

Das Patriarchat (Puh)

Bei dem Wort »Patriarchat« fühlen sich viele Menschen unbehaglich, wir wissen das. Wenn du dazugehörst, ist das vollkommen in Ordnung. Du musst das Wort nicht akzeptieren oder es benutzen, um die Symptome des Lebens im Patriarchat zu erkennen. Seine Botschaften tönen in uns wie ein Lied, das uns schon so lange nicht mehr aus dem Kopf geht, dass wir es nicht mehr bemerken und nicht erkennen, dass man es uns in der Kindheit beigebracht hat.

An dem Tag, an dem ein Baby geboren wird (wenn nicht früher), erklären die Erwachsenen entweder »Es ist ein Junge!« oder »Es ist ein Mädchen!« Wenn es keinen Unterschied in der Art gäbe, wie Jungen und Mädchen behandelt werden, würden die Genitalien des Babys nicht wichtiger für die Entscheidung sein, wie ein Kind großgezogen wird, als jeder andere Körperteil. Aber stattdessen wird das Baby behandelt, als ob alle möglichen anderen Dinge über es feststünden – welches Spielzeug es mag, welche Fähigkeiten es entwickelt, in wen es sich verlieben wird, was es später einmal werden will.

Der Unterschied, wie Jungen und Mädchen großgezogen werden, nimmt ab. Väter sind immer mehr dafür, dass ihre Töchter »traditionell maskuline Eigenschaften« haben wie »Unabhängigkeit« und »Kraft« – selbst wenn sie weniger begeistert sind, wenn ihre Ehefrauen oder Freundinnen diese Eigenschaften haben. Aber unsere Erwartungen an Jungen und Mädchen sind immer noch sehr unterschiedlich. Wie unterschiedlich, sieht man, wenn man sich Spielzeugbereiche für Jungen und Mädchen in Spielwarenhandlungen ansieht. Der Unterschied ist nicht wertfrei. Die Erziehung von Jungen bereitet darauf vor, Macht- und Autoritätspositionen einzunehmen. Nichts anderes bedeutet »Patriarchat«.

Das zeigt sich in vielen Formen:

Offene Frauenfeindlichkeit. Ein Beispiel ist dieser Reality-TV-Star, der verkündet, er könne Frauen »an die Muschi« fassen, wann immer er wolle, weil er berühmt sei. Dann eine Flut von Medienberichten, die der Meinung sind, dass so etwas vollkommen in Ordnung sei – »just locker room talk«, nur Gerede von Männern in der Umkleide. Stell dir vor, er (oder eine Frau) hätte gesagt, er könne »Männern an den Schwanz« fassen, wann immer er (oder sie) wolle.

Oder ein junger Mann läuft Amok, tötet mehrere Menschen und verletzt noch viel mehr. Er rechtfertigt es mit der Aussage, Frauen würden sich weigern, Sex mit ihm zu haben. Als Reaktion auf einen solchen Massenmörder, der sich als »incel« (unfreiwillig enthaltsam) bezeichnete, brachte die *New York Times* einen Kommentar, in dem ohne Scherz argumentiert wurde, dass »Umverteilung von Sex« – das heißt Sex für Männer mit Frauen – eine vernünftige Idee wäre.[78] Fazit: Frauen könnten diese Toten verhindern, wenn sie ihren Job erledigen und die sexuellen Bedürfnisse gefährlicher Männer erfüllen würden.

Während wir dieses Buch geschrieben haben, gab es fünfzehn von Männern oder Jungen verübte Massenschießereien in den Vereinigten Staaten, einige davon zumindest zum Teil motiviert durch Eifersucht, sexuelle Frustration oder Zurückweisung durch eine Frau oder ein Mädchen.[79] In mehr als der Hälfte aller Massenschießereien tötet der Täter seinen Intimpartner oder Familienmitglieder, darunter seine Mutter, seine Frau oder Freundin oder seine Kinder.[80]

Sex und Gewalt in Beziehungen. Frauen sind überproportional und systematisch Opfer sexuellen Missbrauchs: Für Frauen ist die Wahrscheinlichkeit, sexuell missbraucht zu werden, dreimal höher als für Männer, während 95 Prozent der Sexualstraftäter Männer sind. Eine von fünf Frauen an amerikanischen Colleges hat während ihrer Collegezeit sexuellen Missbrauch oder versuchten sexuellen Missbrauch erfahren.[81] Weltweit sagen Männer, die Frauen vergewaltigen, aus, dass ihre primäre Motivation die Grundüberzeugung sei, dass sie ein Recht auf den Körper einer Frau hätten, egal, wie sie dazu stehe – eine Überzeugung, die in der Forschung als »Recht auf Sex« bezeichnet wird.[82] Frauen werden dafür verantwortlich gemacht, wenn sie missbraucht werden (»selbst schuld«), weil sie Männer durch Verhalten oder Kleidung verführen. Täter werden selten strafrechtlich verfolgt bzw. verurteilt. Gleichzeitig können sich Regierungsvertreter, die des sexuellen Missbrauchs beschuldigt werden, mit der Behauptung verteidigen, die Frau, die sie beschuldigt, sei zu hässlich, um vergewaltigt zu werden.

Zusätzlich zur Bedrohung durch unmittelbare körperliche und sexuelle Gewalt sind Frauen Tag für Tag chronischen geschlechtsspezifischen Stressoren ausgesetzt. Diese Erfahrungen des Patriarchats sind wie Verkehrslärm in einer Großstadt. Du gewöhnst dich daran, wenn du dort lebst, und bemerkst ihn kaum noch. Das macht es aber nicht weniger laut. Zum Lärm gehören:

Körperwahrnehmung. Wir behandeln es ausführlicher im Kapitel »Der Bikini-Industrie-Komplex« und heben uns eine vollständige Diskussion bis dahin auf. Wir wollen hier aber erwähnen, dass Frauen ungleich mehr von körperdysmorpher Störung und Essstörung betroffen sind als Männer, und es beginnt bereits in der Grundschule: Die Hälfte der sechsjährigen Mädchen halten sich für »zu dick«. Dabei dürfen wir nicht vergessen, dass Essstörungen die höchste Todesrate aller psychischen Erkrankungen haben. Bei Körperwahrnehmung geht es nicht um Eitelkeit, Frauenleben stehen auf dem Spiel.

Zu Wort kommen. Auch das beginnt bereits in der Grundschule: Jungen sprechen lauter und rufen Antworten achtmal häufiger ins Klassenzimmer hinein als Mädchen.[83] Unter Erwachsenen, bei Zusammenkünften, in denen Männer die Mehrheit bilden, sprechen Frauen ein Drittel weniger als Männer. Nur wenn mehr Frauen als Männer anwesend sind, sprechen Frauen so viel wie Männer.[84] Während Präsident Barack Obamas erster Amtsperiode hatten seine weiblichen Mitarbeiter so sehr damit zu kämpfen, gehört zu werden, dass sie sich auf eine »Verstärkungs«-Taktik einigten. Wenn eine von ihnen einen wichtigen Punkt ansprach, wiederholten die anderen ihn und würdigten die ursprüngliche Sprecherin. Selbst Präsident Obama, ein erklärter Feminist, brauchte aktive Einmischung, damit ein Gleichgewicht zwischen Männern und Frauen hergestellt wurde.

Bei Forschungen an Ratten wird diese Art durchgängiger Probleme als »chronischer, milder Stress« bezeichnet. Ratten wird auf unbestimmte – nicht gefährlich lange – Zeit Nahrung und Wasser entzogen: Ihre Käfige werden für ein paar Stunden um 45 Grad geneigt. Auf ihre Schlafstelle wird Wasser gegossen. Sie sind stundenlang Stroboskoplicht ausgesetzt. Jeder Parameter ist ein bisschen zu heftig, sodass die erlernte Hilflosigkeit jeden Tag Stück für Stück an ihnen nagt.[85] Verglichen mit menschlichen Bedingungen schaffen die Forscher für diese Ratten eine Situation, die als »ein Desaster nach dem anderen« beschrieben wird.

Im 21. Jahrhundert in der westlichen Welt eine Frau zu sein, fühlt sich häufig so an. Wie ein ständiger schwacher Strom von Stressoren, die wir nicht unter Kontrolle haben. Die meisten davon sind nicht viel mehr als ein Ärgernis, aber sie summieren sich.

Wir sagen nicht, dass das Leben nicht für jeden schwierig sei oder dass Männer und Jungen nicht mit diesen Problemen zu kämpfen hätten. Das haben sie. Der Druck, sich in eine permanent schrumpfende Form zu pressen, nimmt zu, während Unternehmen gleichzeitig entdecken, wie viel Profit man damit machen kann, wenn man Männern sagt, sie müssten einen Waschbrettbauch oder sofortige Erektionen haben. Menschen jeden Geschlechts sterben bei Massenmorden, häufig auch der Mörder selbst, und Männer erleiden eher einen gewaltsamen Tod, Selbstmord eingeschlossen. Frauenhass tötet nicht nur Frauen.

Aber das ist ein anderes Buch. Wir wollen hier auf die Tatsache hinweisen, dass wir in einer Welt leben, in der Frauen häufiger die Erfahrung machen, dass jemand Wasser auf ihre Schlafstelle gegossen hat.

Frausein bedeutet »chronischem, schwachem Stress« ausgesetzt zu sein – das ist sogar noch unerfreulicher, als es klingt, und zwar aus zwei Gründen: Erstens ist es gut möglich, dass weibliche und männliche Körper verschieden auf den Stress reagieren. Wenn männliche Ratten diesen chronischen, schwachen Stressoren ausgesetzt sind, reduziert sich ihre Schwimmzeit in dem erzwungenen Schwimmtest fast sofort um die Hälfte. Nach sechs Wochen nimmt sie noch einmal um die Hälfte ab. Demgegenüber brauchen weibliche Ratten drei Wochen, um ihre Schwimmzeit zu halbieren … und sie ändert sich nicht noch einmal nach sechs Wochen. Weibliche Ratten, die chronischem Stress ausgesetzt sind, sind beharrlicher als Männer. Sie arbeiten angesichts von Schwierigkeiten härter; ihre Gehirne brauchen zweimal so lange, um auf Hilflosigkeit zu schalten. Selbst weibliche Ratten sind, wie es scheint, beharrlicher.

Zweitens: Einer der Stressoren, denen wir begegnen, ist die Behauptung, wir seien nicht mehr oder einer anderen Art von Stress ausgesetzt als Männer. Ein Aspekt des Patriarchats in der modernen Welt ist die These, dass es nicht mehr existiere.

Gaslighting

Kennst du den Film *Das Haus der Lady Alquist*, im Original *Gaslight?* Ingrid Bergmanns Ehemann durchsucht darin allabendlich mit einer Gaslampe die oberen Räume des Hauses, sagt aber, dass seine Frau sich das Flackern in den Fenstern einbilde. Er steckt eine Armbanduhr in ihre Handtasche und behauptet, sie habe sie gestohlen. Auf der Suche nach den Edelsteinen ihrer toten Tante schleicht er auf dem Dachboden herum und sagt Ingrid, dass sie sich die Schritte nur einbilde. Er verwehrt ihr den Kontakt zu anderen Menschen mit der Begründung, dass es zu ihrem Besten sei, weil ihre Nerven angegriffen seien.

Was soll sie, isoliert und eingesperrt, anderes machen, als ihrem Mann zu glauben?

Im Film wird Ingrid Bergmann schließlich gerettet, als ein Polizist, Traummann Joseph Cotton, bei ihr vorbeikommt und bestätigt: »Ja, eine Gaslampe flackert. Sie sind nicht verrückt.«

Diese Geschichte hat Generationen von Kinogängern so stark beeindruckt, dass »Gaslighting« ein Begriff für das Phänomen geworden ist, wie Frauen und anderen marginalisierten Gruppen immer wieder eingetrichtert wird, sie würden sich alles Mögliche nur ausdenken. Genau das machen Menschen, wenn sie dir sagen, dass du dir deine Diskriminierung nur einbildest. Sie manipulieren dich und schüren Selbstzweifel.

Du hast das Gefühl, dass jemand dich täuscht, aber du bist dir nicht sicher und denkst, dass er vielleicht recht hat, dass du überreagierst und zu empfindlich bist. Als könntest du deinem Verstand nicht trauen, dabei urteilt dein Verstand eindeutig. So fühlt es sich an, wenn du Opfer von Gaslighting bist. Du hast Selbstzweifel, Angst, Wut, fühlst dich verraten und isoliert, bist zutiefst verwirrt. Du spürst, dass etwas nicht stimmt, aber du kannst nicht erklären, warum und wie. Du denkst, du hättest etwas missverstanden oder hältst dich für unzulänglich, weil du nicht in der Lage bist, deinen Einwand deutlich zu artikulieren.

Es ist schwer, einer Freundin zu erklären, was passiert ist, wie du reagiert hast und warum. Wenn du nicht durchschaust, dass du manipuliert wirst, zögerst du vielleicht, die Geschichte überhaupt zu erzählen. Und das ist das perfide Ziel von Gaslighting: dich zu verunsichern, sodass du an dir selbst und deiner Kompetenz zweifelst. Aber du kannst dir sicher sein: Du täuschst dich nicht und bist nicht dumm, sondern wurdest manipuliert.

Im Fernsehen erzählen uns Experten, dass es keinen Sexismus mehr gibt (#notallmen), ebenso wenig wie Rassismus (#alllivesmatter). Wenn wir nicht so viel verdienen wie Männer (oder Weiße), mit denen wir zusammenarbeiten, haben wir es nicht verdient – oder, schlimmer noch, liegt es daran, dass Männer fordern, was sie wollen, und wenn wir es fordern würden, bekämen wir es ebenfalls. Zeitschriften reden uns ein, wenn wir zehn grüne Smoothies am Tag trinken, werden wir uns großartig fühlen und großartig aussehen, unsere Kinder werden »bitte« und »danke« sagen und unser Chef uns befördern. Und wenn nichts davon geschieht, liegt es daran, dass wir keine zehn Smoothies getrunken haben, sicher nicht an systemischer Bias.

Die Botschaft ist gleichbleibend – was immer schiefläuft, *es ist deine Schuld*. Es kann nicht sein, dass der ganze Rest der Welt kaputt oder verrückt ist. *Du* bist diejenige, die kaputt und verrückt ist. Du hast dich nicht genug angestrengt. Du hast nicht das Richtige getan. Du hast nicht das Zeug dazu.

Wie können wir schließlich anders, als ihnen zu glauben?

Gaslighting erzeugt das zutiefst unangenehme Gefühl, gefangen zu sein, und überzeugt dich gleichzeitig davon, dass du dich selbst in die Falle befördert hast, was dich noch wütender, trauriger und weniger hoffnungsvoll macht.

Manche Menschen manipulieren andere bewusst.[86] Sie sind der Tyrann, der deine Hand nimmt, dir damit ins Gesicht schlägt und ruft: »Hör auf, dich selbst zu schlagen! Hör auf, dich selbst zu schlagen!«

Aber nicht jeder, der andere manipuliert, ist ein Arsch. Einige von ihnen leiden unter »patriarchaler Blindheit«, wie wir es nennen könnten. Wir haben zwei Ursachen für diese Blindheit gefunden: das Gebersyndrom und die »Gegenwind/Rückenwind-Asymmetrie«.

Patriarchale Blindheit 1: Gebersyndrom

Dem Gebersyndroms liegt die tiefsitzende, unausgesprochene Überzeugung zugrunde, dass Frauen alles geben sollten, jeden Augenblick ihres Lebens, jeden Tropfen Energie, um für andere zu sorgen. Sich um sich selbst zu kümmern ist egoistisch, weil dabei persönliche Ressourcen zur Förderung des eigenen Wohlbefindens benutzt werden statt für das eines anderen.

Das Gebersyndrom ist die Struktur, an der die »zweite Welle« festhängt. Die abnehmende, aber fortgesetzte Ungleichheit zwischen Männern und Frauen in puncto Kindererziehung und Hausarbeit besteht weltweit in vierzig Stunden die Woche bei Frauen und, im Vergleich dazu, eineinhalb Stunden die Woche bei Männern.[87] Selbst in den Ländern, wo es am ausgewogensten ist – einschließlich der Vereinigten Staaten, Großbritannien und Kanada –, verbringen Frauen 50 Prozent mehr Zeit mit dieser unbezahlten Arbeit.[88] Zum Beispiel war der Unterschied 2016 in Großbritannien sechsundzwanzig Stunden die Woche bei Frauen gegenüber sechzehn Stunden bei Männern.[89]

Schlimmer noch, das Gebersyndrom ist die Struktur, an der sexuelle Gewalt hängt – die Grundüberzeugung, dass Männer ein Recht auf weibliche Körper haben. Wenn eine Frau einem Mann attraktiv erscheint und sich in eine Situation begibt, wo er Kontrolle über ihren Körper erlangt, na ja, dann passiert es eben. Männer haben ein Recht zu nehmen, was sie kriegen können. Dabei handelt es sich nicht nur um ein emotionales und kulturelles Kräftespiel, sondern um eine gesetzlich sanktionierte Realität. Über Jahrtausende wurde eine Frau und alles, was sie besaß, gesetzliches Eigentum ihres Mannes, der sie heiratete. Zum Beispiel in Großbritannien: Vor gar nicht so langer Zeit erst erlangte die Frau das Recht, ihr Eigentum zu behalten, wenn sie heiratete (1882), ihren Namen zu behalten (1924) und nicht von ihrem Ehemann vergewaltigt zu werden (1991).[90]

Das Gebersyndrom ist so tief verwurzelt, dass man Statistiken und Daten heranziehen muss, um die Ungleichheiten und Ungerechtigkeit aufzuzeigen. Ohne großangelegte, objektive Untersuchungen und historische Perspektive ist es nur zu leicht, sich mit den Ungleichheiten in der Familie abzufinden: Gebende besitzen oder kontrollieren nichts, nicht einmal ihre Körper. Und wenn wir hören, dass eine Frau von einem Mann sexuell belästigt, missbraucht oder vergewaltigt wurde, jammern wir, dass der Vorwurf des sexuellen Übergriffs oder der Belästigung der vielversprechenden Karriere des Mannes schade, und unterstellen, dass die Frau es sich selbst zuzuschreiben habe.

Kurz, es ist leicht, verblendet zu sein. Wie halten wir also die Augen auf und helfen anderen zu sehen?

Wenn wir mit College-Studenten über »human *beings*« und »human *givers*« sprechen, fragen wir sie: »Was ist die Lösung?«

Was denkst du? Die erste Antwort ist fast immer: »Jeden zum ›human *being*‹ zu erziehen!«

Stellen wir uns das einen Moment vor. Wie würde eine Welt aussehen, in der jeder ein Nehmer ist, der mit anderen konkurriert und Ansprüche stellt?

Ein Philosophiestudent platzte heraus: »Einsam, armselig, böse, brutal und kurz«, Thomas Hobbes zitierend, der den »Naturzustand« als »Krieg aller gegen alle« betrachtete, denn »der Mensch, dessen ganzes Vergnügen darin besteht, sich mit anderen zu vergleichen«, ist »ständig im Wettstreit um Ehre und Würde.«

Wenn wir alle zu »human *beings*« erziehen, führt das zu ewigem Krieg und/oder, wenn wir Thomas Hobbes folgen, einem totalitären Herrschaftssystem. Viel Spaß! Die Tatsache, dass so viele Studenten automatisch annehmen, dass die Kategorie »human *beings*« – das heißt Männer – der Standard ist und »human *givers*« – das heißt Frauen – die Alternative, ist ebenfalls Symptom des Gebersyndroms. Es ist »patriarchale Blindheit«.

Was, wenn wir alle zu Gebenden erzögen? Was, wenn wir davon ausgehen würden, dass jeder die moralische Pflicht hat, großzügig und aufmerksam für die Bedürfnisse anderer zu sein? Was, wenn wir überzeugt wären, dass niemand das Recht hat, von einem anderen Menschen etwas zu fordern, sondern jeder versuchen sollte, anderen zu helfen, wenn er kann?

Niemand würde fernsehen, während der andere ihm das Abendessen kocht und das Geschirr abwäscht, es sei denn, beide haben sich darüber verständigt, dass es für sie am besten funktioniert, wenn einer sich ausruht, während der andere etwas gibt. Kein Gesetz würde es einem Menschen erlauben, die Kontrolle über den Körper eines andern zu übernehmen, denn niemand würde dieses Recht erwarten. Niemand würde in das emotionale Chaos von Zweifel, Verrat, Traurigkeit und Wut gestürzt, weil er Opfer von Gaslighting ist, denn niemand würde andere manipulieren. Und wenn jemand zutiefst verzweifelt ist, würden die anderen Gebenden sich ihm mitfühlend zuwenden, ohne zu urteilen. Wenn das Patriarchat aufgehoben wäre, wäre es sicherer, ein Gebender zu sein.

Das Gebersyndrom ist tief verwurzelt, und es braucht Zeit, um es auszurotten. Selbst nachdem sie Jahrzehnte in der Prävention und Verarbeitung sexueller Gewalt gearbeitet hat, bemerkt Emily bei sich regelmäßig Anflüge des Gebersyndroms, flüchtige Gedanken wie »Warum ist sie ihm in dieses Zimmer gefolgt?« oder »Warum ist sie nicht weggegangen?« Ziel ist es nicht, diese Gedanken zu verdrängen, sondern sie früher zu bemerken, denn sie sind leichter auszumerzen, wenn sie schwach sind. Um zu erkennen, wann das Gebersyndrom sie blind für das Patriarchat macht, prüft Emily sich selbst, indem sie sich fragt: »Wie würde ich darüber denken, wenn es sich um einen Mann statt einer Frau handeln würde (oder umgekehrt)?«

Oder: »Gehe ich davon aus, dass diese Frau eine moralische Pflicht hat, hübsch, glücklich, großzügig oder aufmerksam für die Bedürfnisse anderer zu sein?«, und: »Gehe ich davon aus, dass dieser Mann ein moralisches Recht hat, konkurrierend und habgierig zu sein, sich alles zu nehmen, was er kriegen kann, ungeachtet der Folgen für andere?«

Das Gebersyndrom macht uns blind für das Patriarchat und schränkt unsere Fähigkeit ein, geschlechtsspezifische Ungleichheiten, Ungleichgewichte und Ungerechtigkeiten als unfair zu betrachten.

Aber das ist nicht der einzige Grund, warum jemand verblendet sein könnte.

Patriarchale Blindheit 2: Gegenwind/Rückenwind-Asymmetrie

Auf ihren Langstrecken-Fahrradtouren bemerkte Emily, dass ein ebener Teil ihrer Strecke auf dem Rückweg ebener wirkte als auf dem Hinweg. »Hä?«, fragst du. »Wie kann dieselbe Straße Richtung Süden ebener sein als Richtung Norden?«

In Wirklichkeit hatte die »ebene« Straße eine Steigung von weniger als 1 Prozent. Sie sah eben aus, aber wenn sie tatsächlich eben gewesen wäre, hätte sie sich in beide Richtungen gleich angefühlt, oder vielleicht anstrengender auf dem Nachhauseweg, weil ihre Beine müde von den mehr als dreißig Kilometern waren, die sie schon gefahren war. Trotzdem fühlte sich der Nachhauseweg merklich leichter an. Das Seltsame ist: Weil es eben *aussah*, vermittelten Gehirn und Beine ihr das Gefühl, die Straße in südlicher Richtung dahinzusausen, so wie man es auf einer ebenen Strecke tut, während die Straße in nördlicher Richtung schwieriger zu befahren schien, als es sich anfühlen sollte.

Dieses Phänomen wird »Asymmetrie von Gegenwind und Rückenwind« genannt, weil die Menschen die Neigung haben, eher Widrigkeiten (Gegenwind) zu bemerken als günstige Umstände (Rückenwind). Es zeigt sich bei vielen Menschen in allen möglichen Situationen. Forscher haben herausgefunden, dass Sportfans glauben, ihre Mannschaft habe es bei einem Spiel schwerer als die gegnerische. Probanden geben sogar an, dass ihre Eltern mit ihren Geschwistern nachsichtiger gewesen seien als mit ihnen – egal, was ihre Geschwister dazu sagen.[91] Die meisten von uns neigen dazu, die Vorteile, die wir hatten, zu ignorieren oder zu vergessen. Stattdessen erinnern wir uns an die Hindernisse, die wir überwinden mussten, denn der

Kampf gegen Hindernisse erfordert natürlich mehr Anstrengung und Energie, als wenn wir es leicht haben.

Wenn Menschen zum Beispiel behaupten, dass Frauen es nicht schwerer haben als Männer, erliegen sie der Asymmetrie von Gegenwind und Rückenwind. Wenn über eine neue Studie berichtet wird, die zeigt, dass es halb so wahrscheinlich ist, dass männliche Ärzte eine weibliche Kollegin als »Dr. So-und-so«[92] vorstellen, als das umgekehrt wäre, sind unter den Facebook-Kommentaren viele Frauen, die sagen: »Wie verrückt ist das, dass wir eine Studie brauchen, um zu beweisen, was jede Frau weiß?«[93] Männer sagen: »Und was ist mit den Situationen, in denen Männer benachteiligt sind?« Diese Männer kann man nicht unbedingt als Dummköpfe bezeichnen, sie sind sich nur nicht ihres Rückenwinds bewusst.

Wenn Weiße über Menschen anderer Hautfarbe urteilen, erliegen sie ständig der Asymmetrie von Gegenwind und Rückenwind. Die Straße *sieht* eben *aus*, wie könnte sie für People of Colour weniger eben sein? Es muss daran liegen, dass die Person einfach nicht so gut radfahren kann oder faul ist. Es kann nicht an der Straße liegen. Nicht alle Weißen sind Idioten, aber die meisten von uns sind Opfer der Asymmetrie von Gegenwind und Rückenwind.

Wohlhabende behandeln Arme so, Bürger Immigranten, Nicht-Behinderte Behinderte. Menschen egal welcher dominanten Gruppe können nicht glauben, dass die Straße für andere nicht genauso eben ist wie für sie. Sie denken, dass sie hart arbeiten. Aber es gibt einen einfachen Realitätscheck, um dieser kognitiven Verzerrung entgegenzuwirken.

Während Julie mit Eheproblemen kämpfte, bekam sie einen neuen Job im selben Schulbezirk. Es war eine enorme Verbesserung – bessere Verwaltungsangestellte, mehr Geld, Flexibilität und Ansehen. Zusätzlich übernahm sie die Theatergruppe, wovon sie immer geträumt hatte.

Als Amelia ihr eine E-Mail schrieb und fragte, wie es im neuen Job laufe, erwiderte Julie: »Ich liebe es, ich bin zwar erschöpft, aber es ist toll, mein Gehirn wird angeregt. Ich habe so ein Glück. Kannst du dir das vorstellen: Ich bin die erste Frau, die die Theatergruppe an dieser Schule leitet! WAHNSINN!«

Julie führte zum ersten Mal bei einer High-School-Theateraufführung Regie. Auf dem College hatte sie Theaterstücke geschrieben und eine grundlegende Theaterausbildung erhalten, aber sie hatte noch nie die ganze Sache geleitet, wie es jetzt von ihr erwartet wurde.

Es mussten viele Entscheidungen getroffen werden, und es gab viel Arbeit. Sie stellte fest, dass sie in Arbeit ertrank, nicht allem gerecht werden konnte und immer weniger Geduld bei den Proben hatte.

Sie sprach mit dem Orchesterleiter, der mit der musikalischen Leitung der Aufführung betraut war. Er hatte bemerkt, dass sie mehr Aufgaben übernahm als ihr Vorgänger.

»Warum machst du das alles?«, fragte er sie. »Das ist die Aufgabe deines Bühnenbildners, des Regieassistenten, des Bühnenteams – das musst du nicht machen.«

»Aber sie haben mich um Hilfe gebeten.«

»Natürlich. Sie sind wie kleine Vögel, die das erste Mal das Nest verlassen. Lass sie Risiken eingehen.«

Sie schreckte vor dem Gedanken zurück, dass ihre Jungvögel fallen könnten, und identifizierte sich mit der Vogelmutter.

»Wie soll ich das machen?«

Er zuckte mit der Schulter. »Mach es einfach.«

Hmmm …

Julie wurde bewusst, dass ihr Bemuttern das Problem war. Als Vogelmutter stellte sie nicht nur die Bedürfnisse, sondern auch die Wünsche, Sehnsüchte und das völlige Wohlbefinden ihrer Schüler über ihre eigene Arbeit und Gesundheit.

Sie fragte sich, ob es »Bevatern« gab.

Julie beschloss, es zu erfinden. Sie reagierte fortan auf die Erwartung, dass sie alle Aufgaben übernehmen werde, indem sie ihrem Team sagte, es würde selbst mit der Aufgabe fertig werden. Oder sie nannte jemanden, der ihnen helfen könnte. Nach ein paar Wochen tauschte sie mit dem Orchesterleiter Erfahrungen aus, und er bestätigte, dass ihre neue Herangehensweise mehr der ihres Vorgängers glich.

Es war kein umfassender Erfolg. Die Schüler beklagten sich. Die Schulleitung fragte sie, warum sie sich nicht um die Aufführung kümmere.

»Ich kümmere mich darum«, sagte sie. »Ich mache alles, was mein Vorgänger gemacht hat, alles, was der Schultheaterleiter auf der anderen Seite der Stadt macht. Ich bitte die Schüler, die Initiative zu ergreifen.«

»Na, sie sagen, sie haben das Gefühl, dass du sie nicht richtig unterstützt.«

Warum hatten die Schüler bei ihr ein anderes Gefühl als bei ihrem Vorgänger?

»Gebersyndrom«, sagte Amelia. »Die Erwartungen an Frauen sind andere als an Männer, auch wenn es niemand laut sagt.«

»Was soll ich machen?«

»Mach weiter deinen Job, mach ihn gut, und mit der Zeit werden sich die Menschen, mit denen du zusammenarbeitest, daran gewöhnen, dass du ein Mensch bist, ein Individuum, eine Regisseurin. Ihre alten Erwartungen werden durch deine Kompetenz ausgemerzt.«

Julie versuchte es, und es half. »Bevatern« ebnete ihr den Weg durch die geschlechtsspezifischen Erwartungen ihres Jobs.

Aber es würde wieder nicht reichen.

Der »Baum«-Fairness-Test

Wir können uns die vorteilhaften und nachteiligen Einflüsse auf unser Leben wie die natürliche Umgebung vorstellen, die einen Baum während des Wachstums formt. Ein Baum auf einem offenen, ebenen Feld wächst gerade hoch zur Sonne. Ein Baum an einem Berghang bewegt sich auch der Sonne entgegen, aber er wächst schräg: Je steiler der Berg, desto spitzer der Winkel. Wenn wir ihn auf das ebene

Feld verpflanzen, wird er eine ganz andere Form haben als der, der auf dem Feld heimisch ist. Beide sind an die Umgebung angepasst, in der sie gewachsen sind.

Weiße Männer werden auf einem offenen, ebenen Feld groß. Weiße Frauen auf steilerem, unebenerem Gelände, weil das Feld nicht für sie vorgesehen ist. Women of Color müssen auf einer Klippe über dem Meer, von Wind und Wellen umtost, heranwachsen. Keiner von uns sucht sich aus, in welche Umgebung er gepflanzt wurde. Wenn du dich auf einer vom Meer umtosten Felsenklippe findest, hast du nur die Wahl, dort zu wachsen oder ins Meer zu stürzen. Wenn wir diejenigen, die am steilen Berghang oder auf der Klippe überlebt haben, auf das ebene Feld verpflanzen, werden die Einheimischen sie ansehen und sich wundern, warum sie solche Probleme haben, anderen Menschen, Systemen und sogar ihren eigenen Wahrnehmungen zu trauen. Warum ist der Baum so krumm und knorrig?

Weil es dort, wo er gewachsen ist, nötig war. Ein Baum, der gegen Wind, Schwerkraft und Erosion kämpfen musste, um groß zu werden, der auf einer steilen Klippe grünen musste, wird seltsam deplatziert aussehen, wenn man ihn auf ein ebenes Spielfeld verpflanzt. Der knorrige, windschiefe Baum der Meeresklippe entspricht vielleicht nicht unserer Vorstellung, wie ein Baum aussehen sollte, aber es war dort, wo er gewachsen ist, genau richtig. Und der hohe, gerade Baum hätte keine Chance, wenn man ihn auf die Klippe verpflanzen würde.[94]

Wie viele weiße Eltern kennen wir, die ihren Kindern einschärfen, immer die Hände in Sichtweite zu halten und »Ja, Sir« und »Nein, Mam« zu sagen, wenn sie von der Polizei angehalten werden? Das ist ganz normal für afroamerikanische Eltern in den USA. Schwarze Eltern in Amerika ziehen ihre Kinder anders groß, weil die Umgebung es erfordert. Der krasse Unterschied, wie Schwarze und Weiße von der Polizei behandelt werden, führt dazu, dass Weiße die Angst von Afroamerikanern vor der Polizei lächerlich finden. Wir sehen das Meer nicht, deshalb verstehen wir es nicht, wenn Schwarze uns erklären: »Wir tun das, um nicht von der Klippe ins Meer zu fallen.« Aber dass wir die hohen Wogen nicht sehen, bedeutet nicht, dass sie nicht da sind. Woran erkennen wir sie? Indem wir uns die Form des

Baumes ansehen. Bäume, die schief wachsen, standen an einem Berghang. Menschen, die Angst vor der Polizei haben, sind in einer Welt großgeworden, in der die Polizei eine Bedrohung darstellt.[95]

Du kannst auf die Lebensbedingungen rückschließen, indem du dir die Menschen, die unter diesen Bedingungen großgeworden sind, genau ansiehst. Statt dich zu wundern, warum sie auf dem ebenen Spielfeld nicht gedeihen, überleg dir, wie das Gelände verändert werden kann, damit jeder gedeihen kann.

Mitgefühlserschöpfung

Das Patriarchat hat nicht nur direkte Auswirkungen auf uns, sondern fügt uns auch indirekt Schaden zu, weil wir uns ständig um andere kümmern. Wenn wir den Stress anderer durchleben, tun wir es gern als unlogisch oder »irrational« ab oder ignorieren es. Gebende kümmern sich vielleicht über Jahre um andere und verdrängen ihren eigenen Stress, der als Reaktion darauf entsteht, dass sie ständig auf anderer Leute Bedürfnisse achten. Das Ergebnis ist, dass sich unzählige unvollendete Stressreaktionszyklen im Körper aufstauen. Diese Akkumulation führt zu einer Mitgefühlserschöpfung und ist die Hauptursache für Burnout bei Gebenden, einschließlich derer, die in helfenden Berufen arbeiten (viele davon von Frauen dominiert – Unterrichten, Sozialarbeit, Pflege und so weiter). Zu den Anzeichen für eine Mitgefühlserschöpfung gehört:[96]

- sich emotional abmelden – Empathie vortäuschen, wenn du weißt, dass du etwas empfinden solltest, du aber nicht mehr wirklich etwas empfinden kannst
- Leiden anderer herunterspielen oder abtun, wenn es nicht besonders stark ist: »Es ist keine Sklaverei/kein Völkermord/Kindesmissbrauch/Atomkrieg, also hör auf zu jammern.«
- sich hilflos, hoffnungslos oder machtlos fühlen und sich gleichzeitig persönlich in der Pflicht sehen, mehr zu tun
- aus einer Art Größenwahn heraus in einer unbefriedigenden Situation ausharren, ob am Arbeitsplatz oder in einer Beziehung: »Wenn ich es nicht mache, macht es keiner.«

Menschen, die traumatische Erfahrungen durchgemacht haben, nennt man Überlebende. Menschen, die andere unterstützen, mit der traumatischen Erfahrung zurechtzukommen, nennt man *Mit-Überlebende*. Sie brauchen dieselbe Unterstützung und Hilfe, die ein Überlebender braucht. Wenn sie sie nicht bekommen, laufen sie Gefahr auszubrennen, auszusteigen und nichts mehr zu spüren. Wenn die Welt verändert werden soll, müssen diejenigen, die sie verändern wollen, wissen, wie sie Fürsorge erhalten.

Im letzten Teil des Buches lernst du evidenzbasierte Strategien kennen – soziale Kontakte, Erholung und das Anfreunden mit dem inneren Kritiker –, um dich von der Mitgefühlserschöpfung zu erholen oder ihr vorzubeugen.[97]

Es wäre großartig, wenn uns keiner mehr sagen würde, wie kaputt und verrückt wir sind. Aber wir müssen nicht darauf warten, dass sich die Welt verändert, damit wir uns nicht mehr so fühlen. Wir können sofort anfangen. Davon handelt der Rest des Buches.

Der erste Schritt ist zu wissen, dass das Spiel manipuliert ist – zu erkennen, dass die Regeln nicht nur dazu dienen, die Menschen ungleich zu behandeln, sondern sie zudem blind dafür zu machen, dass die Regeln unfair sind.

Die nächsten Schritte bestehen darin, die ersten drei Kapitel des Buches anzuwenden: 1) Beende den Zyklus, um den Stress zu bewältigen. 2) Benutze planvolle Problemlösungsstrategien und positive Neubewertung, um deinen Monitor zufriedenzustellen. 3) Setz dich für eine größere Sache ein, um das Gebersyndrom zu überwinden.

1. Beende den Zyklus: Gefühle angesichts des Patriarchats

Gloria Steinem schreibt: »Die Wahrheit wird dich befreien, aber zuerst wird sie dich wütend machen.« Wenn du erkennst, auf welche Weise das Spiel manipuliert ist und wie du darüber belogen wirst, kommen wahrscheinlich verschiedene Empfindungen in dir hoch. Diese Gefühle sind unangenehm und wenn sie sehr stark werden, ist die Versuchung groß, sie zu ignorieren und nicht mehr mitzuspielen. Mit anderen Worten: Burnout. Wir sollten sie also nicht ignorieren.

Häufig ist es Wut. Viele von uns tragen jahrzehntelang nicht beendete Stressreaktionszyklen mit sich herum, weil das Gebersyndrom uns eingeflüstert hat, wir müssten glücklich und friedfertig sein und andere nicht mit unserer Wut unangenehm berühren. Beweg dich, singe, schreie, schreibe, hacke Holz. Lass die Wut raus. Beende den Zyklus.

Trauer ist ein weiteres Gefühl, das häufig vorkommt. Wir trauern um das Leben, das wir hätten haben können, um den Menschen, der wir hätten sein können, wenn wir in eine Welt geboren worden wären, in der Frauen gleichwertige Menschen sind und in der von Männern ebenso erwartet wird, dass sie aufmerksam für die Bedürfnisse anderer sind. Und zugleich ist es schwierig, denn diese verlogene, unfaire Welt hat dich zu dem Menschen gemacht, der du bist, und vieles an dir ist ziemlich großartig, stimmt's? Nicht perfekt, niemand ist perfekt, aber wow. *Wow.*

Was machst du mit deiner Trauer? Du gehst durch den Tunnel. Jedes Mal wird dein Ideal-Ich, die Seite von dir, bei der du »Wow!« sagst, bei dir sein, wenn du trauerst. Es ist das Licht am Ende des Tunnels.

Und da ist Verzweiflung. Das ist noch mal etwas anderes als Trauer. Es ist das hilflose, hoffnungslose Gefühl, das wir haben, wenn unser Monitor ein Ziel aufgibt und entscheidet, dass es unerreichbar ist.

Zum Glück gibt es wissenschaftlich fundierte Hilfe bei Verzweiflung.

2. Hilflosigkeit verlernen: Tu etwas

Unter den begrenzten, kurzfristigen experimentellen Bedingungen reichte es, den hilflosen Versuchsteilnehmern zu sagen, dass das Spiel manipuliert sei, damit sie sich besser fühlten. Aber wenn Hilflosigkeit durch lebenslange Erfahrung vermittelt wurde, musst du deinem Nervensystem beibringen, dass es nicht hilflos ist.

Wie? Du machst etwas – und »etwas« ist alles, was mehr als nichts ist. Das Patriarchat ist konzipiert wie das perfekte Shuttle-Box-Experiment. Es frustriert und enttäuscht uns immer wieder, bis wir aufgeben. Aber die Forschung hat auch gezeigt, wie Hilflosigkeit wieder verlernt werden kann.

Mit Hunden haben sie es folgendermaßen gemacht: Nachdem die Hunde Hilflosigkeit erlernt hatten, zerrten die Versuchsleiter die Hunde immer wieder über die Barriere auf die sichere Seite der Kiste. Indem sie durch die Bewegung ihre Situation veränderten, bewirkten die Versuchsleiter bei den Hunden den Lerneffekt, dass sie durch physische Anstrengung etwas ändern konnten.

Menschen können auf dieselbe Art Hilflosigkeit verlernen. Im Kapitel »Beende den Zyklus« haben wir gesehen, dass du einen Stressor nicht unmittelbar beeinflussen musst, um den Stress an sich zu bewältigen. Hilflosigkeit funktioniert genauso. Wenn du dich gefangen fühlst, befreie dich von *irgendetwas* und vermittle deinem Körper, dass du nicht hilflos bist.

Du fühlst dich zum Beispiel macht- und hoffnungslos, nachdem du Nachrichten über die internationale Politik gesehen hast? Lenk dich nicht ab, betäub dich nicht, sondern tu etwas. Arbeite im Garten und kümmere dich um deinen kleinen Flecken Erde. Bring jemandem Essen, der etwas Auftrieb braucht. Geh mit deinem Hund in den Park. Nimm an einem Black-Lives-Matter-Marsch teil. Du könntest sogar einen Regierungsvertreter anrufen. Das ist großartig. Das ist Partizipation.

Du bist nicht hilflos. Dein Ziel ist nicht, die Regierung zu stabilisieren – das ist nicht deine Aufgabe (es sei denn, es ist zufälligerweise tatsächlich dein Job, in dem Fall musst du trotzdem mit dem Stress zurechtkommen, ebenso wie mit dem Stressor!) –, dein Ziel ist es, *dich* zu stabilisieren, sodass du ein Gefühl von Wirksamkeit hast und wichtige Dinge für deine Familie und Gemeinde tun kannst. Wie man so schön sagt: »Keiner kann alles machen, aber jeder kann etwas tun.« Und »etwas« ist alles, was mehr ist als nichts.

Wahrscheinlich hast du schon mal die Botschaft erhalten, dass du nicht »rational« bist, wenn du dich vollkommen hilflos fühlst. Das Problem ist deine »Art zu denken« oder deine Schwäche oder es ist einfach allgemein deine *Schuld*. Du solltest fähig sein, es ebenso gut zu machen wie ein Mann, und wenn du es nicht kannst, bist du dafür verantwortlich.

Das stimmt nicht, und wer das behauptet, täuscht und manipuliert dich. In Wahrheit hast du Hilflosigkeit aus negativen Erfahrungen, aus Erfahrungen, *hilflos zu sein*, erlernt.

Wir verlernen Hilflosigkeit, indem wir etwas tun – etwas Körperliches. Einen Spaziergang machen. Ins Kissen schreien. Oder, wie Carrie Fisher es ausdrückte: »Nimm dein gebrochenes Herz und mach Kunst daraus.« Kehr die Situation um, indem du einen Kontext schaffst, in dem du etwas *tust*.

In dem Animationsfilm *Findet Nemo* lernen wir Dorie, den freundlichen Paletten-Doktorfisch kennen, der an Kurzzeitgedächtnisverlust leidet. Dorie rät ihren Freunden, wenn sie nicht mehr weiterwissen: »Schwimm einfach weiter«. Sie singt sogar ein Lied darüber. In *Findet Dorie* erfahren wir (Spoiler), dass ihre Eltern ihr beigebracht haben, dass es trotz ihres Kurzzeitgedächtnisverlustes immer einen Weg gibt, aus Schwierigkeiten herauszukommen. Wenn du einfach weiterschwimmst, findest du den Weg. Und wenn dein Gehirn aufgeben will, weil kein Land in Sicht ist, schwimmst du weiter, nicht weil du sicher bist, dass du dort ankommst, wo du hinwillst, sondern um dir zu beweisen, dass du noch schwimmen kannst.

3. Zerschlag es

Du beendest den Zyklus. Du tust etwas und benutzt dabei deinen Körper, um dich daran zu erinnern, dass du nicht hilflos bist.

Dritter Schritt: Zerschlag das Patriarchat. Schlag es kurz und klein. Du zerschlägst es, indem du dich für eine größere Sache engagierst und auf diese Weise das Gebersyndrom überwindest.

Zerschlagung des Patriarchats

Meine größere Sache ist: ______________________________

____

Ich engagiere mich für die größere Sache (und zerschlage oder unterwandere das Patriarchat), indem ich ______________________

____

____

____

Ich weiß, dass ich das Patriarchat zerschlagen oder unterwandert habe, wenn … (kurzfristig, sicher, positiv, konkret, bestimmt und persönlich): ______________________________

____

Einschränkung: Nimm dir nicht vor, das »Patriarchat zu beenden«. Du wirst das Ende der Geschlechterungleichheit oder Rassenungleichheit oder jeder anderen Ungleichheit nicht erleben. Du wirst vielleicht Fortschritte erleben, so wie es in den letzten hundert Jahren Fortschritte gegeben hat.

Stattdessen kann dein Ziel – das kurzfristig, sicher, positiv, konkret, bestimmt und persönlich sein sollte – etwas sein wie »allen meinen Freundinnen Geburtstagsgeschenke in von Frauen geführten Geschäften kaufen«. Oder: »In jedem Meeting Frauen auffordern, zuerst zu sprechen«. Oder: »Jeden Tag meinen Jungs eine Lektion darin erteilen, ein Gebender zu sein«. Oder einfach: »Täglich etwas Patriarchales zerschlagen«. Richte eine Erinnerung in deinem Kalender ein. Hast du heute schon etwas zerschlagen?

Sophie erklärte Emily das Spiel, das nicht zu gewinnen war.

»Niemand bräuchte diesen Workshop, wenn er oder sie nur eine Stunde in meiner Haut stecken würde. Wildfremde Menschen fragen mich, ob meine Haare echt seien. Mein Arzt sagt zu mir, ich sei zu dick, sodass er meinen Puls nicht fühlen kann. Teenager bewerfen mich vom Auto aus mit Müll, wenn ich den Bürgersteig entlanggehe …«

»Und trotzdem sprengst du keine Gebäude in die Luft«, sagte Emily. »Du bist eine unheimliche Superheldin.«

»Ja«, sagte Sophie mit Nachdruck. »Rassismus, Sexismus, Größendiskriminierung, Mikroaggressionen, Makroaggressionen – dieses System ist brutal und nicht zu schlagen. Es ist Kobayashi Maru. Niemand von uns kommt lebend raus. Aber ich gewinne jedes Mal, weil ich Charakter beweise. Guck, wie stark es mich gemacht hat.« Sie zeigte an sich herunter. »Guck, wie scharf es mich gemacht hat.«

Emily nickte. »Du bist das neue Sexy.«

Was Emily damit meinte, ist Thema des nächsten Kapitels.

Es ist schmerzlich, Umfang und Ausmaß der Manipulation zu erkennen – beängstigend, entrüstend und niederschmetternd. Kein Wunder, dass das Wort »Patriarchat« unbeliebt ist. Es bezeichnet eine Quelle des Schmerzes, die so alt und tief ist, dass wir gelernt haben, sie zu ignorieren oder so zu tun, als müsste es so sein. Im Allgemeinen sollen Selbsthilfebücher Menschen helfen, sich gut zu fühlen, stark zu sein und ihr Leben im Griff zu haben. Deshalb lassen sie dieses Kapitel aus. Die gesellschaftlichen Kräfte anzuerkennen, denen du ausgesetzt bist, fühlt sich nicht unbedingt gut an, ist nicht aufbauend und wirkt nicht so, als hättest du alles unter Kontrolle.

Aber es ist wie mit dem Klima, man muss es im Auge behalten. Du lebst damit und kannst ihm nicht entkommen. Du kannst es nur in winzigen Schritten verändern. Wenn du es nicht berücksichtigst, weißt du nicht, wann du pflanzen und wann du ernten musst. Wenn du es nicht wahrnimmst, wirst du nicht merken, dass es sich verändert, dass die Welt lebendig gekocht wird, und du wirst nichts daran ändern können.

Wir sind noch nicht fertig. Es gibt noch einen Feind, einen, mit dem du es jeden Tag zu tun hast. Er tut so, als sei er dein bester Freund, aber in Wirklichkeit bringt er dich langsam um. Darum geht es im nächsten Kapitel.

tl;dr

- Das Spiel ist manipuliert. Frauen und Mädchen – besonders Women and Girls of Colour – werden systematisch von der Regierung und anderen Machtsystemen ausgeschlossen. Man nennt es »Patriarchat« (puh).
- Das Patriarchat bestreitet seine eigene Existenz. Es behauptet, wenn wir zu kämpfen haben, sei es unsere eigene Schuld, weil wir nicht »gut genug« seien. Das ist Gaslighting.
- Das Gebersyndrom – der ansteckende Glaube, dass du die moralische Pflicht hast, jeden Tropfen deiner Menschlichkeit für andere zu geben, egal, was es dich kostet – gedeiht im Patriarchat wie Schimmel in einem feuchten Keller.
- Die Lösung? Zerschlag es.

DER BIKINI-INDUSTRIE-KOMPLEX

Julie arbeitete hart daran, ihren Stress zu bewältigen. Es ging ihr nicht gut, aber sie hielt sich über Wasser. Bis sie es schließlich nicht mehr schaffte.

Ihr Magen war schon ein paar Tage oder vielleicht Wochen aus dem Gleichgewicht, aber sie bemerkte nichts Ungewöhnliches, wenn sie in den Spiegel blickte. Sie übersah es ungestraft, bis sie eines Nachts mit Krämpfen aufwachte, die sie nicht mehr ignorieren konnte.

Die Familie war umgezogen – was immer anstrengend ist –, und sie verbrachte die erste Nacht im neuen Haus abwechselnd zusammengerollt im Bett, auf dem Fußboden im Badezimmer oder auf der Toilette. Kalter Schweiß bedeckte ihren Körper, sie zitterte und verlor unkontrolliert geringfügige Mengen … hm … Flüssigkeit. Sie googelte ihre Symptome und das Internet forderte Julie auf, sofort einen Arzt aufzusuchen.

Drei Stunden später wurde sie in der Notaufnahme untersucht. Sie drückten auf ihren Bauch, während Krämpfe noch mehr Flüssigkeit verursachten. Es ging Julie zu schlecht, als dass es ihr unangenehm gewesen wäre. Peinlich berührt war sie jedoch, als ihr Fragen nach Risikofaktoren gestellt wurden: schlechte Ernährung, sitzender Lebensstil, Morbus Crohn, nicht lange zurückliegende Bauchoperation, Opiatkonsum … nein, nein, nein, nein, nein. Viel Stress und Änderungen im Zeitplan? Julie spürte, wie sich alles in ihr zusammenzog, ihr Gesicht wurde heiß, und sie begann zu weinen. Der neue Job, die Spannungen in ihrer Ehe … Machte nicht jeder so etwas durch? Konnten diese ganz normalen Dinge sie in die Notaufnahme gebracht haben?

Nach einer nervigen Untersuchung hatten sie eine Diagnose. Sie enthielt das Wort »Impaktbildung«. Die gute Nachricht war, dass es »begrenzt« und deshalb durch einen schnellen, einfachen Eingriff behandelbar war, der das Wort »Löffel« enthielt. Und die Nachsorge enthielt das Wort »Darmtraining«.

Jetzt war sie verlegen. Ja, ein Besuch in der Notaufnahme wegen Stuhlproblemen war nicht besonders würdevoll. Aber schlimmer war, dass sie das Gefühl hatte, versagt zu haben, als ob ihr Körper minderwertig wäre, weil er auf den normalen, durchschnittlichen Stress überreagiert hätte.

»Nein, es ist keine unangemessene Reaktion«, sagte Amelia ihr am nächsten Tag am Telefon. »Du warst dir vielleicht nicht bewusst, wie schlimm es war, aber dein Körper wusste es. Glaub ihm, wenn er dir etwas sagt.«

»Das klingt … Ich meine …«, sagte Julie ausweichend. »Mein Körper weiß Dinge? Sagt mir Dinge? Komm schon, was passiert tatsächlich?«

»Dein Körper behält den Stress«, erklärte Amelia wenig hilfreich.

»Warum kann er nicht mit meinem vollkommen normalen Maß an Stress fertigwerden?«

»Vollkommen normal? Du wechselst den Job, ziehst um und lässt dich vielleicht scheiden – das sind drei der schlimmsten Stressoren in der industrialisierten westlichen Welt auf einmal. Was erwartest du von deinem Körper?«

Es stellte sich heraus, dass Julies Erwartungen an ihren Körper und was er sein sollte, völlig falsch waren. Sie dachte, sie könnte ihr Wohlbefinden an ihrer äußeren Erscheinung ablesen. Natürlich, denn dazu werden wir erzogen.

In diesem Kapitel geht es darum, warum Julie nicht verstanden hat, was ihr Körper ihr signalisiert hat, und was sie lernen muss, um es zu verstehen.

Wenn ein Mädchen geboren wird, hat sie vielleicht das Glück, dass die Menschen um sie herum sofort jede Speckrolle an ihrem Körper, jede Falte an ihrem Finger, jeden Fleck auf ihrer Haut und jedes einzelne Haar, egal, wo es sich befindet, an ihrem brandneuen kleinen Körper begrüßen. Sie hat viele Bedürfnisse – Nahrung, Schlaf, neue Windeln, gehalten werden. Die Erwachsenen sollten diese Notsignale hören, die ihr Körper aussendet, und wenn sie Glück hat, befriedigen sie bereitwillig diese Bedürfnisse, egal, wie wenig Schlaf sie hatten, wie beschäftigt oder verzweifelt sie sind.

Die meisten von uns werden bei ihrer Geburt mit umsorgender, beschützender Liebe empfangen, die jeden Zentimeter unseres Körpers *annimmt* und ehrt. In dem Moment, in dieser Liebe sind wir makellos. Wunderschön.

Und dann.

Dann werden wir mit dem Gebersyndrom infiziert, das weibliche Babys in die Rolle von Gebenden drängt – hübsch, glücklich, friedfertig und aufmerksam für die Bedürfnisse anderer –, während männliche Babys ehrgeizig, konkurrierend, stark und unfehlbar sein sollen.

Stell dir das Mädchen am Tag seiner Geburt vor, perfekt, hilflos und voller Leben, vielleicht auf die bloße Haut eines Elternteils gelegt. Sie ist schön, stimmt's? Sie ist perfekt. Das bist du.

Und hier ist das heimliche Gebersyndrom: Es will nicht, dass du weißt, dass sich nichts geändert hat. Egal, was zwischen dem Tag, an dem du schön und perfekt geboren wurdest, und dem heutigen Tag geschehen ist: Dein Körper ist immer noch schön und perfekt. Und er ist immer noch voller Bedürfnisse.

Und trotzdem macht sich die Hälfte der Mädchen im Alter von sechs Jahren Sorgen, dass sie »zu dick« seien.[98] Im Alter von elf sind es zwei Drittel, und als Jugendliche betreiben fast alle Mädchen (92 Prozent) irgendeine Art von »Gewichtskontrolle«.[99] Das hat eine aktuelle Studie an über 4500 Jugendlichen ergeben. Dabei setzt fast die Hälfte (44 Prozent) der Mädchen ungesunde Methoden ein.[100]

Das war nicht immer so und es ist nicht überall so, sondern hängt mit unserer Kultur zusammen. 1994, als es auf den Fidschi-Inseln noch kein Fernsehen gab, gab es dort auch keine Essstörungen. 1995 kam britisches und amerikanisches Fernsehen auf die Inseln. 1998 hatten 29 Prozent der Mädchen Symptome ernsthafter Essstörungen entwickelt. 13 Prozent entwickelten diese Symptome innerhalb eines Monats nach Einführung des Fernsehens.[101]

Aber in gewissem Sinne war das schon immer und überall so. Jede Kultur hat ein »ehrgeiziges Schönheitsideal«, nach dem Frauen streben sollen. Unsere Großmutter hat uns Geschichten aus den 1930ern erzählt, als ihre Familie so arm war, dass sie in einem Haus lebten, das ihr Vater aus Schrott gebaut hatte. Sie hatten noch Glück, dass sie eine Toilette hatten, aber sie war mitten im Haus eingebaut, sodass man keine Privatsphäre hatte. Sie und ihre Schwestern waren dünn, denn sie waren am Rande des Hungers groß geworden. Trotzdem kratzten die drei Mädchen, als sie in der Highschool waren, Geld zusammen, um sich »Diäthilfen« zu kaufen, die einen Monat reichen sollten. Es stellte sich heraus, dass diese »Hilfen« Süßigkeiten waren (weil Zucker als Appetitzügler galt), und sie aßen die ganze Tüte an einem Nachmittag auf.

Die amerikanische Schauspielerin Lynn Chen, Gründerin von thickdumplingskin.com, beschreibt, dass ihre taiwanesischen Eltern von ihr erwarteten »große Mengen« zu essen und »dünn zu bleiben«, was bei ihr zu einer problematischen Beziehung zum Essen und ihrem Körper geführt hat.[102]

Nicht immer ist Schlankheit das Ideal. Das jamaikanische Frauenideal ist kurvenreich und Mädchen sollen »Hühnerpillen« genommen haben – ein Mittel, um Hühner zu mästen –, um diese Kurven zu bekommen. Die Pillen enthalten Arsen.[103]

Überall herrscht ein bestimmtes Schönheitsideal, und es gibt immer Frauen, die bereit sind, ihre Gesundheit zu riskieren, um es zu erreichen. Statt auf die Notsignale unseres Körpers zu achten, seine verzweifelten Rufe nach Essen, Schlaf, Zuwendung und, in Julies Fall, Stuhlgang zu hören, achten wir nur auf seine äußere Erscheinung.

Stell dir vor, in einer Kultur zu leben, in der der unbelastete Zustand vom Tag unserer Geburt durch unsere Kindheit und Jugend anhält – eine Kultur, die nicht ständig die Vorstellung vermittelt, dass der Körper eines Mädchen oder einer Frau eine bestimmte Figur und Größe haben sollte, und wenn das nicht der Fall ist, um jeden Preis in diese Form und Größe gebracht werden muss. Was, wenn die Figur, in die wir hineinwachsen, als natürliche Form unseres Körpers akzeptiert würde, jeden Tag so liebenswert wie am Tag unserer Geburt? Was, wenn wir alt würden, in den Spiegel schauten und unseren Körper so schön fänden wie den Körper, den wir am Tag unserer

Geburt hatten, und ebenso liebens- und schützenswert? Was, wenn unsere Figur unwichtig für die Beziehung zu unserem Körper wäre und wir liebevoll auf seine Bedürfnisse achten würden, ohne zu urteilen, ob er Nahrung oder Liebe »verdient«?

Was, wenn?

In diesem Kapitel sagen wir dir, wie du deinen Körper lieben lernst.

Von was für einem Komplex sprechen wir hier?

Bikini-Industrie-Komplex ist unsere Bezeichnung für die Industrie, die hunderte Milliarden Dollar daran verdient, uns ein unrealisierbares »ehrgeiziges« Ziel zu setzen. Sie redet uns ein, dass wir diesem Ideal entsprechen *müssen*, und verkauft uns unwirksame, aber plausible Strategien, um das Ideal zu erreichen.[104] Es ist wie alter Katzenurin im Teppich, stark und durchdringend, jeden Tag fühlst du dich deswegen unwohl, aber es ist unsichtbar, und niemand kann sich daran erinnern, dass es nicht gerochen hat. Wir wollen kurz Schwarzlicht darauf richten, damit du weißt, woher der Geruch kommt.

Du weißt bereits, dass alles in den Medien darauf abzielt, dir Schlankheit zu verkaufen – die glänzenden Bauchmuskeln in der Werbung für Sportausrüstung, der eine irre Trick, Bauchfett zu verlieren, zum Anklicken, wenn du nur den Wetterbericht ansehen willst, und im Fernsehen Prinzessinnen, die von »makellos« dünnen Frauen gespielt werden. Der Bikini-Industrie-Komplex (BIK) hat erfolgreich eine Industrie geschaffen, die einen ungeheuren Druck ausübt, sich einem Ideal anzupassen, das praktisch für jeden unerreichbar ist und trotzdem nicht nur als schön, sondern auch als gesund und moralisch überlegen gilt.

Aber es sind nicht nur die Titelseiten der Zeitschriften und andere Erzählungen, die es propagieren. Selbst im Sexualkundeunterricht an der High School wird dieses Ideal vertreten. Deine Ärztin vertritt es, weil die medizinischen Lehrbücher einem Irrtum unterliegen und die Regierung falsch liegt. Wie die Öl- und Tabakindustrie hat die »Bikini-Industrie« Einfluss auf Regierungsstellen genommen, dafür zu sorgen, dass ihre Produkte von der Politik unterstützt werden. Die Body-Mass-Index-Tabelle (BMI) und ihre Kategorien – Untergewicht, Übergewicht, Fettleibigkeit – wurde von einem neunköpfigen Team erfunden, von denen sieben »bei Abnehmkliniken angestellt waren und somit ein wirtschaftliches Interesse daran hatten, dass ihre Einrichtungen in Anspruch genommen werden«.[105]

Du wurdest über den Zusammenhang von Gewicht und Gesundheit belogen, sodass du permanent versuchst, dein Gewicht zu ändern.

Aber hör zu: Es kann gesünder sein, dreißig oder mehr Kilo über deinem medizinisch empfohlenen »gesunden Gewicht« zu liegen als nur zwei Kilo darunter. Eine 2016 in *The Lancet* veröffentlichte Meta-Analyse untersuchte 189 Studien, fast vier Millionen Menschen umfassend, die nie geraucht hatten und keine diagnostizierten medizinischen Probleme hatten. Sie kam zu dem Ergebnis, dass Menschen, die die Zentren für Krankheitskontrolle und Prävention (CDC) der Kategorie »fettleibig« zuordneten, ein *geringeres Gesundheitsrisiko* haben als diejenigen, die vom CDC als »untergewichtig« eingestuft werden. Die Studie kam auch zu dem Ergebnis, dass »Übergewicht« gemäß CDC mit einem *geringeren Risiko* behaftet ist, als am unteren Ende der »gesunden« Spanne zu sein, wie sie von der US-Regierung und von der Weltgesundheitsorganisation (WHO) definiert wird.[106]

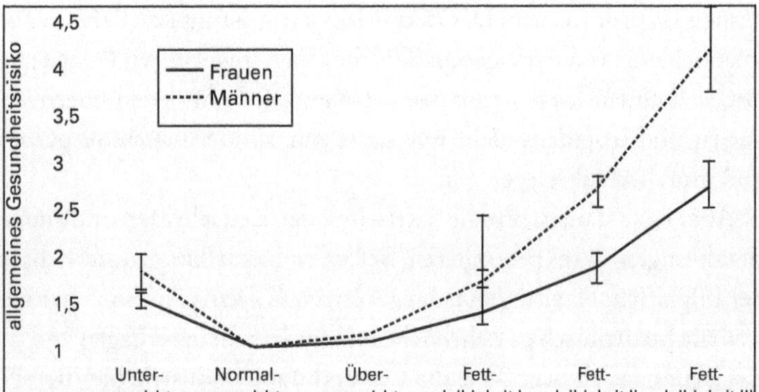

Eine andere Meta-Analyse kam sogar zu dem Ergebnis, dass Menschen der BMI-Kategorie »Übergewicht« länger leben als Menschen jeder anderen Kategorie und die höchste voraussichtliche Sterberate bei denjenigen der Kategorie »Untergewicht« liegen könnte.[107]

»Was?«, fragst du ungläubig.

»Genau!«, antworten wir.

»*Was?*«, fragst du wieder.

»Ich weiß!«, antworten wir. »Es ist irre!«

Selbst die Forschung, die dieser Meta-Analyse widerspricht und bestätigt, dass »Übergewicht« schlecht sei, räumt ein, dass »wir noch keine überzeugenden Daten aus *randomisierten kontrollierten Studien* an Menschen haben, dass Maßnahmen zur Gewichtsabnahme bei übergewichtigen Personen das Leben verlängern.«[108] Das heißt, selbst wenn du abnimmst, indem du das neueste Trendprodukt kaufst (und es gibt keinen wissenschaftliche Beleg dafür, dass du abnehmen wirst), rechne nicht damit, länger zu leben. Um noch einen Schritt weiterzugehen: Neueste Forschungen empfehlen Ärzten, mittelalte und ältere Patienten davor zu warnen abzunehmen, denn die zunehmend bekannten Gefahren von Gewichtsveränderungen überwiegen jedes Risiko im Zusammenhang mit einem hohen, aber stabilen Gewicht.[109]

Dennoch ist das Stigma des (Über-)Gewichts so tief verwurzelt, dass selbst die Forscher, die Gesundheit und Gewicht untersuchen, zu »wissenschaftlicher Diskriminierung« von Übergewicht neigen: der empirisch nicht belegten Annahme, dass dünn gut und dick schlecht sei.[110] Es verleitet Ärzte und Wissenschaftler zu Sätzen wie: »Es ist bekannt, dass Menschen mit Diabetes von Gewichtsverlust durch jedwede Maßnahme profitieren.«[111]

»Durch jedwede Maßnahme?« Tuberkulose? Strahlentherapie? Internierungslager? Amputation? Komm schon.

Gewicht und Gesundheit. Nicht dasselbe.

Die nichtlineare Beziehung von BMI und Gesundheit beruht auf der Tatsache, dass Menschen von Natur aus verschiedene Körperformen und -größen haben – man muss sich nur das Buch *Athlete* des

Fotografen Howard Schatz von 2002 ansehen, das die breite Spanne von Körperformen und -größen bei Olympia-Athleten illustriert.[112] Jeder einzelne dieser Sportler, von der zierlichen Turnerin bis zum massigen Gewichtheber, ist auf dem absoluten Höhepunkt seiner sportlichen Leistung. Gesundheit kann jede Form und Größe haben. Manche Menschen sind bei einem niedrigeren BMI am gesündesten, manche bei einem höheren.

Der Grund dafür ist zum Teil, dass der BMI als Maß persönlicher Gesundheit ungeeignet ist. Es ist nur das Verhältnis von Größe zu Gewicht. Ein Arzt sagte einer von Emilys Schülerinnen – einer an internationalen Wettkämpfen teilnehmenden Eiskunstläuferin, das heißt einer professionellen Athletin –, sie sei übergewichtig, obwohl sie so wenig Körperfett hatte, dass ihre Periode ausblieb. Sie hatte nur so viele Muskeln und so dichte Knochen, dass sie so viel wog wie ein Mann ihrer Größe. Und noch einmal, selbst Studien, die davon ausgehen, dass Körperfett gefährlich ist, bestätigen, dass die *Hälfte* der Menschen, die nach dem BMI als »gesund« eingestuft werden, von gesundheitlichen Problemen bedroht sind, die mit Fettleibigkeit zusammenhängen.[113] Menschen jeder Größe und jedes Gewichts können gesund oder krank sein. Man sieht es ihnen nicht an.

Geht aus der BMI-Tabelle hervor, dass die Bewertung als »gesund« mehr auf Vorurteilen als auf wissenschaftlichen Erkenntnissen beruht?[114] Na, bitte. Sie stuft Menschen als »ungesund« ein, ignoriert wissenschaftliche Erkenntnisse und berechtigt Ärzte und Versicherungsgesellschaften, Honorare für die Behandlung dieser »Krankheit« zu nehmen.[115] Und wir alle glauben es, weil unsere Kultur uns vermittelt, dass Dicke faul und egoistisch sind.

Aber es geht noch weiter.

Amelia leitet einen Kinderchor und muss den Kindern beibringen, richtig zu atmen. Das ist fürs Singen essenziell. Mit zehn, acht und sogar sechs denken sie schon, ihr Bauch müsse flach und hart sein, und deshalb ziehen sie ihn ein. Man kann aber nicht tief atmen, wenn man den Bauch nicht entspannt, und man kann nicht singen, wenn man nicht richtig atmet. An Amelias jungen Sängerinnen sieht man, dass der BIK uns nicht nur verleitet, unsere Bedürfnisse nach Essen und Nahrung zu ignorieren, sondern dass er auch noch dazu führt, dass wir nicht richtig atmen. Nicht tief atmen.

Entspann deinen Bauch. Er soll rund sein. Der Bikini-Industrie-Komplex betreibt Gaslighting mit dir.

Wir sagen nicht, dass es die Menschen und Unternehmen, die den Bikini-Industrie-Komplex betreiben, auf dich abgesehen haben. Offen gesagt, glauben wir nicht, dass sie klug genug sind, dieses kranke System absichtlich zu schaffen. Aber wir sind nicht die ersten, die erkennen, dass man Geld damit verdienen kann, unmögliche Standards festzulegen, an denen man sich messen soll.

Stigmatisierung ist eine Gefahr für die Gesundheit

Was ist der Preis für den Erfolg des Bikini-Industrie-Komplexes? Da ist natürlich der finanzielle Aspekt: Die zuvor erwähnte Hundert-Milliarden-Dollar-Industrie, die mit der Unzufriedenheit mit unserem Körper Geschäfte macht, floriert. Je weniger erfolgreich sie darin ist, uns körperlich »fit« zu machen, desto mehr Profit macht sie, denn wir probieren ein Produkt nach dem anderen, einen Trend nach dem anderen.

Und dann ist da der Preis ungenutzter Möglichkeiten: Was könnten wir alles mit der Zeit und dem Geld anfangen, die wir für unsere Figur und unsere Fitness verwenden? Zudem stellt sich eine gewisse Erschöpfung ein, wenn wir unsere kognitiven Ressourcen und unsere Aufmerksamkeit für Essen, Kleidung, Sport, Make-up und Körperbehaarung aufbrauchen und uns über die Unzulänglichkeit unseres Körpers grämen. Womit würdest du dich sonst zuerst beschäftigen, wenn du nicht zu erschöpft wärst?

Dann ist da der chronische Stress – wie bei den Ratten der schräg gestellte Käfig und das helle Licht –, ständig ein Idealbild vorgehalten zu bekommen, an das alle glauben. Selbst wenn du es nicht übernimmst, werden sie sagen: »Wie schön für dich, dass du dich nicht darum kümmerst« oder: »Nein, steh zu dir!« oder: »Machst du dir keine Sorgen um deine Gesundheit?« In Wirklichkeit sagen sie dir: »Wie kannst du es wagen? Wenn ich die Regeln befolgen muss, dann musst du es auch. *Zurück in die Reihe.*« Wie Körperaktivistin Jes Baker sagt: »Wenn eine dicke Frau, die die Arbeit *nicht* erledigt hat, die *nicht* versucht hat, ihren Körper in Form zu bringen, die sich nicht für das Evangelium interessiert, an das wir alle fest glauben, aufsteht und sagt: ›Ich bin glücklich‹, dann rasten wir aus. Weil: Diese Bitch hat gegen die Regeln verstoßen. Sie hat sich einfach vorgedrängelt. Sie hat uns, ohne es zu wissen, betrogen. Sie hat die Arbeit unseres ganzen Lebens bedeutungslos gemacht.«[116]

Dieses »Ausrasten« führt zu einem weiteren Preis: Diskriminierung.

Dicke Menschen erhalten weniger Lohn, werden in der Schule gemobbt – nicht nur von anderen Kindern, sondern auch von Lehrern –, und ihre Symptome werden von Ärzten abgetan oder ignoriert, sodass sie nicht die richtige Diagnose und Behandlung erhalten, wenn sie bereits medizinische Probleme haben.[117]

Gesundheit und Lebensqualität sind ein weiterer Preis: Diät halten und besonders der Jo-Jo-Effekt – wiederholt zunehmen und abnehmen – bewirken letztlich Veränderungen der Gehirnfunktion, die die Insulin- und Leptinresistenz erhöhen (was zu Gewichtszunahme führt und eine erneute Diät nötig macht), was tatsächlich krank macht. Essstörungen haben die höchste Sterblichkeitsrate unter den psychischen Krankheiten – höher als Depressionen –, sie töten 250.000 Menschen im Jahr.[118] Das Schlankheitsideal macht uns krank. Und einige von uns tötet es.

Und obwohl ein zunehmender Anteil der Männer mit Dysmorphophobie zu kämpfen hat und der kulturelle Druck auf männliche Körper zunimmt (trotz »Bierbauch«), bleibt es ein geschlechtsspezifisches Thema.[119] Zeit, Geld, geistige Energie, Möglichkeiten, Gesundheit und Leben schwinden im endlosen Streben nach einem besseren Körper dahin, und es beginnt, sobald wir Spielzeug gendern. Wenn man ganz kleinen Mädchen Puppen mit unrealistisch schlanker Figur gibt, verstärkt es ihren Wunsch, schlank zu sein.[120] Und das, obwohl die Meta-Analyse der Zeitschrift *Lancet* ergab, dass das mit einem niedrigen oder hohen BMI verbundene Gesundheitsrisiko nach Aussage der Forscher für Männer »weit größer« ist als für Frauen. Und wer erntet allgemein und sogar von Ärzten mehr Kritik wegen des Gewichts? Natürlich Frauen – doppelt so viele wie Männer.[121] Warum? Weil wir die Gebenden sind, wir haben die moralische Pflicht, hübsch zu sein – das heißt, dem ehrgeizigen Ideal zu entsprechen.

Das geht so weit, dass das Körperideal maßgeblich für die materielle Infrastruktur der Gesellschaft ist, von Form und Größe der Sitze im Flugzeug bis zur Tragkraft von Operationstischen. Bei einer Freundin von uns konnte keine Mammografie durchgeführt werden, weil das Gerät in der Praxis nicht über 113 Kilogramm Gewicht aushielt – was absolut nicht zu entschuldigen ist, da 5 bis 10 Prozent der amerikanischen Frauen über vierzig mehr als 113 Kilogramm wiegen.[122]

Diese groteske Diskriminierung bedeutet, dass es tatsächlich gefährlich ist, dick zu sein – nicht wegen des Fettes, sondern wegen der täglichen Diskriminierung, Ausgrenzung und Stigmatisierung.

Vernünftige Menschen streiten sich vielleicht über den spezifischen Zusammenhang zwischen Gewicht und Gesundheit. Aber es gibt kein vernünftiges Argument, nicht die geringste Evidenz dafür, dass Stigmatisierung etwas anderes als schädlich ist. Der Grund dafür ist …

Es wäre schön, schlank zu sein

Owen Elliot, Tochter von Cass Elliot von der Musikgruppe Mamas und Papas, hat über ihre Mutter gesagt: »Sie hat sich akzeptiert, wie sie war – eine sexy Frau, der es nie an Geliebten mangelte –, aber ich glaube, wenn es ihr möglich gewesen wäre, wäre sie gern dünner gewesen. Ich bin im Moment auch übergewichtig und trotzdem schön. Aber, mein Gott, es wäre toll, schlank zu sein, und ich glaube, so ging es ihr auch.«[123]

Diese Ambivalenz zwischen dem Akzeptieren des eigenen Körpers und dem Wunsch, ihn zu verändern, ist weit verbreitet und nachvollziehbar. Trotz zunehmender Evidenz, dass Menschen verschiedener Figur und Größe gesund sein können, durchdringt die Vorstellung einer Idealfigur alle Bereiche unseres Lebens, und Vorurteil, Bias, irriger Glaube und Stigma können dicke Menschen buchstäblich töten.[124] Diese Form der Diskriminierung ist nicht nur legal, sondern Normalität, gerechtfertigt durch die falsche Vorstellung, dass Dicksein eine Krankheit sei.

Also ja, in der Tat wäre es schön, schlank zu sein, dann würden wir jedenfalls wie ein privilegierter Mensch behandelt werden. Die bevorzugte Sonderstellung aufgrund von Schlankheit ist in unserer Gesellschaft genauso real wie diejenige aufgrund von weißer Hautfarbe, männlichem Geschlecht und hoher sozialer Schicht. Women of Colour würden weniger Feindseligkeit erfahren, wenn sie weiß wären. Transgender würden weniger Feindseligkeit erfahren, wenn sie Cisgender wären. Menschen mit einer autistischen Störung würden weniger Feindseligkeit erfahren, wenn sie neurotypisch wären. Und ja, dicke Frauen und Männer würden weniger Feindseligkeit erfahren, wenn sie dünn wären. Und keiner dieser Menschen hat sich ausgesucht, wie er ist. Sie können es nur annehmen und versuchen, in einer Welt zu leben, die ihnen gegenüber intolerant ist.

In einem Körper zu leben, der außerhalb der »Norm« ist, kann beim Kleiderkauf mühsam sein, frustrierend beim Fahren mit öffentlichen Verkehrsmitteln und anstrengend, wenn man einfach nur Lebensmittel einkaufen will, ohne dass andere es – schweigend oder vernehmlich – kommentieren. Es ist ein weiterer »chronischer Stressor«, eine Erfahrung, wie sie die Ratte macht, wenn sie ihr Nest mit Wasser übergossen vorfindet.

Das Bedürfnis, sich anzupassen, ist absolut rational. Der BIK gaukelt dir vor, dass du dem Ideal entsprechen kannst, wenn du dich mehr anstrengst, disziplinierter bist und so weiter. Blödsinn. Und der Stress dringt von außen immer tiefer in dich ein. Selbst Menschen, die mehr oder weniger dem Ideal entsprechen, erleben den Stress. Wenn man ihnen nicht mehr glaubhaft sagen kann, dass sie schlanker sein müssten, sagt man dünnen Menschen, dass sie ihre Bauchmuskeln oder Arme oder Hintern oder Oberschenkel »formen« oder »tonen« sollten. Und ungeachtet der Größe soll sich jeder Gedanken über Essen, Sport und Kleidung machen, um genau dem Ideal zu entsprechen. Man hat uns vermittelt, dass unsere Körper unsere Moral reflektieren und unseren eigentlichen Wert als Menschen. Dicke Menschen werden als »faul, schmuddelig, gierig, unmoralisch, unbeherrscht, dumm, hässlich, willensschwach, primitiv« angesehen.[125] Dünne Menschen dagegen sind beherrscht, nett, sauber und klug. Die Latten scheinen furchtbar hoch zu liegen.

Menschen, die dir sagen, dass sie sich Sorgen wegen deines Dickseins machen, sagen vielleicht – und das *glauben* sie vielleicht auch –, dass sie sich Sorgen um deine Gesundheit machen. Aber da Dicksein keine Krankheit ist, machen sie sich in Wirklichkeit Sorgen über dein soziales Leben. Dass du in deiner Kultur akzeptiert wirst. Es wäre schön, schlank zu sein.

Warum dünn sein?

Wie Naomi Wolf es ausdrückt: »Eine Kultur, die auf weibliche Schlankheit fixiert ist, ist nicht besessen von weiblicher Schönheit, sondern besessen von weiblichem Gehorsam.« Schlanke Körper sind Körper, die sich benehmen.

Wie so viele schädliche Normen des 21. Jahrhunderts ist das Schlankheitsideal ein Nebenprodukt der industriellen Revolution. Davor waren weichere, rundere, fülligere weibliche Formen die Schönheitsnorm, weil nur die reichen Frauen sich reichhaltiges Essen und die Freiheit von körperlicher Arbeit leisten konnten, was es ihnen erlaubte, sich üppige Kurven zuzulegen wie die Frauen in den Gemälden von Rubens. Aber mit dem Aufstieg der Mittelklasse im 19. Jahrhundert kam es in Mode, dass Männer finanziell für ihre Ehefrauen sorgten, weil diese zu »schwach« waren, um zu arbeiten. Es war ein Statussymbol, ein Zeichen von Reichtum, eine Frau zu haben, die nicht nur nicht zum Haushaltseinkommen beitrug, sondern es gar nicht konnte. »Zart« und »zerbrechlich« wurden weibliche Tugenden.

Das steht im Gegensatz dazu, wie die Evolution die Frau geschaffen hat: robust, stark, gesund, fähig zu empfangen, zu gebären, zu stillen und viele Nachkommen zu haben.

Das, liebe Freundinnen, ist der Ursprung des Schlankheitsideals – die grundsätzliche Annahme, dass eine Frau Eigentum des Mannes ist, sein Statussymbol. Grund: das Patriarchat.

Sophie hat zwei Sets Kleidung – drei, wenn man das Uhura-Kostüm mitzählt. Sie hat einen Kleiderschrank voll mit Sachen für die Arbeit, wie die Leute sie von einem Profi erwarten und die sie genauso als Kostüm betrachtet wie das Uhura-Kleid. Und sie hat Leggings und bedruckte T-Shirts, auf denen Dinge stehen wie »Joss Is My Master Now« und »What Would Geordi Do?«

Deshalb gingen wir mit ihr shoppen, als der Fachbereich sie am Ende ihres Beratungsjobs zum Essen einlud.

Nicht viele Frauen sind noch als Erwachsene so davon überzeugt, dass sie schön sind, wie Sophie. Sie ist eine selbstbewusste füllige Frau, die ihren Körper liebt. Aber dann muss sie hinaus in die Welt und Kleider anprobieren. Diesmal fuhren wir zu einem Schickeria-Kaufhaus mit Parkservice und Mineralwasser gratis. Sophie suchte ein paar Sachen aus und ging zur Umkleide, um sie anzuprobieren. Sie zeigte uns ein paar, von denen eines besonders toll aussah, und ging dann wieder, um das nächste Kleid anzuziehen.

In dem Moment hörten wir zufällig zwei Frauen vor dem Umkleideraum reden. Sie sprachen mit gedämpften Stimmen, waren aber deutlich zu verstehen.

Die Erste sagte: »Es scheint ihr ganz egal zu sein! Tut mir leid, ich stehe jeden Morgen um halb sechs auf und schwitze mir den Hintern auf dem Crosstrainer ab. Wenn sie zu faul ist oder sich selbst nicht genug achtet, um …«. An dem Punkt pochte Emily vor Wut das Blut in den Ohren und rauschte in ihrem Kopf.

Durch das Rauschen hindurch hörte sie die andere Frau sagen: »Ich bin wirklich in Sorge um ihre Gesundheit. Als wäre sie ein wandelnder Herzinfarkt!«

»Und jetzt unterstützen wir auch noch mit unseren Steuern ihren langsamen Tod durch all den Kuchen! Hashtag danke, Obama!«

Kichern.

Wir sahen uns an. Emily sah zur Tür von Sophies Umkleide. Amelia ging hinüber zu den Frauen, denn sie ist stets diejenige, die Menschen anspricht.

»Wir können Sie hören«, sagte sie.

Die beiden sahen sie verständnislos an.

»Sie sprechen über unsere Freundin«, sagte Amelia. Da fiel der Groschen. Sie stotterten und sahen verlegen aus, aber zugleich unbeeindruckt – Amelia ist selbst nicht dünn, was sie ebenfalls faul und zu einem wandelnden Herzinfarkt macht, warum sollte ihre Meinung sie also interessieren? Amelia fuhr trotzdem mit ihrer wütenden Schimpftirade fort, erklärte ihnen das Konzept von Health at Every Size und dass die Diskriminierung von Dickleibigkeit das letzte erlaubte Vorurteil sei, und Emily stand da und konnte kaum glauben, was da geschah.

Als Amelias Stimme allmählich eine Lautstärke erreichte, als würde sie eine Szene machen, kam Sophie in ihren eigenen Sachen aus der Kabine, das tolle Kleid über dem Arm.

»Wollen wir?«, fragte Emily sie.

»Ja, wir gehen«, sagte Sophie so laut, dass die Frauen sie hören konnten. Dann zwinkerte sie Emily zu. »Aber zuerst kaufe ich dieses tolle Kleid.«

Drei tiefe Atemzüge später unterschrieb Sophie den Kassenbeleg, während wir direkt hinter ihr standen. Die beiden Frauen waren zusammen bei den Umkleidekabinen.

Emily sagte: »Hieraus wird in ein paar Monaten eine richtig lustige Geschichte.«

»Es ist jetzt schon lustig«, sagte Sophie.

Sie trug das tolle Kleid zu dem besagten Essen, bei dem sie, ja, die Liebe ihres Lebens traf.

Dein neues »Abnehmziel«

»Nenn mir einfach eine Zahl! Was sollte ich *wiegen?*«, fragst du.

Wäre es nicht großartig, wenn es so einfach wäre?

Zusätzlich zu der individuellen Vielfalt, über die wir gesprochen haben, gibt es einen weiteren Hauptgrund, warum es nicht so einfach ist: Der Körper »verteidigt« sein Gewicht. So wie manche Menschen Nachteulen und andere Lärchen sind und sich unser Körperrhythmus im Laufe unseres Lebens verändert, so sind manche Menschen dick und andere dünn, und unsere Köper verändern sich im Laufe unseres Lebens. Zur Form und Größe unseres erwachsenen Körpers gehört der Neurowissenschaftlerin Sandra Aamodt zufolge ein bestimmtes »festgelegtes Gewicht«, das er schützt. Wenn du an einem Tag etwas mehr isst, wird dein Appetit am nächsten Tag geringer sein. Wenn du drei Monate hungerst, damit du in das Brautjungfernkleid passt, das deine beste Freundin für dich gekauft hat, wirst du anschließend essen, als hättest du drei Monate gehungert – bis dein Körper wieder sein festgelegtes Gewicht hat. Das festgelegte Gewicht steigt tendenziell mit dem Alter und wird fast nie geringer. Nur ein ganz kleiner Teil der Bevölkerung nimmt ab und hält den durch Diät und Sport erzielten Gewichtsverlust aufrecht, sodass sich ein neues festgelegtes Gewicht stabilisiert.[126]

Ist diese Information frustrierend? Ist ein Teil von dir immer noch sicher, dass du ein anderes Gewicht haben solltest und dass du es mit Disziplin erreichen könntest?

Im Kapitel »#persist (Monitor)« haben wir darüber gesprochen, wann man aufgeben sollte. Wir schlagen vor, du machst eine Tabelle – kurz- und langfristige Vorteile, an dem Ziel festzuhalten beziehungsweise es aufzugeben. Probier es mit deinem derzeitigen Körperziel. Oder höre auf deine innere Stimme, die vielleicht schon seit Jahren um Gnade fleht.

Du entscheidest dich vielleicht, weiterhin zu versuchen, an deiner Figur etwas zu ändern. Es ist dein Körper und deine Entscheidung. Zumindest kannst du jetzt deine Erwartungen, wie viel Anstrengung und Zeit es kostet, korrigieren.

Vielleicht entscheidest du dich auch dafür, den Versuch aufzugeben, einem ehrgeizigen Schönheitsideal zu entsprechen, das die Gesellschaft entworfen hat – noch einmal, es ist dein Körper, deine Entscheidung. Dann kommt der schwierige Teil. Eine Stunde später wird der BIK dir widersprechen, dir Vorwürfe machen und dich verurteilen, Druck ausüben, dich wieder in die Reihe zu stellen.

Du wirst den BIK täglich bekämpfen müssen, für dein individuelles und unser kollektives Wohlbefinden. Wir wollen uns vier Strategien ansehen, um den Kampf zu bestehen.

Strategie 1: Ambivalenz akzeptieren

In den letzten paar Jahrzehnten hat es viele Ansätze zur Bekämpfung des BIK gegeben, und eine wachsende Grundlagenforschung hat überzeugend nachgewiesen, dass sie die Gesundheit verbessern, Essstörungen vorbeugen und Gemütszustands- und Angststörungen reduzieren, die mit der kritischen Betrachtung des eigenen Körpers einhergehen. So verschieden die Ansätze sind, sie haben eines gemeinsam: Alle ermuntern dich 1) deinen Körper zu akzeptieren, 2) anzuerkennen, dass Physiognomien verschieden sind und 3) auf deinen Körper zu hören.

All diese Dinge sind gut für dich.[127] Du solltest sie auf jeden Fall probieren.

Keiner von uns kennt wohl eine Frau, deren Verhältnis zu ihrem Körper nicht irgendwie ambivalent ist – kein Wunder. Es ist schwer, unter dem Einfluss des BIK seinen Körper zu akzeptieren, umgeben von Idealbildern und Personen, die sagen: »Du wirst doch abnehmen, oder?«

Ambivalenz ist normal. Statt dir das ehrgeizige Ziel zu setzen, deinen Körper zu akzeptieren, wie er ist, versuche, die widerstreitenden Gefühle in dir zu tolerieren. Wende dich dem Nebeneinander lauter, widersprüchlicher Gedanken und Gefühle mit Wohlwollen und Mitgefühl zu. Du weißt jetzt, dass dein Körpergewicht nicht deine Gesundheit bestimmt; der Bikini-Industrie-Komplex interessiert sich nicht für deine Gesundheit. Es geht nur um Patriarchat und Kapitalismus – aber die Wahrheit zu kennen, heißt nicht, wie durch ein Wunder geheilt zu sein. Wissen ist vielleicht der halbe Sieg, aber eben nur der halbe. Wenn du Sport treibst, weißt du, dass es gut für dich ist, denn du beendest den Zyklus, außerdem tust du etwas. Du weißt auch, dass die meisten Menschen wahrscheinlich annehmen, du würdest versuchen, abzunehmen und »in Form zu kommen«, und ein Teil von dir will vielleicht immer noch etwas an deiner Figur ändern. Das ist völlig normal. Beweg deinen Körper auf jeden Fall – denn es ist wirklich gut für dich – und lächle wohlwollend über den Körperwahn unserer Gesellschaft. An manchen Tagen wirst du mitten hineingezogen werden, an anderen wirst du den Wahnsinn ruhig und klar von außen betrachten können, und jeder Tag ist Teil der äußerst körperneurotischen Welt, in der du lebst.

Strategie 2: Du bist das neue Sexy

Alle evidenzbasierten Ansätze beinhalten eine Neudefinition von »Schönheit«. Wenn wir unseren eigenen Maßstab für Schönheit noch einmal neu bestimmen durch eine Definition, die aus dem Herzen kommt und unsere Körper einschließt, wie sie gerade sind, können wir uns unseren Körpern mit Wohlwollen und Mitgefühl zuwenden.

Leichter gesagt als getan.

Amelia ist eitel, was Fotos von sich beim Dirigieren angeht, auf denen sie unvermeidlich den Mund weit geöffnet hat und ihre Haare total verschwitzt sind. Emily sieht sich im Fernsehen und macht sich Gedanken, dass ihr Kinn zu spitz ist, weil es einmal vor Jahren jemand gesagt hat. Keine von uns hatte jemals die Maße eines Models, und wir sahen, wie unsere Mutter (die dünn wie ein Model gewesen war, bevor sie zwei Drei-Kilo-Babys gleichzeitig austrug) jedes Mal weinte, wenn sie ihr Spiegelbild in einer Umkleidekabine sah. Was sie da sah, war so ähnlich wie das, was wir sehen, wenn wir jetzt in den Spiegel sehen.

Deshalb spielen wir das Spiel »Neues Sexy«, eine Strategie, die uns helfen soll, die kritische Einstellung zu unserem eigenen Körper aufzugeben und ihn stattdessen liebevoll zu betrachten.

Amelia probierte einmal in der Umkleide einer schicken Boutique Abendkleider für eine bevorstehende Aufführung an. Etwas Passendes für eine Dirigentin ist schwer zu finden: schlicht schwarz mit langen Ärmeln, formell, professionell und trotzdem schick, das ist eine seltene Kombination. Und das in ihrer Größe zu finden, an der Grenze zwischen Normal- und Übergröße, ist noch schwieriger. Sie war also in diesem schicken Laden und probierte ein Kleid an, das so erstaunlich gut aussah, dass sie Emily ein Selfie mit der Bildunterschrift schickte: Ich bin das neue Sexy, frei nach Will Smith in *Men in Black II.* Jetzt ist »neues Sexy« bei Textnachrichten unsere Kurzformel für tolles Aussehen, unabhängig vom gesellschaftlichen Ideal. Wir empfehlen es. Es macht Spaß.

Vielleicht siehst du nicht so aus wie früher oder wie du einmal dachtest, dass du aussehen solltest. Aber so wie du heute aussiehst, ist das neue Sexy. Es ist sogar besser als das alte Sexy. Hast du heute deine neuen Leggings an? Du bist das neue Sexy. Haare länger oder kürzer oder eine andere Farbe oder ein anderer Schnitt? Neues Sexy. Zehn Kilo zugenommen, während du die Uni beendet hast? Neues Sexy. Mehr Falten bekommen, weil du ein weiteres Jahr gelebt hast? Neues Sexy. Eine Narbe nach einer Knieoperation? Neues Sexy. Amputation nach einer Kriegsverletzung? Neues Sexy. Brustamputation nach Brustkrebs? Neues Sexy.

Der Punkt ist, du bestimmst den Wert deines Körpers – und du definierst ihn neu – zu deinen eigenen Bedingungen. Du betrachtest deinen Körper immer wieder mit Wohlwollen und Mitgefühl.

Du musst ihn nicht unbedingt mit Liebe und Zuneigung betrachten – Liebe und Zuneigung sind wie der Guss auf dem Kuchen, wenn der Kuchen die Körperakzeptanz ist. Wenn es für dich funktioniert, versuch es.[128] Dein Körper verlangt nichts weiter, als dass du ihn mit Wohlwollen und Mitgefühl ansiehst, ohne zu urteilen, und alle widersprüchlichen Gefühle, Überzeugungen und Sehnsüchte einfach akzeptierst.

Wir sagen nicht, dass alle Körper schön sein *sollten*. Wir sagen, dass alle Körper schön *sind*.

Strategie 3: Jeder ist das neue Sexy

Schriftstellerin, Comedian und Body-Positivity-Aktivistin Lindy West entdeckte ihr neues Sexy, als sie zufällig ästhetisch fotografierte Bilder dicker Körper sah, und sie empfiehlt anderen Frauen, »sich im Internet Bilder von dicken Frauen anzusehen, bis sie dabei kein unangenehmes Gefühl mehr haben.« Sie sagt, Leonard Nimoys Fotoband *The Full Body Project* »war wie ein Geschenk für mich«. Nie zuvor hatte sie gesehen, dass dicke Körper wie ihrer »ohne Spott präsentiert … geehrt statt verachtet … als Objekte der Schönheit statt als Lachnummer dargestellt wurden«. Und sie hat sich gefragt: »Was, wenn ich einfach beschließen könnte, dass ich etwas wert bin, und es wäre wahr?« Sie merkte, wie der Gedanke ihr Gehirn umformte. Später fand sie Forschung, die belegte, dass allein der mediale Umgang mit bestimmten Körpertypen dazu führt, dass Menschen diese bevorzugen.

Am Ende einiger ihrer Vorträge führt Emily eine »Schönheitsübung«, wie sie es nennt, durch. Sie hat einen Satz von fünfzig Power-Point-Folien, jede mit dem Bild von jemandem, auf den das Pronomen »sie« zutrifft, zusammen mit den Worten: »Sie ist so schön.« Jeweils ein Teilnehmer geht durch den Raum, guckt sich das Bild an, das ihm präsentiert wird, und sagt laut: »Sie ist so schön.« Dann kommt die nächste Folie und der nächste Teilnehmer sagt: »Sie ist so schön.« Dabei sind Frauen jeder Hautfarbe und Haarstruktur, Frauen mit und ohne Achselhaaren, Frauen in Rollstühlen oder mit Bein- oder Armprothesen, Frauen mit einer oder doppelter Brustamputation, Transgenderfrauen, androgyne Frauen, Frauen in Burkas, dicke und dünne Frauen, Frauen jeden Alters, vom Teenager bis zur Neunzigjährigen.

Die ursprüngliche Idee der Übung war, dass jede Zuhörerin im Raum sich mit einer abgebildeten Person, die ihr ähnlich sieht, identifizieren und hören würde, dass jemand sagt, die Person/sie sei schön. Aber es stellte sich heraus, dass das Gefühl der Dissonanz, das die Teilnehmer hatten, als sie einen Körper, den sie mit Abneigung wahrzunehmen gelernt hatten, mit der Vorstellung von Schönheit verbinden sollten, eine viel stärkere Erfahrung war. Emily hat diese Übung mit jedem, von der Collegestudentin bis zur erfahrenen Therapeutin und medizinischen Fachkraft gemacht, und die Reaktion war immer dieselbe: Tränen und erstauntes Bemerken, wie unangenehm es zuerst ist, nicht »ideale« Körper wertfrei zu betrachten … und wie schnell es eine Quelle der Freude wird.

Du wirst dieses Kapitel beenden, dann hinaus in die Welt gehen und die Verschiedenheit der Körper um dich herum bemerken … und du wirst immer noch reflexartig diese wertenden Gedanken über die Menschen haben, die nicht dem vorgegebenen Ideal entsprechen, oder diese neidischen Gedanken gegenüber denen, die ihm entsprechen, oder die selbstkritischen, tadelnden Gedanken, wie unzulänglich du in den Augen der Welt bist. Es wird jederzeit passieren, wenn du in der Öffentlichkeit bist – im Zug oder im Bus, wenn du an der Kasse in der Schlange stehst, auf einer Party, bei einer Arbeitsbesprechung oder im Klassenzimmer. Du nimmst die Figur anderer Menschen wahr und reagierst sofort emotional darauf. Und dann reagierst du vielleicht sogar emotional auf deine emotionale Reaktion: »Verdammt, das sollte ich nicht denken!«

Das ist alles Teil des Prozesses. Veränderung geschieht nur langsam. Dein Gehirn hat jahrzehntelang den BIK aufgesaugt, und jedes Mal, wenn du aus der Tür trittst, bist du wieder mittendrin. Jedes Mal, wenn du dich an- oder ausziehst, bist du wieder mittendrin. Nimm es wahr, wie du ein Staubteilchen wahrnimmst, das in der Luft schwebt. Äußerst neutral. Kein Grund, etwas daran zu ändern. Lächle freundlich über den Körperwahn. Und denk dran: Jeder ist das neue Sexy. Du bist das neue Sexy. Und sie sind es. Und wir.

Strategie 4: Hallo Körper, was brauchst du?

Schließlich wende deine Aufmerksamkeit vom Spiegel und der Figur anderer Menschen ab und achte darauf, wie es sich in deinem Körper anfühlt. Begrüße deine inneren Empfindungen mit demselben Wohlwollen und Mitgefühl, das du geübt hast, als du an deine Figur gedacht hast.

Wenn ein Baby sich krümmt und weint, weil es sich körperlich unwohl fühlt, müssen die Erwachsenen herausfinden, was das Problem ist, und dem Kind sagen, was die körperlichen Empfindungen bedeuten.[129] Wir fragen liebevoll: »Hey, Schätzchen, was ist los? Was brauchst du? Hast du Hunger? Bist du müde? Einsam? Oh, du bist hungrig, oder?«

Und das Baby lernt, dass diese bestimmte unangenehme Empfindung »hungrig« bedeutet. Eine andere ist »nass«. Eine weitere heißt »einsam«.

Aber selbst wenn das Kind mit seinen körperlichen Empfindungen vertrauter wird, nimmt es widersprüchliche kulturelle Botschaften auf, was seinen Körper angeht. Die Erwachsenen sagen zum Beispiel: »Sieh nur, das süße Speckbäuchlein! Ich pruste dir auf den Bauch!«, und sie sagen auch: »Bäh, guck dir mal diesen dicken Bauch an, ich bin so unförmig«, wenn sie über sich selbst sprechen.

Noch bevor es lesen oder sprechen kann, sieht ein Mädchen Werbung und die Titelseiten der Zeitschriften im Lebensmittelladen, und obwohl es vielleicht nie mit jemandem darüber spricht, saugt es die Vorstellung auf, dass sein Körper noch nicht schön ist, und wenn es ihn nicht schön »macht«, verdient es weder Essen noch Liebe noch Gesundheit. Und als angehende »Gebende« lernt das Mädchen, dass sein Körper für andere da ist. Für das Vergnügen anderer, für die Bedürfnisse anderer, die Anerkennung oder Zurückweisung anderer.

Viele von uns haben es zu Weltklasse in der Fähigkeit gebracht, ihre eigenen Bedürfnisse zu ignorieren. Unsere Körper senden uns alle möglichen Signale, aber wir leben nur vom Hals aufwärts, nehmen nur die Geräusche in unseren Köpfen wahr und sperren die Geräusche der anderen 95 Prozent unserer inneren Erfahrung aus.

Stell dir vor, dein Körper gehört jemandem, der deine Fürsorge braucht wie ein Kind. Es erscheint vielen von uns zunächst seltsam, aber versuchen wir es einmal. Statt deinen Körper nur anzusehen, um sein Wohlbefinden zu beurteilen (wir wissen, dass man vom Äußeren, von der Figur oder vom Gewicht eines Menschen nicht auf seine Gesundheit schließen kann), wende dich ihm zu und frag ihn, wie er sich fühlt: »Was ist los, Schätzchen? Hast du Hunger? Durst? Müde? Einsam?« Er kann es dir mit Sicherheit sagen, wenn du zuhörst. Du musst vielleicht unterbrechen, was du gerade tust. Atme langsam ein, konzentrier dich auf das Gefühl deines Gewichts auf dem Boden oder dem Stuhl und frag laut: »Was fehlt dir?« Du erhältst die Antwort vielleicht als augenblickliches Wissen oder als körperliche Empfindung, die du deuten musst, oder in Form von Wörtern, die dir durch den Kopf schießen. Aber du bekommst eine Antwort.

Seine Bedürfnisse ändern sich vielleicht im Einzelnen, wenn du größer wirst – wie viel Schlaf und wann? Liebende Zuneigung von wem? Welche Art Essen? – aber nicht grundsätzlich. Dein Körper muss atmen und schlafen. Er braucht Nahrung. Er braucht Liebe. Ohne sie stirbt er. Er muss nichts tun, keine bestimmte Form oder Gewicht haben, bevor er Nahrung, Liebe und Schlaf verdient. Es ist nicht seine Schuld, wenn er krank oder verletzt ist. Er ist immer noch das unglaubliche Wesen, das er am Tag seiner Geburt war, eine Quelle der Freude für die, denen er etwas bedeutet. Er gehört dir. Du bist es.

Julie hatte sich praktisch nie darum gekümmert, wie sie sich körperlich fühlte. Sie hatte darauf geachtet, wie sie aussah, und wie die meisten von uns viel Zeit und Mühe darauf verwendet, schlank zu sein. Sie hatte Diäten befolgt, von denen sie gelesen hatte, von Fitness-Gurus empfohlene Trainingsprogramme absolviert und keine quergestreifte Kleidung getragen.

Aber das erwähnte Darmtraining zwang sie, darauf zu achten, wie ihr Körper sich fühlte, statt darauf, wie er aussah.

Viele body-positiven Beiträge betonen, dass du deinen Körper lieben sollst für das, »was er leistet«, statt dafür, wie er aussieht, was so weit richtig ist. Aber es ist nicht besonders hilfreich für Menschen wie Julie, die unter chronischem Schmerz oder einer chronischen Krankheit leiden. Obwohl ihr Körper weitgehend aussah, wie gesunde Körper ihrer Meinung nach aussehen sollten, hatte er ziemlich katastrophal versagt und nicht getan, was er sollte.

Sie musste also ganz von vorn anfangen, die Beziehung zu ihrem Körper nach seinen Regeln neu aufbauen. Es gab Regeln, was das Essen angeht, aber statt eine Liste von erlaubten und verbotenen Nahrungsmitteln zu bekommen, wurde ihr aufgetragen, darauf zu achten, wie sich verschiedene Nahrungsmittel in ihrem Körper anfühlten.

Es stellte sich heraus, dass ihr Körper völlig andere Nahrung gut vertrug, als die Diäten vorschrieben, die sie befolgt hatte. Sie bekam auch Anweisung, viel mehr zu schlafen und Sport zu trei-

ben als zuvor. Doch wie zum Teufel sollte sie gut zu ihrem Körper sein und gleichzeitig ihr »normales Leben« führen?

Ihr wurde klar, dass diese Frage – der Ausgleich zwischen den Bedürfnissen ihres Körpers und ihrem Leben – sie ins Krankenhaus gebracht hatte.

Um den Wandel hinzukriegen, würde sie Hilfe brauchen. Viel Hilfe.

Körper sind nicht perfekt, manchmal lassen sie uns im Stich. Sie sind anfällig für Krankheit, Brüche und Alterungsprozesse. Unsere Körper können uns enttäuschen, und die Welt kann uns bestrafen, wenn unsere Körper nicht so sind, wie sie sein sollten. Deshalb empfehlen wir nicht »Liebe deinen Körper«, als wäre es so einfach. Wir empfehlen dir, Geduld mit deinem Körper und dem Gefühl für ihn zu haben.

Er ist nicht der Feind. Der wirkliche Gegner ist da draußen: der Bikini-Industrie-Komplex. Er versucht, dich auf hinterhältige Weise davon zu überzeugen, dass du das Problem bist, dass dein Körper der Feind ist, dass er unzulänglich ist und du deshalb ein Versager.

Das alles ist schwierig und misslich. Wenn du dieses Kapitel zu Ende gelesen hast, wirst du mit Freunden essen und sie über Kalorien und Fett reden hören, und ob sie es sich »leisten« können, ein Dessert zu essen, oder wie schön es für jemanden sein muss, sich keine Gedanken darüber zu machen, was er isst. Du wirst hören, wie Familienmitglieder sich selbst und andere dafür kritisieren, wie sie »sich gehen lassen«. Du wirst den Wunsch haben zu erklären, dass man sich leckeres Essen nicht verdienen muss, dass es kein Versagen ist, wenn man nicht dem kulturellen Ideal entspricht und dass »dick« nicht automatisch »ungesund« bedeutet. Manchmal wirst du es sagen, manchmal nicht. Manchmal willst du keinen Streit. Beides ist okay, es ist alles Teil des Prozesses.

Wir schließen dieses Kapitel mit einem Beispiel für unseren eigenen Prozess. Als Emily an diesem Kapitel schrieb, nahm sie gleichzeitig ab – oh Gott –, im Hinblick auf eine wichtige berufliche Veranstaltung, zu der sie als Hauptrednerin eingeladen worden war. Aus der Forschung und aus Erfahrung weiß sie, dass es von ihrem Gewicht abhing, wie sie wahrgenommen wurde, und sie wollte schlank wahrgenommen werden. An einem Freitagmorgen zum Beispiel schrieb sie drei Stunden darüber, seinen Körper zu akzeptieren, und ging anschließend nach oben, um sich zu wiegen.

Dann rief sie Amelia an und sagte: »Es ist so verrückt! Einerseits werde ich als Expertin ernster genommen, wenn ich mehr dem Ideal entspreche. Andererseits stehen meine Anstrengungen, dem Ideal zu entsprechen, im Gegensatz zur Aussage des Vortrags, den zu halten ich eingeladen worden bin.«

»Ja, es ist ein Dilemma«, stimmte Amelia zu. »Aber es ist auch das neue Sexy.«

Im ersten Teil haben wir uns mit den Ressourcen beschäftigt, die wir für den Kampf mitbringen, die Ressourcen, die das Bluten zum Stillstand bringen. Hier im zweiten Teil haben wir beschrieben, wie hinterhältig der Feind ist, der uns selbst dann noch einredet, unser Verbündeter zu sein, wenn er uns das Messer zwischen die Rippen stößt. Im dritten Teil werden wir konkret und detailliert beschreiben, wie der tägliche Kampf um ein bisschen mehr Boden, ein bisschen mehr Frieden aussieht und sich anfühlt. Und wir werden dir sagen, was du persönlich, praktisch und täglich tun kannst, um stärker zu werden.

tl;dr

- Der »Bikini-Industrie-Komplex« ist eine Hundert-Milliarden-Dollar-Industrie, die uns einzureden versucht, dass unsere Körper unsere Feinde sind, während in Wahrheit der Bikini-Industrie-Komplex unser Feind ist.
- Voreingenommenheit gegenüber dicken Menschen kann für unsere Gesundheit gefährlicher sein als unsere Körpermaße. Und vieles, was wir tun, um unsere Körper zu verändern, *verschlechtert* unsere Gesundheit.
- Es ist normal – beinahe universell –, ambivalente Gefühle gegenüber dem eigenen Körper zu haben, einerseits den Wunsch zu haben, ihn zu akzeptieren und zu lieben, wie er ist, und ihn andererseits verändern zu wollen, um einem kulturellen Ideal zu entsprechen.
- Lösungen: Nimm die Widersprüchlichkeit an. Betrachte dich als »das neue Sexy«. Betrachte *jeden* als »das neue Sexy«. Stell dich auf die Bedürfnisse deines Körpers ein.

TEIL 3

WACHSEN UND POLIEREN

GEH BEZIEHUNGEN EIN

Sophie bezeichnete sich als erwachsene Frau. Sie bestritt ihren Lebensunterhalt, lebte allein, das Muster einer unabhängigen Frau. Sie war immer stolz darauf, dass sie mit allem selbst zurechtkam, dass sie niemanden brauchte. Sie hatte Familie und Freunde zur Gesellschaft und liebte den Kitzel romantischer Dates, aber sie teilte ihr Leben nie für länger mit jemandem. Sie hatte kein Interesse an einer Beziehung.

Bis Bernard auftauchte.

Sie traf ihn, als sie eine große, berühmte technische Universität dabei beriet, wie sie verstärkt Frauen für die MINT-Fächer gewinnen konnten. Beim Fachbereichsessen ging sie auf einen der wenigen leeren Stühle neben einem Mann mit krausem Haar zu.

»Ist der Platz besetzt?«, fragte sie.

Er sah zu ihr hoch, eindeutig in Gedanken bei dem, was er gerade gelesen hatte, ihre Augen trafen sich und sie hatte keine Ahnung, was er sagte. Seine Augen funkelten und sein Ausdruck war warm und freundlich. Er hatte Sommersprossen. Sie hatte das Gefühl, die Erde unter ihr hätte sich bewegt und sie wäre ohne Warnung plötzlich an einen anderen Ort befördert worden.

Er deutete auf den leeren Stuhl und sie setzte sich. Ihr Bauch war plötzlich voller Schmetterlinge.

»Ich bin Bernard«, sagte der Mann und streckte die Hand aus.

Als Sophie seine Hand nahm, spürte sie eine elektrische Schwingung. Sie kicherte – kicherte! Die erwachsene Frau kicherte. Es war zu spät, das Kichern war heraus, und jetzt dachte er, sie sei jemand, der kicherte. Sie räusperte sich, holte tief Luft, um sich zu konzentrieren, und sagte ihren Namen.

»Ich weiß«, Bernard nickte freundlich. Später gestand er, dass er dachte, sie sei außerhalb seiner Liga, und wenn er sich Chancen ausgerechnet hätte, wäre er furchtbar nervös gewesen.

Nach dem Essen und während ihrer Zeit an der Hochschule ging Sophie häufig mit einem freundlichen Winken und Lächeln an Bernard vorbei, und immer waren da diese elektrischen Schwingungen, diese Schmetterlinge.

»Warum?«, fragte sie die Schmetterlinge. »Warum er?«

Sie hatte erfahren, dass Bernard geschieden war, Kinder hatte, deshalb pleite und mit emotionalem Gepäck belastet war und außerdem keine Zeit für jemand Neues hatte. So jemanden suchte sie nicht. Sie wollte lachen und reisen und unbekümmert Spaß haben.

Die Schmetterlinge interessierte das nicht. »Er hat schöne Augen!«, schwärmten sie.

»Es gibt da einen Mann«, gestand sie Emily schließlich. »Und da sind Schmetterlinge. Und ich verstehe es nicht, denn ich bin eine unabhängige Frau. Ich brauche diesen Mann und all seine Probleme nicht in meinem Leben.«

Emily sagte: »Na ja, es gibt die wissenschaftliche Erkenntnis …«

Sophie unterbrach sie: »Emily Nagoski, du willst mir hoffentlich nicht sagen, dass es wissenschaftlich belegt ist, dass Frauen Männer brauchen. Du, Feministin, Sexpädagogin und Wissenschafts-Nerd willst mir nicht sagen, dass Frauen ohne Männer nicht vollständig sind.«

»Du meine Güte, natürlich nicht!«, erwiderte Emily.

»Gut«, sagte Sophie.

»Aber«, fuhr Emily fort, »die Schmetterlinge wissen etwas, was du nicht weißt.«

In diesem Kapitel geht es darum, was die Schmetterlinge wissen.

»Wer hat dich in den Arm genommen, wenn du als kleines Kind geweint hast?«

Diese Frage stellt die Therapeutin und Forscherin Sue Johnson ihren Patienten.

Wenn sie Ernährungswissenschaftlerin wäre, würde sie vielleicht fragen: »Was hast du gegessen, wenn du als kleines Kind hungrig warst?«

Menschen, die in einem Haushalt aufgewachsen sind, in dem es nahrhaftes Essen im Überfluss gab, ohne Schuld und Scham, beantworten die Frage mit Vergnügen. Menschen, die in Haushalten aufgewachsen sind, wo Essen eher knapp, von geringer Qualität oder mit Schuld und Scham belastet war, beantworten sie ganz anders und haben schon beim Gedanken daran ganz andere Gefühle.

Soziale Bindung ist auch eine Art Nahrung, wie Essen. Unsere frühen Bindungserfahrungen prägen die gegenwärtigen Beziehungen zu anderen Menschen, die wir führen. Unser Bedürfnis nach Bindung ändert sich im Verlauf unseres Lebens, aber es verformt sich nicht grundsätzlich. Und die Kultur, in der wir leben, schränkt die Auswahl an Beziehungen für uns ein.

Als kleines Kind allein zu sein, bedeutet nicht einfach, einsam zu sein. Es ist eine Frage von Leben und Tod – und Babys sterben nicht nur, wenn sie nicht ernährt, warm gehalten und vor Raubtieren geschützt werden. Babys können auch an Einsamkeit sterben, selbst wenn ihre anderen Bedürfnisse befriedigt werden.[130] Kontakt zu anderen Menschen ist ein grundlegendes biologisches Bedürfnis, Einsamkeit eine Art Verhungern.

Auch als Erwachsene ernähren uns Beziehungen buchstäblich physiologisch, regulieren unseren Puls und unsere Atmung, beeinflussen die emotionale Aktivierung unseres Gehirns, verändern unsere Immunreaktion auf Verletzungen und Wunden, wirken sich darauf aus, wie sehr wir Stressoren ausgesetzt sind und wie unsere Stressreaktion aussehen.[131] Ohne Beziehungen werden wir krank und sterben. Eine Meta-Analyse von 2015, die siebzig verschiedene Studien und drei Millionen Teilnehmer auf der ganzen Welt umfasst, hat ergeben, dass soziale Isolation und Einsamkeit die Wahrscheinlichkeit eines frühen Todes um 25 bis 30 Prozent erhöht.[132] Bei der Beschreibung der Ergebnisse einer Studie von 2018 über die gesundheitlichen Folgen von Einsamkeit konstatierte ein für eine Versicherungsgesellschaft tätiger Arzt, dass »Einsamkeit sich auf die Sterblichkeit genauso auswirkt wie fünfzehn Zigaretten am Tag.«[133] 2018 schuf die Regierung Großbritanniens ein Ministerium für Einsamkeit und bezeichnete den Zustand der Isolierung als Problem der öffentlichen

Gesundheit mit denselben gesundheitlichen Folgen, die eine chronische Krankheit wie Diabetes hat.[134] In jedem erwachsenen Menschen schlägt das Herz eines Kindes, das buchstäblich stirbt, wenn es keinen Kontakt zu anderen Menschen hat.

Dennoch ist die gängige Meinung, dass der individuelle Prozess linear von Abhängigkeit zu Autonomie voranschreiten sollte. Als Psychologen Theorien über die menschliche Entwicklung zu formulieren begannen, kamen sie zu dem Schluss, dass es »unreif« sei, von anderen abhängig zu sein. Die besten, stärksten, geistig gesündesten, klügsten und erwachsensten Menschen seien die, die niemanden bräuchten.

Schlimmer noch, das Gebersyndrom sagt, dass das nicht der Weg für jeden sei. Stell dir einen kleinen Jungen vor, der sprechen, laufen, selbst essen und seine Ausscheidungen zu kontrollieren lernt. Er lernt lesen, rechnen und Chemie und will irgendwann nicht mehr von seiner Mami im Arm gehalten werden, sondern ausziehen und unabhängig sein. An dem Punkt ist er ein ausgereifter Mensch. Ein kleines Mädchen dagegen soll bis zu einem bestimmten Zeitpunkt unabhängig werden, aber der nächste Schritt sind Heirat und Kinder. An dem Punkt ist sie eine ausgereifte Gebende. Eine auf Autonomie gegründete Identität wird als stärker, höhergestellt und männlich betrachtet. Eine Identität, die auf Beziehung beruht, ist schwächer, untergeordnet und weiblich.

Es hält sich ebenfalls die gängige Meinung, dass gesunde Menschen sich zu 100 Prozent vollständig fühlen sollten, mit oder ohne Liebesbeziehung, die Anerkennung anderer oder die Unterstützung von Familie und Gemeinschaft. Soziale Beziehungen sollten ein »Bonus«, kein wesentlicher Bestandteil unseres Wohlbefindens sein, eine Nahrungsergänzung, keine Grundnahrung. Kein Wunder, dass die erste Welle der Feministinnen Unabhängigkeit als Ideal betrachtete.

Die ketzerische Wahrheit ist: Kein Mensch ist »vollständig« ohne andere – und wir meinen es wörtlich. Vollständigkeit ohne soziale Beziehung ist wie Ernährung ohne Essen. Es geht nicht. Wir werden hungrig. Wir werden einsam. Wir müssen etwas essen oder wir sterben. Wir sagen nicht, dass du »einen Mann brauchst« oder irgendeine Liebesbeziehung. Wir sagen, dass du Beziehungen verschiedenster Art brauchst. Und es stimmt auch, dass die lebenslange Entwicklung von Autonomie der menschlichen Natur ebenso angeboren ist wie das Bedürfnis nach Beziehung. Wir brauchen *beides*, Beziehung und Autonomie. Das ist kein Widerspruch. Menschen pendeln zwischen Beziehung und Autonomie hin und her.

Mit diesem Kapitel beginnt der Teil »Wachsen und polieren«, in dem wir alltägliche Möglichkeiten und Praktiken beschreiben, mit denen wir die Ursachen von Burnout – die Feinde, die wir im Teil »Der wirkliche Feind« benannt haben – bekämpfen.

»Wachsen und polieren«, weist Mr. Miyagi Danny LaRusso in *Karate Kid* an. »Vergiss nicht zu atmen.« Atmen: ein weiterer Zyklus, eine weitere Schwingung – atme ein … atme aus.

Es besteht tatsächlich eine »Verbindung«

Als Zwillinge haben wir ein Talent, eine Fähigkeit, die uns geschenkt wurde, ohne dass wir sie üben oder uns sonderlich anstrengen müssen: den Dreibeinlauf. Das ist ein Spiel, das bei Kinderfesten oder Sportfesten gespielt wird. Der linke Knöchel eines Kindes wird an den rechten eines anderen gebunden und das Paar läuft gegen andere Kinder um die Wette über das Spielfeld. Mit acht Jahren waren wir unschlagbar im Dreibeinrennen und ließen alle in einer Staubwolke zurück.

Derselbe Mechanismus, der es uns auf dem Spielplatz ermöglichte, synchron zu laufen, funktionierte auch im Schulbus: Wenn eine von uns geärgert wurde und anfing zu weinen, fing die andere – scheinbar aus heiterem Himmel – auch an zu weinen. Wir konnten uns nicht einmal erinnern, wer von uns gehänselt wurde. Wir waren nicht durch ein Seil miteinander verbunden wie auf dem Spielplatz, es gab nur die emotionale Abstimmung, die unsere Gefühle synchronisierte. Aber diese Übereinstimmung ist genauso real wie das Seil.

In der Wissenschaft hat man gerade erst begonnen, dieses Phänomen zu messen. Die Erforschung der Verbindung zwischen zwei Menschen ist in der Neurowissenschaft brandneu. Forscher suchen noch nach dem zuverlässigsten, effektivsten Verfahren, um die Synchronie im Gehirn zu messen, und die Ergebnisse sind jetzt schon erstaunlich.[135] Wenn Menschen sich zusammen einen Film ansehen, synchronisieren sich die emotionalen Reaktionen ihrer Gehirne, selbst wenn sie Fremde sind. Allein schon mit jemandem im selben Raum zu sein – gleichzeitige Anwesenheit – kann ausreichen, um die Herzschläge zu synchronisieren. Wir spiegeln automatisch den Gesichtsausdruck eines Menschen, mit dem wir sprechen, erfahren die mit dem Ausdruck verbundenen Gefühle und stimmen unwillkürlich Körperbewegungen und Stimmlage aufeinander ab.[136] Wir ko-regulieren uns gegenseitig die ganze Zeit, ohne uns dessen bewusst zu sein.[137] Dein innerer Zustand ist sehr ansteckend, und er ist äußerst empfänglich für die Gemütslagen der Menschen um dich herum – bei der Arbeit, zu Hause, im Supermarkt und bei der KFZ-Zulassungsstelle.

Diese gegenseitige Ko-Regulation beginnt schon in den ersten Momenten unseres Lebens und formt unser Gehirn.[138] Der Austausch liebender Blicke zwischen Kind und erwachsener Bezugsperson setzt Dopamin frei, ein Neuropeptid, das uns mit anderen verbindet und die Bildung von neuronalen Verbindungen fördert, während der Austausch negativer Blicke zwischen Kind und erwachsener Bezugsperson Kortisol freisetzt, das berüchtigte Stresshormon, das die Entstehung neuronaler Verbindungen unterbricht.[139] In den ersten beiden Jahren deines Lebens gehst du davon aus, dass alle um dich herum fühlen, was du fühlst – du siehst dir die Erwachsenen um dich kurz an, um zu prüfen, wie sie sich fühlen, und nimmst ihre Gefühle als deine eigenen an. Nicht absichtlich, sondern instinktiv. Wenn der Erwachsene, der dich im Arm hält, ruhig und entspannt ist, weiß dein Nervensystem, dass es auch ruhig und entspannt sein kann. Wenn der Erwachsene gestresst und ängstlich ist, muss es einen Grund geben, ängstlich zu sein, und dein Nervensystem gerät auch in diesen Zustand.[140]

Im Alter von zwei oder drei Jahren kann ein Kind immer noch nicht allein überleben, aber es beginnt zu verstehen, dass andere Menschen innere Erfahrungen haben, die getrennt von ihm sind. Als

Jugendlicher kann man vielleicht allein überleben, aber Menschen gehen nicht allein fort wie andere Tiere. Wir bleiben in sozialen Gruppen und entwickeln gegenseitige Beziehungen mit unseren Peers, die geprägt sind durch die Art der Beziehung (oder eigentlich Bindung), die wir als Kinder zu unseren Bezugspersonen hatten.

Einen Raum mit jemand anderem zu teilen, bedeutet, Energie mit ihm zu teilen – wörtlich. Beziehungen spielen sich auf der molekularen Ebene ab. Jedes Teilchen, aus dem wir bestehen, beeinflusst und wird beeinflusst durch die Teile neben ihm, in einer unendlichen Kette, und in unendlich vielen Maßstäben. Lass ein Pendel neben einem anderen schwingen, das gleich groß ist, und sie werden sich allmählich synchronisieren und gleichzeitig in dieselbe Richtung schwingen.

Wir bestehen aus Energie. Diese wird geteilt, breitet sich aus, verbindet eins mit dem anderen. Wenn wir mit anderen Menschen in einem Raum sind, beeinflusst unsere Energie die ihre und umgekehrt. Das ist Physik. Und Psychologie. Und großartig.

Und was fangen wir damit an?

Wenn man hört: »Beziehungen zu anderen sind wichtig!«, denkt man an etwas nicht Greifbares wie emotionale Beziehung, Freundinnen, die dich aufrichten, Geliebte, die dir zuhören und dich im Arm halten, wenn du weinst, dein Kind, das sagt: »Ich hab dich lieb.« Das ist es auch. Beziehung ist ein Gefühl.

Aber es ist auch etwas Praktisches. Das Leben ist kompliziert, kostspielig und zeitraubend. Wir brauchen Hilfe, um es zu bewältigen.

Julie brauchte Hilfe. Ihr »Darmtraining« erforderte neben anderen Dingen jeden Tag eine halbe Stunde auf der Toilette. Um die Zeit zu haben, musste sie einige Dinge, die getan werden mussten, auf andere abladen.

Ihre Mutter half ihr. Sie kochte sonntags große Mengen an Essen und brachte sie eingefroren in Behältern vorbei. Die Eltern von Dianas Freunden halfen mit Fahrgemeinschaften. Zu Julies

Erstaunen halfen ihr alle Freunde. Eine Freundin machte einen Plan, in den sich jeder freiwillig eintragen konnte, um Essen an verschiedenen Tagen zu bringen oder etwas mit Diana zu unternehmen.

Und weißt du, wer noch geholfen hat? Ihr Mann.

Es wird Zeit, Jeremy vorzustellen. Er ist Englischlehrer wie Julie und hat seine Masterarbeit über E. M. Forster geschrieben. Er hat lange Wimpern und intelligente braune Augen. Als seine Tochter verrückt nach der Zeichentrickserie Tangled war, perfektionierte er einen glühenden Bick, genau wie der Protagonist Flynn Ryder, und es funktionierte bei Julie ebenso wie bei Diana. Er rief immer den Klempner oder Elektriker oder wer sonst angerufen werden musste, um das Haus instand zu halten, machte einen Termin und war dann anwesend. Und er liebte Julie. Er verstand nicht, wie sie sich so weit hatten voneinander entfernen können. Er wusste nur, wenn er versuchte zu helfen, wurde er kritisiert. Also versuchte er es gar nicht mehr.

Nach Julies Darmgeschichte setzte sie sich mit ihm zu einem ernsten Gespräch zusammen, obwohl sie Angst vor dem Streit hatte, den es auslösen könnte.

Sie erklärte die Situation (einer der Vorteile einer langjährigen intimen Beziehung ist, dass man an offen über seinen Stuhlgang reden kann) und sagte, dass sie mehr Zeit für sich brauche.

Er sagte: »Na ja, das Haus muss saubergemacht werden. Wenn wir eine Putzkraft einstellen, müssen wir aufräumen, bevor sie kommt, und ich hab keine Lust auf das Theater. Ich kann es selbst machen, wenn du mich lässt und mir nicht sagst, wie ich es zu machen habe.«

Beziehung ist nicht immer warm und kuschelig. Aber Julie war einverstanden.

Er erklärte Samstag zum Putztag und machte daraus ein gemeinsames Projekt mit seiner Tochter. Als Julie den ersten Samstagnachmittag von einem Physiotherapietermin nach Hause kam, war das Haus aufgeräumt und sauber – nicht so sauber und ordentlich, wie sie es gemacht hätte, aber sauber, und sie hatte es nicht selbst machen müssen –, und sie weinte fast. Im Ofen war Essen, das sie nicht hatte kochen müssen. Alle Menschen, die ihr am meisten bedeuteten, waren für sie da. Um ihre Hilfe zu akzeptieren, musste sie nur das Bedürfnis aufgeben, alles unter Kontrolle zu haben und alles perfekt zu machen.

Ha! »Nur«.

Manchmal bedeutet Beziehung emotionale Unterstützung. Manchmal Information und Aufklärung, wie durch die medizinischen Fachkräfte, die ihr geholfen haben, wieder zu lernen, in ihrem Körper zu leben. Und manchmal ist es Kochen, Fahrgemeinschaften, Geschirrabwaschen, Staubwischen, Aufräumen. In der Gesundheitswissenschaft nennt man das »praktische Unterstützung«.

Für Julie fühlte es sich an, »als hätte sie eine Ehefrau«.

Stabile Beziehungen sind gut für dich

Die Menschen unterscheiden sich in ihrem Bedürfnis nach Beziehung.[141] Unsere Unterschiedlichkeit erklärt sich zum Teil durch Intro- oder Extrovertiertheit, zum Teil durch das Vergnügen, das ein Mensch daran hat, unter Leuten zu sein. Außerdem scheint es eine kleine Eigenart der Persönlichkeit zu sein.[142] Forscher können es ganz einfach dadurch beurteilen, dass sie einen Menschen fragen, ob er der Aussage: »Ich habe ein starkes Bedürfnis nach Zugehörigkeit« zustimmt oder nicht.[143] Es gibt kein »richtiges Maß« für das Bedürfnis nach Zugehörigkeit, es gibt nur das Maß an Zugehörigkeit, das sich richtig für dich anfühlt.

Sprechen wir über die gesundheitlichen Vorteile, die das subjektiv befriedigte Bedürfnis nach Beziehung hat. Dazu vorweg: Unter Beziehung ist ausdrücklich nicht nur Partnerschaft zu verstehen, sondern positive Beziehungen jeglicher Art, einschließlich zu Freunden, Bekannten und Familie. Partnerschaftliche Beziehungen sind aber vielleicht die am häufigsten untersuchten, deshalb liefern sie die meisten Belege für die Vorteile von Beziehungen für unser Leben.

Zum Beispiel kommt eine Meta-Analyse mit mehr als 70 000 Teilnehmern (alle in heterosexuellen Ehen) in einem Dutzend Ländern zu dem Ergebnis, dass eine schlechtere »Qualität« der Ehe zu schlechterer Gesundheit und einem kürzeren Leben sowie abnehmender geistiger Gesundheit führt.[144] Die Standards für Qualität waren nicht sehr hoch. Dazu gehörte »hohe Zufriedenheit mit der Beziehung, vorwiegend positive Einstellungen zum Partner und wenig feindseliges und negatives Verhalten.« Kurz, ich bin mit meiner Beziehung zufrieden, ich mag meinen Partner und im Allgemeinen unterstützen wir uns und sind nett zueinander. Aber diese Grundzufriedenheit kann sehr wirkungsvoll sein. Bei Menschen mit einer besseren Beziehungsdynamik heilen Verletzungen und Wunden schneller und chronischer Schmerz beeinträchtigt die Lebensqualität weniger. Tatsächlich stellte sich heraus, dass die Beziehungsqualität ein besserer Prädiktor für Gesundheit ist als Rauchen, und Rauchen gehört zu den stärksten Prädiktoren für schlechte Gesundheit. Die Vorteile hoher Zufriedenheit innerhalb der Partnerschaft waren für Frauen oftmals größer als für Männer.

Forscher fanden heraus, dass diese Wirkung wahrscheinlich zumindest teilweise auf die Tatsache zurückzuführen ist, dass Menschen in Beziehungen höherer Qualität besser für sich sorgen. Mit anderen Worten: Unsere »Selbstpflege« wird durch die Art, wie wir uns um jemand anderen kümmern und wie sich jemand anderes um uns kümmert, gefördert.

Ein geliebter Mensch muss nicht im wörtlichen Sinn dein Zwilling sein, damit das geschieht. Wir hoffen, es gibt mindestens einen Menschen in deinem Leben, der so auf dich eingestimmt ist, dass er in der Tat deinen Schmerz spürt und dir zur Seite steht.

Diese energiespendenden Beziehungen nennen wir »Liebesblase«.

Die Liebesblase

Soziale Beziehungen nähren unseren Körper ebenso wie gesundes Essen und tiefe Atemzüge.[145] Wenn das Gebersyndrom ein Virus ist, ist die Liebesblase die Umgebung, die deine Immunreaktion verstärkt. Du erlebst Beziehung vielleicht am häufigsten mit einer Person in der Blase – so geht es Emily. Oder du spürst es am stärksten in großen Gruppen, die zusammen an etwas arbeiten – das ist Amelias Erfahrung. Du erlebst es vielleicht am stärksten mit deinen besten Freunden. Mit deinem Ehepartner. Deiner Tanzgruppe. Deinem Hund – ja, wir erleben diese Art Beziehung auch mit anderen Spezies. Unterschiedliche Blasen haben unterschiedliche Ausdrucksformen, zu einer Teamkollegin vom Roller Derby hast du eine andere Beziehung als zu jemandem aus der Familie. Und mit deiner Familie ist es anders als mit deiner anti-kapitalistischen, feministischen Aktivistengruppe – aber alle diese energiespendenden Liebesblasen setzen zwei Dinge voraus: Vertrauen und »komplexes Verstehen«.

1. Vertrauen

Viele Spezies, auch Menschen, behalten im Auge, wer einem anderen etwas gibt und wer sich dafür revanchiert. Den Glauben daran, dass uns die Menschen um uns herum im angemessenen Verhältnis zu dem, was wir ihnen geben, etwas zurückgeben, nennt man »Vertrauen«.

Besonders Forscher der Wirtschaftswissenschaften, aber auch der Psychologie verwenden das Vertrauensspiel als Mittel, um herauszufinden, wie Menschen darauf reagieren, wenn ihnen vertraut wird oder nicht, wenn ihr Vertrauen missbraucht wird oder nicht. Wenn du mehr darüber wissen willst, googel einfach »Vertrauensspiel«. Sie verwenden Geld, wir nehmen Cupcakes.

Das Experiment läuft folgendermaßen ab: Die Forscher stecken Emily und Amelia in ein Labor. Sie geben Amelia vier Cupcakes und stellen sie vor die Wahl: Sie kann ihre vier Cupcakes nehmen und nach Hause gehen oder sie kann Emily eine von ihr bestimmte Anzahl Cupcakes geben. Jeder Cupcake, den sie Emily gibt, verwandelt sich in *drei* Cupcakes. Sie kann also einen Cupcake abgeben, dann wird Emily drei haben, während Amelia immer noch drei hat. Sie kann zwei weggeben, dann wird Emily sechs haben und Amelia hat zwei. Und so weiter.

Emily hat ebenfalls eine Wahl, sobald sie Cupcakes bekommt. Sie kann Amelia welche zurückgeben oder sie kann die Geschenke annehmen und nach Hause gehen.

Wenn Amelia Emily vertraut, gibt sie all ihre Cupcakes ab, das bedeutet ein Dutzend Cupcakes für Emily! Wenn Emily vertrauenswürdig ist, gibt sie ihr die Hälfte zurück und sie haben beide sechs. Wenn dem Vertrauen gegenseitige Zusammenarbeit folgt, ist das Ergebnis ein Maximum an Cupcakes und ein KönigInnenreich des Friedens.

Im wirklichen Leben können die Cupcakes, die wir in Beziehungen geben und erhalten, fast alles sein – Geld, Zeit, Aufmerksamkeit, Mitgefühl oder unsere problematischen Gefühle. Letzteres ist der wichtigste Cupcake überhaupt. Wenn wir uns mit unserer Traurigkeit, Wut oder Verletzung an jemanden wenden und er stimmt sich auf unsere Gefühle ein, ohne zu urteilen oder uns abzuwehren, hilft es uns, dieses Gefühl zu überwinden. Wir können leichter hindurchgehen wie durch einen Tunnel und am Ende das Licht sehen.

Vertrauen kann auf eine Frage heruntergebrochen werden: »Bist du für mich da?«[146] Vertrauenswürdige Menschen sind füreinander da, und gegenseitiges Vertrauen erhöht das Wohlbefinden beider.

Aber stell dir vor, Emily hat gerade PMS-Fressattacken und zwölf Cupcakes erscheinen ihr wie ein willkommenes Abendessen. Sie verschlingt sie gleich im Forschungslabor, läuft dann hinaus und lässt Amelia ohne einen einzigen Cupcake und mit dem Gefühl zurück, betrogen worden zu sein.

Das löst eine Stressreaktion aus. Amelia könnte sich dann zum Beispiel rächen wollen. In Wirklichkeit ist Rache aber weder die übliche noch die sinnvollste Antwort auf Betrug. Am wahrscheinlichsten und sinnvollsten ist, dass Amelia nach Emilys Betrug nach Hause geht und sich bei ihrem Mann beklagt, dass Emily alle Cupcakes gegessen hat. Wenn er eine Stütze ist, backt er ihr zwölf Cupcakes und lädt ein paar Freunde ein, die auch welche mitbringen und bestätigen, dass Emily eine kurz vor ihren Tagen stehende Idiotin ist. Wenn Emily aus dem hormonellen Nebel auftaucht, wird auch sie das erkennen und mit noch mehr Cupcakes bei Amelia auftauchen, sich entschuldigen und versprechen, es nicht noch einmal zu tun. Auf diese Weise wird Vertrauen wiederhergestellt und die Blase stabilisiert.[147]

Dennoch, auch wenn Emily sagt, dass es ihr leid tut, sie aber ihre Neigung, Cupcakes einzuheimsen, nicht kontrollieren kann, wird Amelia ihr zwar vergeben, aber sie wird Emily klugerweise an den Rand der Blase schieben.

Jemand außerhalb der energiespendenden Liebesblase wird vielleicht zu Amelia sagen: »Das hast du davon, alle Cupcakes wegzugeben.« Deshalb ist er außerhalb der Blase. Menschen, die anderen nicht vertrauen oder nicht vertrauenswürdig sind, sind Energieräuber.

Wir wollen kurz den Zusammenhang von Vertrauen und »Authentizität« betrachten. Authentizität bedeutet, vollkommen du selbst zu sein und die intimsten Teile von dir zu offenbaren, einschließlich derer, die andere vielleicht verurteilen.[148] Authentisch zu sein erfordert Vertrauen, zu wissen, dass der Mensch, mit dem du diese möglicherweise problematischen Gedanken und Gefühle teilst, dich nicht verrät. Und um jemanden in seiner Authentizität zu erfassen, ist komplexes Verstehen erforderlich, das heißt, die Welt durch die Augen dieses Menschen zu sehen, sodass du seine innere Erfahrung im Kontext seiner Lebensgeschichte verstehst. Viele Selbsthilfebücher (und vor allem viele Bücher über Marketing und Verkaufsstrategien) bewerben Authentizität.

Aber zu Vertrauen gehört auch strategische »Unauthentizität«.[149] Wenn du zur Geburtstagsparty der besten Freundin deines Kindes gehen musst, obwohl dein Ex da sein wird, lächelst du und machst freundliche Konversation, weil deine Tochter den Tag in guter Erinnerung behalten soll. Du möchtest nicht, dass sie sich daran erinnern muss, wie die Geburtstagstorte ihrer Freundin im Gesicht deines Ex landet und du wie am Spieß schreist.

Höflich zu sein und die Wut zu unterdrücken, ist insofern »unauthentisch«, weil wir unser Selbst nicht völlig offenbaren. Das ist auch Teil von Vertrauen. Vertrauenswürdig zu sein bedeutet auch, Erwartungen zu erfüllen und nicht aus der Reihe zu tanzen.

Authentisch bist du abends am Telefon, wenn du deiner besten

Freundin erzählst, wie gut du dich benommen hast, obwohl du am liebsten den Tisch umgeworfen hättest und ausgerastet wärst. Deine beste Freundin bekommt die Cupcakes deiner schwierigen Gefühle und gibt sie dir zurück, indem sie sagt: »Ich weiß, wie schwer das für dich war, und ich bin stolz auf dich. Was willst du tun, um all die Wut loszuwerden, die noch in dir steckt?«

Wenn die Menschen sich in unserer Blase mit Wohlwollen und Mitgefühl unseren schwierigen Gefühlen zuwenden können und wir dasselbe für sie tun, stärkt das die Blase wie nichts sonst.

2. Komplexes Verstehen

Blythe McVicker Clinchy hat zwei verschiedene Formen des Wissens ausgemacht: »separate knowing« und »connected knowing«. Ersteres trennt einen Gedanken vom Kontext und beurteilt ihn nach externen Regeln – Regeln, die sich in der wissenschaftlichen Forschung als äußerst brauchbar erwiesen haben. Ihre 1996 verfasste Beschreibung eines »separate knowers« liest sich aus heutiger Sicht – das heißt auf dem Kommunikationsstand sozialer Netzwerke im 21. Jahrhundert – wie die Beschreibung eines »Mansplainers«, also eines männlichen Chauvinisten.

Blythe McVicker Clinchy schreibt: »Wenn du an dieses Kapitel wie ein ›separate knower‹ herangehst, untersuchst du kritisch die Argumente, bestehst darauf, dass ich jeden Punkt rechtfertige, du suchst nach Fehlern in der Argumentation, überlegst, wie ich die Belege, die ich präsentiere, falsch interpretiert haben könnte, welche alternativen Interpretationen es geben könnte, und ob ich einen Beleg übersehen habe, der meiner Position wiedersprechen würde.«[150]

Anschließend hebt sie die Stärke kritischer Analyse hervor: »Die Regeln, die du bei der Beurteilung meiner Argumente anwendest, sind objektiv und unpersönlich; Logiker und Wissenschaftler haben sich darauf geeinigt und sie festgelegt.«

Es gibt einen Grund, warum deine gesamte formale Bildung darauf abzielt, dich im kritischen Analysieren zu schulen. Kritische Analyse trennt die Spreu vom Weizen.

Demgegenüber reflektiert »connected knowing« den Kontext eines Gedankens. Du schlüpfst in die Schuhe deines Gegenübers und nimmst seine Perspektive ein. Du gibst (vorübergehend) deine Zweifel, Vorurteile, Kritik und persönlichen Interessen zugunsten seiner Perspektive auf – nicht weil du sie akzeptierst, sondern weil du verstehen willst. Dann bringst du Elemente deiner eigenen Lebenserfahrung oder Persönlichkeit ein, hältst sie gegen die andere Sichtweise, prüfst, wendest und prüfst wieder, forschst, wie es wäre, diese Perspektive innerhalb deiner eigenen Sichtweise einzunehmen. Manchmal erleben wir den Prozess komplexen Verstehens als Verwandlung oder Anpassung an die Form des anderen – als würde man die Kleidung eines anderen anprobieren. Dabei merken wir, wie bequem (oder unbequem) es wäre, aus dieser Perspektive heraus zu leben.

Dieses Konzept wird als »connected knowing« bezeichnet, weil es einen Gedanken nicht aus seinem Zusammenhang reißt. Es geht davon aus, dass wir etwas nur verstehen können, wenn wir erfassen, in welcher Beziehung es zu dem Kontext steht, dem es entspringt. Während kritisches Analysieren die Spreu vom Weizen trennt, untersucht komplexes Verstehen die Beziehung zwischen Weizen und Spreu, fragt, woher sie kommen und wie sie zusammenhängen.

Obwohl jeder auf beide Arten verfährt, tendieren Frauen mehr dazu, etwas im Kontext zu reflektieren als kritisch zu analysieren, und für Männer gilt das Gegenteil.[151]

Vielleicht wird komplexes Verstehen deshalb häufig als »irrational« abgetan, als ob die einzige Alternative zur wissenschaftlichen Methode und logischem Denken Unsinn wäre. Das stimmt nicht. Komplexes Verstehen ist sorgfältig, mühevoll, häufig langwierig und *äußerst rational*, denn es folgt bestimmten Mustern und Abläufen. Es verbindet Emotion und Informationen zum Verständnis eines Gedankens. Es ist außerdem einfallsreich und erfordert vom Zuhörer, die emotionale Reaktion auf Differenzen *auszuschalten* und sich auf einen anderen Standpunkt als den eigenen einzulassen.

Komplexes Verstehen verschafft uns Energie, weil wir eine Beziehung zu anderen aufnehmen und sie verstehen, aber viel mehr noch, weil wir Zugang zu unserer eigenen inneren Erfahrung erlangen, sie verstehen und unsere eigene Identität durch Beziehung zu anderen entwickeln.

Frauen entwickeln ihre Identität mehr als Männer im Kontext von Beziehungen. Wir wissen nicht, warum – werden wir so geboren? Lernen wir es in unserem kulturellen Umfeld? Wer weiß? Für unsere Zwecke ist es gleichgültig. Was zählt, ist, dass komplexes Verstehen sowohl gesunde Beziehungen als auch eine gesunde Ich-Identität fördert. Frauen verstehen dadurch häufig sich und ihre Identität in Bezug auf ihre Vertrauenspersonen – Schwester, Tochter, Mutter, Freundin – und finden darin tiefe Befriedigung.

Die Behauptung, dass Frauen *nur* in Beziehungen ihre Identität entwickeln können, ist nur eine weitere Art geschlechtsspezifischer Festschreibungen, die den Frauen den Zugang zu anderen Quellen des Wachstums ebenso wie zu grundsätzlicher Autonomie verwehren. Wenn wir andererseits darauf drängen, dass Frauen ihre Identität mehr durch persönliche »Leistung« als durch Beziehungen entwickeln sollten, pathologisieren wir ihre angeborene Suche nach sich selbst durch Beziehung. Dich selbst durch andere besser kennenzulernen, ist gesund. Es ist weder richtig noch falsch, gut oder schlecht, und die Menschen unterscheiden sich in dem Maße, in welchem sie beides praktizieren. Noch einmal, wir brauchen beides. Wir brauchen die Freiheit, uns in Beziehungen zu begeben und wieder hinauszugehen.

Die Verbindung von komplexem Verstehen und kritischer Analyse heißt »constructed knowing«. Dieses Buch ist notwendigerweise ein Produkt konstruierten Wissens: Kritische Analyse und Reflexion des Kontexts sind zu einem strukturierten Ganzen geformt. Wir als Autorinnen können uns alle wissenschaftlichen Erkenntnisse über die Reaktion des Gehirns und des Körpers aneignen und sie erklären – kritisches Wissen –, aber wir können weder wissen, wie *du* dich fühlst, noch voraussagen, was bei dir am besten zur Stressbewältigung funktioniert. *Du* bist dein eigener Experte, deshalb haben wir Geschichten und Erfahrungen aus möglichst vielen Quellen hinzugefügt, in der Hoffnung, dass du sie beim Lesen »anprobierst«, guckst, wie sie passen, und überlegst, ob du eine bestimmte Anregung annimmst oder ablehnst – komplexes Verstehen. Wir drei – Emily, Amelia und du, liebe Leserin – entwerfen einen Plan, der für dich funktioniert, auch wenn er für niemand anderen funktioniert.

Zeichen, dass du in der Liebesblase auftanken musst

Im Kapitel »Beende den Zyklus« haben wir vier Zeichen genannt, die dir signalisieren, dass du aufhören musst, dich mit deinen Stressoren auseinanderzusetzen, und stattdessen den Stress selbst bewältigen musst. Hier behandeln wir nun vier Zustände, die dir signalisieren, dass du deine unabhängigen Bestrebungen aufgeben und Kontakt zu anderen aufnehmen musst. Jedes dieser Gefühle ist eine andere Form von Hunger nach Beziehung – das heißt, es sind verschiedene Formen von Einsamkeit.

Wenn du Opfer von Gaslighting geworden bist, also gezielt getäuscht und verunsichert wurdest. Fragst du dich: »Bin ich verrückt oder passiert da gerade etwas vollkommen Inakzeptables?«, dann wende dich an jemanden, der das verstehen kann. Lass ihn den Realitätscheck für dich machen, ob das Licht tatsächlich flackert.

Wenn du das Gefühl hast, nicht genug zu tun. Kein Mensch kann alle Bedürfnisse der Welt erfüllen. Wir sind nicht dafür geschaffen, Großes allein zu tun, sondern in Gemeinschaft. Wenn du das Gefühl hast, nicht fähig zu sein, alle Forderungen zu erfüllen, die die Welt an dich stellt, wenn du hilflos angesichts der endlosen Not um dich herum bist, erkenne das Gefühl als das, was es ist: eine Form der Einsamkeit. Such die Nähe deiner Lieben. Ruf deine Freunde an. Konsumiere alle You-go-girl!-Memes im Netz, die du gern magst. Gucke *Wonder Woman* oder *Hidden Figures* oder *Moana* oder was auch immer dich in eine Geschichte von Frauen eintauchen lässt, die mit einem Team von Männern oder einem Team von Frauen oder der Natur oder dem Göttlichen selbst zusammenarbeiten.

Wenn du traurig bist. In dem Film *Alles steht Kopf* kämpfen die Gefühle im Kopf des Mädchens Riley mit den Problemen des Erwachsenwerdens. Freude, die Anführerin der Gefühle, versucht, Traurigkeit unter Kontrolle zu halten und sie davon abzuhalten, ihr in die Quere zu kommen. Freude zeichnet tatsächlich einen Kreis auf den Boden und befiehlt der Traurigkeit, innerhalb des Kreises zu bleiben. So hat man vielen von uns beigebracht, mit unserer Traurigkeit umzugehen: sie unter Kontrolle halten, weil es für andere unangenehm ist. (Denn, noch einmal: Wir sind Gebende.)

Aber am kritischen Wendepunkt, als Freude zutiefst verzweifelt ist, kurz davor, alle Hoffnung aufzugeben, erinnert sie sich an den Tag, als Riley beim Hockeyspiel das Tor zum Sieg verpasste. Riley saß ganz allein da, bis ihre Eltern kamen und sie trösteten. Sie führten sie zu ihrer Mannschaft, die sie in die Arme nahm.

»Traurigkeit«, flüsterte Freude und begriff. »Mom und Dad … die Mannschaft … sie kamen, um zu helfen, *wegen der Traurigkeit.*«

Traurigkeit ist das Warnsignal. Obwohl viele von uns gelernt haben, unbequeme Gefühle zu verbergen, finden wir den Weg aus dem Tunnel am besten mithilfe eines Freundes, der durch die Dunkelheit ruft: »Ich bin hier!« Oder jemand nimmt in der Dunkelheit unsere Hand nimmt und sagt: »Jeder Schritt, den wir *zusammen* gehen, ist ein Schritt in Richtung Licht.«

Wenn du vor Wut kochst. Wut hat eine Sonderstellung im Leben von Frauen und spielt eine besondere Rolle in der Liebesblase. Sie ist noch weniger erwünscht als Traurigkeit, viele von uns haben gelernt, ihre Wut nicht nur herunterzuschlucken, sondern sie nicht mal sich selbst einzugestehen. Wir haben gelernt, Wut zu fürchten – unsere eigene genauso wie die anderer –, weil ihre Kraft als Waffe benutzt werden kann. Kann. Ein Küchenmesser kann auch als Waffe benutzt werden. Und es kann dir helfen, ein Festessen zu bereiten. Es hängt davon ab, wie es benutzt wird. Wir wollen niemanden verletzen, und Wut ist wirklich sehr, sehr stark.

Bring deine Wut mit der Erlaubnis deiner Lieben mit in die Blase und beende den Stresszyklus mit ihnen. Wenn deine Blase eine Rugby-Mannschaft ist, kannst du deine Wut in einem Spiel oder beim Training einsetzen. Wenn deine Blase ein Strickkreis ist, musst du dir etwas einfallen lassen. Benutze deinen Körper. Spring hoch, mach Lärm, lass Energie raus. Und mach es gemeinsam mit anderen.

»Ja!«, sagen die Menschen in deiner Blase. »Das war echt unfair, was du da erlebt hast.«

Wut macht dich stark und setzt Energie frei und den Drang zu kämpfen. Die Energie in der Blase mit anderen zu teilen, verwandelt sie von etwas potenziell Gefährlichem zu etwas Sicherem und potenziell Produktivem.

Über-Blase: Das Beste

Emily hat acht Jahre im Fachbereich Gesundheit am Smith College unterrichtet. Der Campus war mit »Lisa Simpsons« bevölkert: hochintelligente, leistungsstarke Frauen, die sehr engagiert, ehrgeizig und sensibel waren, hart arbeiteten und einen Sinn für soziale Gerechtigkeit hatten. Viele von ihnen kämpften mit Angst, Depressionen, Essstörungen oder verletzten sich selbst.

2014 hielt Emily einen Vortrag mit dem Titel »Liebe ist eine offene Tür: *Die Eiskönigin* und die Wissenschaft der ›Auflösung‹«, der von wissenschaftlichen Erkenntnissen über Gefühle sprach, wie sie im Kinohit des Jahres, Disneys *Die Eiskönigin – Völlig unverfroren*, illustriert werden.

Emily bat Amelia um Rat, was den Einsatz von Musik anging. »Soll ich die Filmmusik spielen? Sollte ich eine Musiklehrerin fragen, ob sie Studentinnen hat, die die Lieder live singen würden?«

»Spiel es zum Mitsingen«, sagte Amelia. »Lass sie singen.«

Emily befolgte den Rat, und es wurde ein Highlight während Emilys Zeit am Smith. 300 Studentinnen kamen an diesem Freitagabend im September. Nach einer halben Stunde, ungefähr der Hälfte des Vortrags, zeigte Emily das Video von »Let It Go« samt Text auf der Leinwand. Hunderte engagierter, brillanter, perfektionistischer Frauen schmetterten: »That perfect girl is gone!« Der Klang erfüllte das ganze Hauptgebäude. Man konnte es draußen auf dem Rasen hören. Es war atemberaubend. Emily blickte in das Meer von nach oben gewandten Gesichtern, beleuchtet vom überlebensgroßen Video von Königin Elsa, die zum ersten Mal in ihrem Leben ihre Kraft zeigt, und dachte: *Wie können wir sie dazu bringen, das jeden Tag zu tun?* Nach dem Vortrag kamen Studentinnen weinend zu Emily und sagten, das sei genau das gewesen, was sie brauchten – und niemand meinte den wissenschaftlichen Teil des Vortrags. Sie meinten das Singen.

Wir nennen es Über-Blase, und man erreicht es durch rhythmisches Spiel und Musik. Sänger in einem Chor erleben es, Spieler in einer Mannschaft. Wähler am Wahlabend in einer Gruppe Gleichgesinnter oder sogar Kinogänger in einer Gruppe von Fremdem, die sich für *Wonder Woman* begeistern. Bei solchen Aktivitäten, synchronen rhythmischen Bewegungen, Singen, Spiel, großer Anstrengung, um ein gemeinsames Ziel zu erreichen, betreten wir für einige Momente eine neurologische Brücke, und die Grenze zwischen uns und anderen Menschen löst sich auf – manchmal mehr, manchmal nur ein bisschen. Wir erfahren, dass sich unsere Identität über unsere Haut hinaus ausdehnt in ein unangreifbares »Wir«. Die Über-Blase.

Das fühlt sich nicht nur gut an, sondern fördert die Zusammenarbeit in einer Gruppe.[152] Laurel Trainor vom McMaster Institute of Music and the Mind hat gezeigt, dass Kleinkinder, die mit einer anderen Person synchron hüpfen, dieser Person eher helfen, wenn sie ein paar Minuten später einen Stift fallen lässt, als Kinder, die man asynchron mit der Person hüpfen lässt.[153] Erwachsene, die gleichzeitig mit einem Fremden mit dem Finger klopfen, sind dreimal eher bereit, der Person bei einer mathematischen oder logischen Aufgabe zu helfen, als wenn sie asynchron zu ihr mit dem Finger klopfen.[154]

Dass uns synchrone Bewegung Vergnügen bereitet, ist in unserer Biologie angelegt, und es ist ein starkes Mittel, um höchstes Wohlbefinden zu erreichen.

Wenn wir Vertrauen, Offenheit und tiefes Verständnis mit jemandem teilen, verändern wir uns, und es ist überwältigend, gut und wichtig. Wir lernen bestimmte Menschen, die richtigen Menschen, genauso gut kennen wie uns selbst, und dadurch lernen wir uns selbst auf neue und tiefergehende Weise kennen. Sophies Schmetterlinge wussten, dass Bernard einer dieser Menschen war.

Aber da Bernard nicht das war, wonach sie suchte, lehnte Sophie seine Einladungen zum Essen und ins Kino und zu verschiedenen anderen Aktivitäten ab. Sie wurden jedoch beinahe gegen ihren Willen Freunde. Er war lustig, klug und warmherzig, war ein großartiger Vater, und er hörte ihr auf eine Weise zu, die dazu führte, dass sie sich besser kennenlernte.

»Es ist äußerst unangenehm!«, sagte Sophie zu Emily.

»Positive Neubewertung!«, antwortete Emily. »Wenn es unangenehm ist, bringt es wahrscheinlich am meisten für dich.«

Wir brauchen nicht die Liebe anderer, um uns selbst zu lieben. Wir brauchen keinen geliebten Partner, um »vollständig« zu sein. Aber wir brauchen andere Menschen, die uns lehren, uns selbst zu lieben.

Sophie gab schließlich ihrem Gefühl nach und ihre Welt verwandelte sich. Sie sagte: »Ich dachte immer, Liebe sei so, als wäre jemand da, der den Rettungswagen riefe, wenn ich verbluten würde. Aber es ist mehr als das. Ich sehe mich selbst in seinen Augen und ich lerne mich selbst auf neue Art kennen und lieben, während ich gleichzeitig ihn auf neue Art kennen und lieben lerne. Und dann kenne und liebe ich uns zusammen und was wir gemeinsam sind, und das ist mehr als jeder von uns ist.«

Dann begann sie von »neuen Eigenschaften komplexer dynamischer Systeme« zu reden, Emily nickte begeistert, und dann wurde es technisch.

Beziehung ist gut für dich. Es ist keine Schwäche, es bedeutet nicht, dass du »bedürftig« bist. Es macht dich stärker.

Im Kapitel »Beende den Zyklus« haben wir gesehen, dass positive soziale Interaktion und Zuneigung den Stresszyklus beenden können. In diesem Kapitel erklären wir, dass Beziehungen ebenso eine primäre Kraftquelle sind wie jedes grundlegende biologische Bedürfnis.

Im nächsten Kapitel sprechen wir über eine ebenso wichtige Kraftquelle: das Ausruhen.

tl;dr

- Beziehungen – zu Freunden, Familie, Haustieren, Gott und so weiter – sind so notwendig wie Essen und Wasser. Menschen sind nicht geschaffen, um autonom zu existieren; wir sind dafür gemacht, um zwischen Beziehung und Autonomie hin- und herzupendeln.
- Wir ko-regulieren uns ständig gegenseitig, ohne uns dessen bewusst zu sein – synchronisieren unseren Herzschlag, wechseln unsere Stimmungen und helfen uns gegenseitig, gesehen und gehört zu werden.
- Bestimmte Arten von Beziehung spenden Energie. Wenn man sich gegenseitig vertraut und versteht, entsteht Energie, die beide Menschen beflügelt. Wir nennen das Liebesblase.
- Traurigkeit, Wut und das Gefühl, dass du nichts erreichst, nicht »genug« tust, sind Formen von Einsamkeit. Wenn du diese Gefühle hast, such den Kontakt zu anderen.

WAS DICH STÄRKER MACHT

Julie war immer noch müde, aber das Darmtraining führte dazu, dass sie endlich Hilfe annahm. Hilfe, die sie schon vor Jahren gebraucht hätte, aber sie war vielleicht zu stolz gewesen, um darum zu bitten. Was immer der Grund war, sie hatte an dem Gedanken festgehalten, dass sie alles allein schaffen müsse … bis zu dem Moment, in dem ihr Körper streikte.

Jetzt tat sie es Königin Elsa gleich und ließ los.

Als an Jeremys Schule Frühjahrsferien waren, an Dianas und Julies Schule jedoch nicht, bot er an, sich um Diana zu kümmern. Das führte zu einer Art Rehabilitierung und schenkte ihm eine neue Einsicht. Denn in dieser Woche lernte er viel über seine Tochter. Er entdeckte, dass sie unerschütterliche Vorstellungen davon hatte, was sie anziehen wollte, und sie entsprachen nicht immer Jeremys Vorstellungen oder dem Dresscode der Schule. Jeremy hatte keine Ahnung von dem Dresscode gehabt, bis die Schule ihn anrief, um ihm zu sagen, er solle Kleidung zum Wechseln für seine Tochter mitbringen. Diana hatte auch genaue Vorstellungen, was sie essen wollte, und sie entsprachen nicht irgendwelchen Ernährungsgrundsätzen, die Jeremy kannte. Gemüse? Nein. Obst? Nur in Form von Fruchtgummi, bitte. Er kochte und sie aß nichts davon. Sie stritten sich und er fühlte sich mies, ihm drehte sich schier der Magen um vor Wut, Frustration und Sorge.

Und wie viel Zeit es kostete! Das Hin- und Herfahren zum Unterricht, das ständige Verhandeln, das Überwachen, dass alles erledigt wurde, was erledigt werden musste, die Wiederholung, die Wiederholung, die Wiederholung.

Aber noch schlimmer als der Zeitaufwand war die emotionale Belastung! Die erzwungene Geduld, das Argumentieren und wiederholte Auffordern; ständig mit seiner eigenen Frustration fertigzuwerden; immer wieder zu versuchen, der liebevolle, glückliche, geduldige Vater zu sein, der er sein wollte, während er die Stunden zählte, bis die Frühlingsferien zu Ende waren.

Am Ende der Woche saß er am Küchentisch und stützte die Stirn gegen die Handfläche, während er die Woche beschrieb. Als er Mitleid heischend zu Julie hochsah, lächelte sie ihn entspannt und amüsiert an, was ihn von seiner Tirade ablenkte.

»Du siehst besser aus. Ich meine, du siehst gut aus.«

Julie hob die Augenbrauen.

»Ich meine, du siehst nicht genervt aus.«

Julie verstand, was er meinte. »Das stimmt. Ich bin oft nicht damit zurechtgekommen, wenn ich selbst gestresst war und du dann auch noch deinen Stress bei mir abgeladen hast.« Sie richtete ihre Aufmerksamkeit auf ihren Körper, horchte in ihn hinein, wie es ihm gerade ging, und sagte: »Im Moment habe ich das Gefühl, dass ich damit zurechtkomme.«

In diesem Kapitel geht es darum, woher Julie die Kraft nimmt.

Von Nietzsche stammt der Spruch: »Was dich nicht umbringt, macht dich stärker.« Das hast du in der einen oder anderen Form jahrelang gehört, aber stellen wir es uns einmal konkret vor. Wenn du zum Beispiel von einem Auto angefahren wirst, aber nicht stirbst, macht *das Auto* dich stärker? Nein. Macht die Verletzung dich stärker? Nein … Bildet Leiden allein den Charakter aus? Nein. Das alles macht dich noch verwundbarer für weitere Verletzungen. Stärker macht dich, was geschieht, *nachdem* du überlebt hast.

Ausruhen macht dich stärker. Ausruhen bedeutet ganz einfach, dass du aufhörst, einen Teil von dir zu benutzen, der erschöpft, verschlissen, beschädigt oder entzündet ist, sodass er sich wieder erholen kann. Das ist Thema dieses Kapitels.

»Erholung« bedeutet nicht nur Schlaf – obwohl Schlaf natürlich wichtig ist. Erholung bedeutet auch, von einer Art Aktivität zur anderen zu wechseln. Geistige Energie durchläuft wie Stress einen Zyklus, ein Pendeln von der Konzentration auf eine Aufgabe zur mentalen Verarbeitung und zurück zur Konzentration. Die Vorstellung, dass man mit »Biss« oder »Selbstkontrolle« jede Minute jeden Tag konzentriert und produktiv sein kann, ist nicht nur schlicht falsch, sondern auch irreführend und schadet unserem Gehirn.

Nehmen wir uns einen Moment Zeit, um diesen seltsamen Gedanken zu verstehen: In unserer modernen entwickelten Welt haben wir fast alles im Überfluss … aber oft können wir unsere grundlegenden lebenserhaltenden physischen Bedürfnisse nicht befriedigen, ohne Schuld oder Scham zu empfinden, uns faul, gierig oder am besten noch aufsässig vorzukommen und hin- und hergerissen zu sein. Ein Internet-Mem geht so: »Du musst dich nicht selbst anzünden, um andere warm zu halten.« Aber nach dem Gebersyndrom *solltest* du genau das tun. Als Gebende leben Frauen mit dem Anspruch, alles zu geben, einschließlich ihres Körpers und ihrer Gesundheit, ihres Lebens eben. Unsere Zeit, Energie und Aufmerksamkeit soll für das Wohlbefinden von jemand anderes eingesetzt, nicht für unser eigenes verschwendet werden. Was ist los mit dir, du faules, egoistisches Monster, sieben Stunden die Nacht zu schlafen? *Zurück in die Reihe mit dir* zu den anderen erschöpften, rechtschaffenen Gebenden.

Gegen Ende dieses Kapitels findest du wissenschaftlich fundierte Aussagen darüber, wie viel Ruhezeiten du brauchst, um zu überleben und stärker zu werden. Du wirst vielleicht lachen und sagen: »Dazu habe ich keine Zeit!« oder: »Das ist übertrieben!«, und vielleicht stimmt das. Aber vielleicht ist es nur das Gebersyndrom, das dich das glauben lässt. Vielleicht musst du dich für dein eigenes Wohlbefinden entscheiden – dein eigenes *Leben* – und es über die Forderungen des Gebersyndroms stellen, um genug Erholung zu bekommen, damit du dich selbst funktionsfähig halten kannst.

Audre Lorde drückt es so aus: »Sich um sich selbst zu kümmern ist kein Luxus, sondern Selbsterhaltung, und das ist ein Akt politischer Kriegsführung.« In diesem Kapitel geht es darum, dich für den Kampf zu wappnen – ein Kampf, der tatsächlich ein Kampf um dein Leben ist. Wir liefern den wissenschaftlichen Nachweis und helfen dir, eine gesunde Lebensweise zu entwickeln, um dich vor dem schädlichen kulturellen Narrativ von der Selbstzerstörung als Tugend zu schützen.

Mach es dir also an irgendeinem gemütlichen Ort bequem, und wir reden über Erholung.

Default Mode – auch bekannt als Tagträumen

Wir sind geschaffen, um zwischen Arbeit und Ruhe hin- und herzupendeln. Das verbessert die Qualität unserer Arbeit und ist gut für unsere Gesundheit.

Zur Illustration: In einer Studie wurde eine Gruppe von Probanden aufgefordert, ihre Gedanken, welche auch immer, aufzuschreiben, aber ausdrücklich gebeten, nicht über einen weißen Bären zu schreiben. Das war anstrengend genug, um einiges an geistiger Energie aufzubrauchen. Dann wurde die eine Hälfte der Teilnehmer aufgefordert, sich zwischen den Aufgaben so gut es geht zu entspannen – die Forscher spielten sogar ein Satie-Klavierstück, um die Vorstellung zu verstärken, dass sie sich entspannen sollten – während die andere Hälfte einfach da saß und auf die nächste Aufgabe wartete. Ergebnis? Die Gruppe, die sich entspannt hatte, arbeitete doppelt so lange an der nächsten aufreibenden Aufgabe (eine Reihe dreistelliger Multiplikationsaufgaben) als die Gruppe, die einfach gewartet hatte.[155] Fazit: Ausruhen macht uns ausdauernder und produktiver.

Wieso? Immer mehr Untersuchungen belegen, dass wir nur eine begrenzte Zeit unser Bestes bei der Bewältigung einer Aufgabe geben, das heißt, mit viel Energie und einem Höchstmaß an Aufmerksamkeit bei der Sache sind. Dann nimmt unsere Leistung ab, unsere Aufmerksamkeit schweift ab und unsere Motivation verpufft.[156] Wenn man sich hingegen nach einer aufreibenden Tätigkeit ausruht, beugt man Erschöpfungszuständen vor.[157]

Wenn du nicht mehr auf eine bestimmte Aufgabe konzentriert bist, heißt das nicht, dass das im Ruhezustand befindliche Gehirn nichts tut – weit gefehlt. Tatsächlich ist der Unterschied der Menge an Energie, die dein Gehirn verbraucht, wenn du gerade deine Steuererklärung machst und wenn du gedankenverloren am Tresen auf deine Bestellung zum Mitnehmen wartest, gering.[158]

Im Hintergrund deines Bewusstseins läuft, was Neurowissenschaftler »Default Mode Network« nennen, eine Gruppe miteinander verbundener Hirnregionen, die immer dann aktiv wird – als eine Art Träumen –, wenn keine spezifische Aufgabe zu lösen ist.[159]

Wenn deine Gedanken »wandern«, ist dein Default Mode Network aktiv. Es reflektiert über sich selbst und plant für die Zukunft, ein bisschen wie ein Schachcomputer, der schnell das Brett scannt und Simulationen durchführt, um zu sehen, was passiert, wenn du einen bestimmten Zug machst. Und das ohne dein aktives Eingreifen.

Life-Coach Martha Beck hat das unabhängig von der Wissenschaft festgestellt. Wenn ihr Büroteam einen Tiefpunkt hat, ist die Lösung, die Computer auszuschalten und etwas zu spielen oder sich auszuruhen. Wo andere sich »reinknien«, eine Kommandozentrale bilden und nicht aufhören würden, bis eine Lösung gefunden ist, fordert sie ihr Team auf, eine Pause zu machen.

»Es funktioniert jedes Mal«, sagte sie gegenüber der *Bloomberg Businessweek*.[160] »Ich weiß nicht warum, aber ich muss es auch nicht unbedingt wissen.«

Es liegt am Default Mode Network. (Außerdem beenden einige Mitglieder des Teams wahrscheinlich ihre Stressreaktionszyklen während der Pausen, was sie wieder kreativer und neugieriger macht.)

Die Forschung an diesem Netzwerk ist noch relativ neu, und viele Fragen, was genau es macht und wie es arbeitet, sind noch unbeantwortet. Aber es wird zunehmend klar: Je ausgeglichener die Verbindungen zwischen den verschiedenen Regionen des Default Mode Networks sind und je fließender ein Mensch vom Ruhezustand zu Aufmerksamkeit umschalten kann, desto kreativer, sozial kompetenter und glücklicher ist er wahrscheinlich.[161]

Geistige Pausen bedeuten nicht Untätigkeit, sondern sind Zeit, die dein Gehirn braucht, um Erlebtes zu verarbeiten.[162] Während zum Beispiel Emily an diesem Buch arbeitet, schreibt sie ein bis zwei Stunden und stellt dann die Waschmaschine oder den Geschirrspüler an. Sie schreibt wieder ein oder zwei Stunden und leert dann die Geschirrspülmaschine oder schleudert die Wäsche. Wie die Waschmaschine lief, während Emily schrieb, lief ihr Default Mode Network, während sie Handtücher faltete. Das Default Mode Network brauchte ihre Hilfe nicht – vielmehr musste sie aufhören zu schreiben, damit es an dem Rätsel arbeiten konnte, das sie ihm aufgegeben hatte, ohne dass sie ihm über die Schulter blickte. Als sie zu ihrer Arbeit zurückkehrte, lieferte ihr das Default Mode Network eine neue Erkenntnis. Wenn sie am Schreibtisch sitzen geblieben wäre und darauf beharrt hätte, dass sie nicht aufstehen könne, bevor sie eine bestimmte Anzahl Wörter erreicht hätte, hätte sie vielleicht mehr Wörter geschrieben, aber der Text wäre von geringerer Qualität gewesen.

Manchmal faltete Emily nicht Handtücher wie eine brave Hausfrau, sondern spielte ein Spiel auf ihrem Handy, was ebenfalls den Zweck erfüllte, denn ihr Gehirn brauchte eine Aufgabe, die keine hohen Anforderungen stellte, damit ihr Default Mode Network aktiv wurde.

Von einer Aufgabe oder einem Problem wegzugehen, bedeutet nicht, dass du aufhörst oder aufgibst. Es bedeutet, dass du alle Gehirnkapazitäten für eine bestimmte Aufgabe rekrutierst – einschließlich der Fähigkeiten, die nicht deine gezielte Aufmerksamkeit erfordern.

Nicht jeder gleitet problemlos in den Ruhezustand, wie in einer Reihe ziemlich erstaunlicher Studien empirisch untersucht wurde:[163] Forscher baten die Teilnehmer zuerst, neben anderen angenehmen und unangenehmen Reizen einen leichten Elektroschock auszuhalten. Dann fragten sie: »Würden Sie fünf Dollar zahlen, um nie wieder diesen Schock zu spüren?«

»Klar«, sagten die Teilnehmer.

Dann brachten sie die Teilnehmer in einen ruhigen Raum, in dem das Elektroschockgerät stand, und ließen sie mit der Aufforderung allein, sich fünfzehn Minuten »mit ihren Gedanken zu unterhalten«.

»Das Schockgerät ist hier. Sie können es berühren oder nicht, es liegt an Ihnen«, sagten sie zu den Teilnehmern, die gerade gesagt hatten, sie würden Geld dafür bezahlen, um den Schock nicht noch einmal zu spüren.

Tatsächlich verpassten sich ein Viertel der Frauen und zwei Drittel der Männer lieber einen Elektroschock, als einfach dazusitzen und sich Gedanken zu machen. Im Durchschnitt gaben sie sich ein oder zwei Elektroschocks in fünfzehn Minuten.

Die Forschung konstatiert, dass diese Teilnehmer, die sich selbst

»eine knallten«, nicht im Default Mode waren, sondern gelangweilt. Langeweile ist das Unbehagen, das man erlebt, wenn das Gehirn im Aufmerksamkeitsmodus ist, aber an nichts Gefallen findet, um sich damit zu befassen.[164] Aus Verzweiflung knallten sie sich selbst eine, um irgendetwas zu haben, womit sie sich beschäftigen konnten, auch wenn es unangenehm war.

Zum Glück gibt es *aktive Ruhe.*

Aktive Ruhe

Jeder weiß, dass ein Muskel, der nicht benutzt wird, verkümmert. Es ist bekannt, dass ein Muskel, der ständig betätigt wird, ohne Pause, ermüdet und irgendwann vor Erschöpfung versagt. Und wir wissen, dass ein Muskel, der betätigt wird und ruht und betätigt wird und ruht, stärker wird.

Aber angenommen, du brichst dir das rechte Bein, und während es in einem Gips heilt, trainierst du dein linkes. Das Signal vom linken Bein wandert die Wirbelsäule hinauf und geht von einer Seite zur anderen rüber und regt Wachstum im rechten Bein an – nicht so viel wie im linken, aber genug, um dem Abbau vorzubeugen, der bei Nichtbenutzen eintritt.[165] Das ist die ursprüngliche Bedeutung von »Cross-Training« – buchstäblich die Wirbelsäule zu überqueren.

Aber es geht noch weiter: Wenn du deine Muskeln betätigst – besonders deine größten Muskeln –, stärkst du nicht nur diejenigen, die du benutzt, sondern auch Lunge, Leber und Gehirn. Einen Teil zu trainieren, stärkt dich insgesamt, die stärksten Teile zu trainieren, stärkt den Rest deines Körpers am wirksamsten. Dasselbe gilt für kognitive, emotionale und soziale Leistung.

Aktive Ruhe bedeutet, mit einem Bereich zu arbeiten, während die anderen ruhen. Die Menschen unterscheiden sich auch darin, wie Ruhe für sie aussieht. Zum Beispiel brauchte Emilys Gehirn manchmal nicht eine Aufgabe, die geringe Anforderungen stellte, wie Wäsche oder YouTube, sondern eine andere Art zu schreiben. Konsequenz: Während sie an diesem Buch arbeitete, schrieb sie gleichzeitig einen Roman. Amelia arbeitete Vollzeit als Musikdozentin und leitete einen Kinderchor, während sie am Buch schrieb. Die meisten Frauen sind mindestens so produktiv – sie lassen bestimmte Bereiche ruhen, während sie mit anderen arbeiten. Durch diese aktive Ruhe werden wir in allem, was wir tun, besser.

Die Menschen unterscheiden sich auch darin, wie Ruhe für sie aussieht. Aber alle brauchen Schlaf.

Warum Schlaf?

Schlaf ist wirklich ein seltsames Phänomen. Warum ist es sinnvoll, dass wir uns hinlegen und für Stunden das Bewusstsein für die Außenwelt verlieren, während wer weiß welche Löwen, Nilpferde und andere Gefahren lauern? Während bestimmter Schlafphasen ist unser Motor blockiert, sodass unser Körper nicht auf unsere Hirnaktivität reagieren kann. Wir liegen im Dunkeln, gelähmt, keine Reaktion zeigend und vollkommen schlaff, während unsere Augäpfel sich hinter den geschlossenen Lidern hin- und herbewegen und unsere Aufmerksamkeit weg von der Außenwelt auf eine starke multisensorische Halluzination gerichtet ist – einen Traum, der in dem Moment real und eindringlich erscheint, aber beim Erwachen innerhalb von Sekunden vergessen wird.

Menschen verbringen ein Drittel ihres Lebens in diesem äußerst verwundbaren Zustand – acht Stunden, jede einzelne Nacht.

Warum ist das sinnvoll? Es stellt sich heraus, dass die physiologischen, kognitiven, emotionalen und sozialen Vorteile, ein Drittel unseres Lebens unbewusst zu verbringen, die Kosten an Zeit und Gelegenheit, andere Dinge zu tun sowie die Gefährdung aufwiegen. Unser gesamter Körper, einschließlich unseres Gehirns, arbeitet hart, während wir schlafen, um lebenserhaltende Aufgaben zu erledigen, die am besten geleistet werden können, wenn wir uns nicht einmischen. Ganz einfach, ohne Schlaf sind wir nicht vollständig.

Physische Aktivität funktioniert nicht richtig ohne Schlaf. Während du schläfst, erholen sich Knochen, Blutgefäße, Verdauungssystem, Muskeln (einschließlich des Herzens) und alle anderen Körpergewebe von dem Schaden, den du ihnen tagsüber zugefügt hast.

Wenn du Sport treibst, repariert sich dein Körper, während du schläfst, und wird stärker. Physische Aktivität ohne Schlaf macht dich dagegen anfälliger für Verletzungen und Krankheiten. Wenn du also nicht ausreichend schläfst, treib lieber keinen Sport.

Auch Lernen funktioniert nicht richtig ohne ausreichend Schlaf. Deine Erinnerung wird gefestigt und neue Informationen in bestehendes Wissen integriert. Du übst für einen Test, lernst einen Vortrag auswendig oder eignest dir eine Fremdsprache an? Wiederhole das neue Wissen unmittelbar, bevor du ins Bett gehst, und schlaf dann sieben bis neun Stunden. Dein Gehirn wird die Informationen aufsaugen wie der Boden den Regen nach einer Dürre. Jede motorische Fähigkeit, die du ausgeübt hast – Skilaufen oder Klavierspielen oder Treppensteigen –, wird integriert, sodass du es am nächsten Tag besser kannst. Der Nutzen des Übens stellt sich nicht während des Trainings selbst ein, sondern während des Schlafs. Ohne ihn würde die Fähigkeit nachlassen, egal, wie viel du übst. Wenn du nicht schläfst, lernst und übst du umsonst.

Du kommst auch mit deinen Gefühlen ohne Schlaf nicht so gut zurecht. Du kannst deinen Feind im Schlaf windelweich schlagen, und wenn du aufwachst, fühlst du dich von der Wut befreit und in der Lage, mit dem zwischenmenschlichen Konflikt besser umzugehen. In einer Studie wurde Menschen, die nicht ausreichend Schlaf bekamen, von ihren Kollegen und Angestellten eine geringere emotionale Intelligenz zugeschrieben.[166] Zufriedenheit in der Partnerschaft steht ebenfalls mit Schlafqualität in Zusammenhang.[167] Schlafmangel verschlimmert Konflikte zwischen Ehepartnern und erhöht Entzündungsreaktionen eines Menschen auf einen Konflikt – ein biologischer Marker, der der erhöhten Reaktion auf die Klagen des Ehepartners entspricht.[168] Wenn du nicht genug Schlaf bekommst, vermeide besser Gespräche mit anderen.

Haben wir das schon gesagt? Schlaf ist *wichtig*.

Wir sind dafür geschaffen, zwischen Schlaf und Wachen hin- und herzupendeln, denn das, was unser Gehirn selbstständig leistet, während wir schlafen, ist notwendig, damit wir im Wachzustand voll funktionsfähig sind.

Im schlimmsten Fall ist Schlafentzug eine Form von Folter.[169] Man kann tatsächlich an Schlafentzug sterben – durch den physiologischen Mangel, ähnlich dem Hungertod.[170] Wenn Forscher Ratten zwei Wochen Schlaf entziehen, wird ihr Immunsystem so geschädigt, dass ihr Blut sich mit ihren eigenen Darmbakterien infiziert und sie an einer Blutvergiftung sterben.

»Wenn du am Ende bist, geh ins Bett«, lautet ein französisches Sprichwort. Ohne Schlaf fehlt dir etwas.

Und was ist der Preis für unzureichenden Schlaf? Es schadet deiner physischen Gesundheit. Chronischer Schlafentzug – kurzer sowie gestörter Schlaf – ist bei 20 Prozent ernster Autounfälle ein ursächlicher Faktor.[171] Bei jeder verbreiteten Todesursache, darunter Herzkrankheiten, Krebs, Diabetes, Bluthochdruck, Alzheimer und Störungen des Immunsystems, erhöht er das Risiko um 45 Prozent.[172] Schlechter Schlaf ist ein stärkerer Prädiktor für die Entwicklung von Diabetes Typ 2 als Mangel an Bewegung – aber wann hat dir das letzte Mal jemand geraten, ausreichend zu schlafen, um Diabetes vorzubeugen?[173]

Unzureichender Schlaf beeinträchtigt die Hirnfunktion, einschließlich Arbeits- und Langzeitgedächtnis, Aufmerksamkeit, Entscheidungsfähigkeit, Auge-Hand-Koordination, Berechnungsgenauigkeit, logisches Denken und Kreativität.[174] Menschen, die neunzehn Stunden wach waren (die zum Beispiel um sieben Uhr morgens aufgewacht sind und jetzt ist es zwei Uhr nachts), sind in ihrem rationalen Denken und ihren motorischen Funktionen so beeinträchtigt wie ein Mensch, der betrunken ist.[175] Menschen, die in der Nacht davor nur vier Stunden geschlafen haben, sind ähnlich beeinträchtigt wie die, die in den letzten zwei Wochen jede Nacht sechs Stunden oder weniger geschlafen haben. Alles, was man betrunken nicht tun würde – Autofahren, eine Teambesprechung leiten, ein Kind großziehen –, versuch es gar nicht erst, wenn du neunzehn Stunden wach warst, nur vier Stunden geschlafen hast oder zwei Wochen lang weniger als sechs Stunden jede Nacht geschlafen hast.

Auch das Arbeitsleben wird vom Schlafmangel betroffen: Teamkommunikation am Arbeitsplatz und Gruppenentscheidungen sind beeinträchtigt, während Feindseligkeit und sogar unmoralisches Verhalten am Arbeitsplatz zunehmen.[176] Auch das Gefühlsleben leidet: Depression und Schlafstörungen sind eng verknüpft und verstärken sich gegenseitig,[177] und Schlaflosigkeit begünstigt Selbstmordgedanken, selbst bei Menschen, die keine Depressionen haben.[178] Angst und Schlaf stehen ebenfalls in einem engen wechselseitigen Kausalzusammenhang.[179] Wenn du mit Depression, Angst oder anderen mentalen Problemen kämpfst – was auf mehr als doppelt so viele Frauen wie Männer zutrifft (nach konservativer Schätzung ist eine von fünf Frauen einmal in ihrem Leben davon betroffen[180]) –, ist Schlaf Medizin für dich.

Was Schlaf angeht, gibt es in der Forschung keinen Streit, die einhellige medizinische Meinung ist: Schlaf ist gut, nicht schlafen ist in jeder Hinsicht schlecht – gefährlich und potenziell tödlich. Drei neue Meta-Analysen, die Millionen von Studienteilnehmern umfassten, fanden insgesamt ein um etwa 12 Prozent höheres Gesamtsterblichkeitsrisiko bei denen, die weniger als fünf oder sechs Stunden pro Nacht schliefen.[181] Wenn du nur eine Sache in deinem Leben veränderst, nachdem du dieses Buch gelesen hast, dann schlaf mehr.

Kann man zu viel schlafen?

»Nach einem Nickerchen fühle ich mich noch schlechter!«, sagst du vielleicht. Die Erklärung dafür könnte sein: Unser Körper versucht, Schlafentzug zu kompensieren, er löst eine Stressreaktion aus, die Erschöpfung und Beeinträchtigung kaschiert. Kleine Mengen Adrenalin und Kortisol helfen ihm dabei, den vorübergehenden Stressor des zu wenigen Schlafs zu überstehen. Mit Schlafentzug ist es daher ein bisschen wie mit Alkohol: Wie ein Mensch, der getrunken hat, vielleicht zu beeinträchtigt ist, um zu wissen, wie beeinträchtigt er ist (»Mir geht's gut, gib mir die Autoschlüssel!«), ist ein Mensch, der unter Schlafentzug leidet, vielleicht zu übermüdet, um sich bewusst zu sein, wie sehr ihm der Schlaf fehlt.

Wenn wir endlich schlafen, wird die Stressreaktion reduziert, und obwohl wir danach tatsächlich erholter sind, *fühlen* wir uns weniger erholt. Das Adrenalin kaschiert nicht länger unsere Erschöpfung. Wir stöhnen:

»Puh, ich habe zu viel geschlafen«, so wie wir nach einer riesigen Mahlzeit sagen: »Puh, ich habe zu viel gegessen.«

Kann man wirklich »zu viel« schlafen? Die allgemeine Regel ist: Wenn du mehr als neun von vierundzwanzig Stunden schläfst und dich immer noch nicht erholt fühlst, könnte das ein Zeichen für ein zugrundeliegendes Problem sein, und es wäre gut, mit einem Arzt zu sprechen.[182]

Als Emily das einmal zu einer Gruppe Studenten sagte, hob eine die Hand und sagte: »Aber ich habe ungefähr zehn Stunden die Nacht geschlafen und fühle mich erschöpft.« Viele in der Gruppe hatten einen Vorschlag, was die Ursache für ihre Erschöpfung sein könnte – alles von Depression über Schlafkrankheit bis Faulheit –, aber Emily sagte: »Wenn du jede Nacht mehr als neun Stunden schläfst und dich nicht erholt fühlst, was machst du dann?«

»Mit einem Arzt sprechen?«, betete die Studentin nach.

»Genau.«

Sechs Monate später kam diese Studentin zu Emily und sagte: »Hey, Sie erinnern sich wahrscheinlich nicht, aber ich bin die, die zehn Stunden geschlafen hat …«

»Oh, doch«, sagte Emily.

»Na ja, ich bin tatsächlich zum Arzt gegangen und habe mich einem Schlafdiagnostikscreening unterzogen, und es stellte sich heraus, dass ich wirklich ernste Schlafapnoen habe. Im Sommer wurden meine Mandeln und Polypen entfernt und jetzt schlafe ich mit einer Maske, was mein Leben total verändert hat. Ich hatte ja keine Ahnung, wie sehr ich mein ganzes Leben lang unter Schlafentzug gelitten habe.«

Fazit: Wenn du mehr als neun Stunden pro Tag schläfst und dich nicht erholt fühlst, sprich mit einem Arzt.[183] Und wenn du denkst: »He, ich versuche es. Ich gebe mir in einem Zeitfenster von acht Stunden Gelegenheit zu schlafen, aber ich kann nicht schlafen! Ich bekomme einfach nicht den Schlaf, den ich brauche«, sprich mit einem Arzt. Unterzieh dich einem Schlafscreening. Es könnte dein Leben verändern. Vielleicht sogar retten.

Ein »unsichtbarer Arbeitsplatz«

Schlaf ist ein Wunder. Was außer Schlaf kann einen Knochenbruch und ein gebrochenes Herz heilen? Was außer Schlaf bringt uns verlorene Erinnerungen zurück und neue Ideen? Was außer Schlaf kann den Schaden, den unsere Körper genommen haben, ob durch einen schönen langen Lauf oder durch ein Trauma, in mehr Stärke verwandeln?

Dennoch gibt es in der westlichen Kulturgeschichte ein moralisches Vorurteil gegen Schlaf. Theologen des Mittelalters glaubten, dass das menschliche Bedürfnis nach Schlaf »eine göttliche Bestrafung für den Sündenfall und eine tägliche Erinnerung an die Sündhaftigkeit, Schwäche und Unvollkommenheit des Menschen« sei.[184] Amerikas puritanische Vorfahren warnten, dass »übermäßiger Schlaf« alles Mögliche verursachen könne, von Anfällen über Unfruchtbarkeit bis hin zu Armut.[185] In den 1830ern hieß es in medizinischen Zeitschriften, dass mehr als vier Stunden Schlaf eine »Unmäßigkeit« sei.[186] Faulheit.

Die moralische Verurteilung von Schlaf hat sich in den letzten fünfzig Jahren gewandelt. Heutzutage ist die Botschaft nicht so sehr, dass wir keinen Schlaf brauchen, aber ein Mensch, der Zeit zum Schlafen hat, macht etwas falsch. Er arbeitet nicht hart genug. Wir haben es zur Tugend gemacht, erschöpft zu sein, uns Erholung zu verweigern. Dieser Gedanke ist so sehr Teil unserer Kultur, dass Emily nicht mehr zählen kann, wie viele Frauen ihr erzählen, dass sie sich schuldig fühlen, wenn sie schlafen.

Schuldig. Wegen Schlafen.

»Wieso?«, hat Emily eine Gruppe gefragt. »Genauso könntet ihr euch schuldig fühlen, dass ihr atmet! Es ist notwendig. Warum also das Schuldgefühl beim Schlaf?«

»Es ist egoistisch«, antwortete eine Frau. »Wenn du schläfst, tust du nur etwas für dich selbst.«

Das war eine Achtzehnjährige, bereits eine engagierte Gebende.

Wie wir gesehen haben, ist Schlaf nicht nur wichtig für deine körperliche Gesundheit, sondern auch für deine emotionale Stabilität und für deine Beziehungen. Es ist also nicht im Entferntesten »egoistisch«. Aber die Lehre ist: Das Gebersyndrom konkurriert mit dem Schlaf von Frauen.

Kein Wunder also, dass Frauen mehr Schlafprobleme haben als Männer, besonders um die Menopause herum.[187] Forscher sagen, dass Schlaf bei Frauen ein »unsichtbarer Arbeitsplatz« ist, da sie auch die ganze Nacht im Dienst sind, verfügbar, die physische und emotionale Unterstützung zu leisten, die für das Wohlergehen der Familie notwendig ist. Und das beschränkt sich nicht auf die unvermeidliche Schlaflosigkeit, die mit der Versorgung eines Neugeborenen verbunden ist, für die natürlich die Mütter in heterosexuellen Beziehungen viel eher ihren Schlaf opfern als Väter. Das hält auch die ganze Vorschulzeit hindurch an, egal, welcher Partner einen Vollzeitjob hat.[188] Als Gebende wird von Frauen erwartet, ihren Schlaf für das Wohlergehen anderer zu opfern. Wir berauben uns selbst eines grundlegenden physiologischen Bedürfnisses – nicht komplett, notwendigerweise, aber jeden Tag, immer wieder –, und der kumulierende Mangel erschöpft uns, Tag für Tag, bis zu wenig übrig ist, um all das zu tun, was das Leben von uns erwartet.

Nicht nur die kulturelle Botschaft macht es schwierig, Schlaf und Erholung zu finden. Angenommen, du schaltest alle Stressoren aus, hakst alles ab, was auf deiner To-do-Liste steht, und gibst dir die Erlaubnis und Gelegenheit zu schlafen. Wenn du die Stressoren ausgeschaltet, aber nicht den Stress selbst bewältigt hast, wird dich dein Gehirn nicht ruhen lassen. Es wird ständig nach dem Löwen fahnden, der dich gleich angreifen wird. Wenn du also versuchst zu schlafen, wird dich dein Gehirn nicht einschlafen lassen oder es wird dich immer wieder wecken, um zu prüfen, ob der Löwe da ist. Beende den Zyklus, damit dein Gehirn in den Ruhezustand wechseln kann.

42 Prozent

Wie viel Erholung ist »angemessen«? Die Wissenschaft sagt: 42 Prozent. So viel Prozent der Zeit müssen sich Körper und Gehirn ausruhen. Das sind zehn Stunden von vierundzwanzig. Das muss nicht jeden Tag sein, es kann der Durchschnitt in einer Woche oder einem Monat oder mehr sein. Aber ja. So viel.

»Das ist lächerlich! Dafür habe ich keine Zeit!«, protestierst du vielleicht – und wir erinnern dich daran, dass wir am Anfang des Kapitels vorausgesagt haben, dass du so reagierst.

Wir sagen nicht, du solltest 42 Prozent deiner Zeit damit verbringen, dich auszuruhen. Wir sagen, wenn du dir nicht 42 Prozent nimmst, werden die 42 Prozent dich nehmen. Sie werden dir ins Gesicht greifen, dich auf den Boden stoßen, dir den Fuß auf die Brust stellen und sich zum Sieger erklären.

Hattest du schon mal eine schwere Erkältung, nachdem du ein Projekt beendet hattest? Hast du an den ersten drei Ferientagen schon mal zwölf bis vierzehn Stunden geschlafen? Bist du schon mal wie Amelia nach einem längeren Zeitraum extremen Stresses im Krankenhaus gelandet? Wir haben gezeigt, dass Stress ein physiologisches Phänomen ist, das alle Systeme und Funktionen unseres Körpers betrifft, darunter das Immun-, das Verdauungs- und Hormonsystem. Damit alle diese Systeme voll funktionsfähig bleiben, erfordert es unsere Biologie, dass wir 42 Prozent unseres Lebens damit verbringen, unseren Organismus zu erhalten.

So könnten die 42 Prozent aussehen:

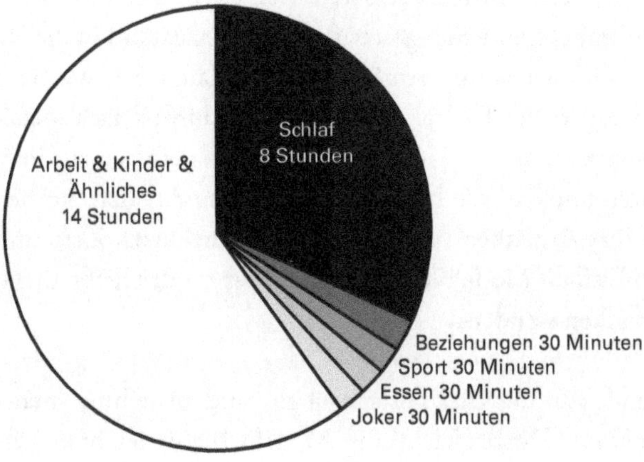

- Acht Stunden Gelegenheit zu schlafen, plus/minus eine Stunde.
- Zwanzig bis dreißig Minuten »stressabbauendes Gespräch« mit deinem Partner oder jemandem, dem du vertraust.
- Dreißig Minuten Bewegung. Ob mit anderen oder allein, du schaltest dabei bewusst um auf unbeschwerte, freie Erholung. Körperliche Bewegung gilt als »Erholung«, weil sie zum einen die Qualität des Schlafs verbessert und zum anderen den Stresszyklus beendet, was deinen Körper von einem Stresszustand in einen Ruhezustand überführt.
- Dreißig Minuten Aufmerksamkeit für Essen. »Dreißig Minuten?«, sagst du. Keine Sorge. Das umfasst alle Mahlzeiten, Einkaufen, Kochen und Essen, und es muss nicht alles auf einmal sein. Es kann mit anderen oder allein sein, aber nicht während der Arbeit oder beim Fahren oder Fernsehen oder beim Podcast-Hören. Schenke deinem Essen jeden Tag eine halbe Stunde Aufmerksamkeit. Es gilt als Erholung, zum einen, weil es notwendige Nahrung liefert, und zum anderen, weil es aktive Erholung ist, eine Veränderung des Tempos, getrennt von den anderen Bereichen deines Lebens. Betrachte es als Meditation.
- Und ein dreißigminütiger Joker, abhängig von deinen Bedürfnissen. Für manche ist das zusätzliche Bewegung, weil sie es brauchen, um sich gut zu fühlen. Für andere ist es eine Vorbereitung auf die Gelegenheit zu schlafen, weil sie wissen, dass ihr Gehirn Zeit braucht, um vom geschäftigen Wachzustand in die Ruhe zu wechseln, die es ihm ermöglicht zu schlafen. Für wieder andere wird es gesellige Freizeit sein, weil ihr Bedürfnis nach sozialen Beziehungen stark ist. Und für manche ist es einfach ein Puffer, für Fahren und das Wechseln der Kleidung und andere Vorbereitungen fürs Ausruhen (unsere Lebenswirklichkeit), Zeit, in der du dein Default Mode Network beschäftigst – das heißt, du lässt die Gedanken wandern.

Das sind nur Durchschnittsangaben, und manchmal machst du auch mehrere Dinge gleichzeitig. Manche Menschen brauchen mehr Schlaf als andere – es wird geschätzt, dass das Schlafbedürfnis zu etwa 40 Prozent genetisch vererbbar ist, deshalb können sich sogar eineiige Zwillinge darin stark unterscheiden.[189] Emily braucht siebeneinhalb Stunden, Amelia neun, und wenn sie nur acht bekommt, spürt sie es. Von Natur aus sportliche Menschen wollen vielleicht mehr Zeit mit Bewegung verbringen. Foodies vielleicht mehr Zeit mit Essen. Extrovertierte wollen so viel wie möglich von dieser Zeit mit anderen verbringen. Es gibt noch andere Möglichkeiten, stimme sie auf deine individuellen Bedürfnisse ab.

Wenn du denkst: *Ich komme mit weniger zurecht*, stimmt das. Du »kommst zurecht«, quälst dich aber mit zunehmend übermüdetem Gehirn und Körper durchs Leben. Sicher, es gibt Zeiten in deinem Leben, in denen ausreichend Schlaf nicht möglich ist. Ein neugeborenes Baby? Kein Schlaf für dich. Ein alter Hund? Du wirst alle vier Stunden aufstehen müssen. Du hast drei Jobs gleichzeitig, während du deinen Abschluss machst? Du musst mit fünf Stunden Schlaf auskommen. Aber niemand, dem du nicht gleichgültig bist, wird erwarten, dass du das für längere Zeit durchhältst. Niemand in deiner Liebesblase will, dass du »zurechtkommst«. Sie wollen, dass es dir gut geht und du stärker wirst. *Wir* wollen, dass es dir gut geht und du stärker wirst. Und Ausruhen macht dich stärker.

Angenommen, du schickst dein zehnjähriges Kind in ein Camp und erfährst, dass es nicht genug zu essen bekommt, weil sie denken, es könne mit weniger »zurechtkommen«.

Angenommen, du lässt deinen Hund bei einem Hundesitter und erfährst, dass sie ihn draußen in der Kälte schlafen lassen, weil er mit der Witterung »zurechtkommt«.

Angenommen, deine beste Freundin fängt an, ein eng geschnürtes Korsett zu tragen, sodass sie nicht tief einatmen kann und ständig unter Sauerstoffmangel leidet und nach Luft schnappt, wenn sie eine Treppe hinaufgeht, aber sie »kommt zurecht«.

Dein Kind, dein Hund und deine Freundin kommen alle mit weniger als der optimalen Befriedigung ihrer grundlegenden körperlichen Bedürfnisse »zurecht«. Du auch. Aber so wie du auf dein hungriges Kind, deinen zitternden Hund und deine nach Luft schnappende Freundin reagierst, so geht es uns, wenn wir hören, dass du mit zu wenig Erholung »zurechtkommst«. Wir denken nicht nur, dass du mehr verdienst, sondern wir wissen, dass du leidest, und wollen dir helfen.

Sophie arbeitet in einem dieser anspruchsvollen Berufe, in denen die Menschen leicht nach einem Jahr ausgebrannt sind, weil von ihnen erwartet wird, dass sie sechzehn Stunden am Tag sechs Tage die Woche arbeiten. Wer dieses Arbeitspensum nicht durchhält, wird als Versager betrachtet. Er hat »es nicht ausgehalten«. Er war »schwach«.

Sophie – daran gewöhnt, sowohl die klügste Person im Raum zu sein als auch die am wenigsten geschätzte – hat das Spiel lange Zeit mitgespielt, aber als es nicht funktionierte, suchte sie nach wissenschaftlichen Erklärungen, warum.

»Hör zu«, sagte sie hinter einem Stapel Forschungsartikeln zu ihrem Vorgesetzten, »hier steht, dass Menschen kreativer, produktiver, sorgfältiger sind und allgemein mehr leisten, wenn sie weniger Stunden arbeiten. Es scheint schwer nachvollziehbar, aber es ist wahr.«

Er glaubte ihr nicht und – was Sophies Ansicht nach noch schlimmer war, weil er Wissenschaftler und deshalb nur durch den Nachweis zu überzeugen war – las noch nicht einmal den Stapel Forschungsbeiträge.

Sophie lernte mehr und mehr sich selbst zu lieben, während sie die Beziehung zu Bernard intensivierte. Sie wollte nicht, dass ihre Arbeit sie so schrecklich müde machte. Sie unternahm noch ein paar Anläufe, um die Kultur ihres Arbeitsplatzes bezüglich der Überarbeitung zu verändern. Bei einem TED-Talk tauschte sie sich mit ein paar Kollegen über Schlaf aus. Sie veranlasste die Personalabteilung, einen Schlafexperten einzuladen, der neurowissenschaftliche Erkenntnisse über Schlaf und neue Ideen vortrug. Aufgrund der Forschung änderte sie ihre eigenen Arbeitsroutinen und erlebte einen Kreativitäts- und Energieschub.

Wir würden gern erzählen, dass es Sophie gelang, die Arbeitsplatzkultur zu verändern. Aber das war nicht der Fall. Stattdessen nutzte sie den Schub an Kreativität und Energie, um ihre eigene

Firma zu gründen. Sie arbeitet auch jetzt viele Stunden, aber wenn Körper und Gehirn ihr sagen, dass sie für den jeweiligen Tag genug haben, hört sie darauf.

»Ich will auch keinen Arzt, der schon seit zwanzig Stunden wach ist, keinen Anwalt, der mehr als zwölf Stunden am Tag berechnet – ich weiß, wie nachlässig man arbeitet, wenn man müde ist. Niemand will einen Ingenieur, der nicht sieben Stunden in der Nacht schläft. Deine Arbeit taugt nichts, wenn dein Gehirn nicht ausgeruht ist.«

Wie kannst du die Zeit zum Ausruhen finden?

Wenn man viele Jobs hat, um ein Dach überm Kopf zu haben und/oder kleine Kinder ohne Hilfe allein großzieht, dann hat man vielleicht wirklich nicht zehn Stunden am Tag, um sich zu erholen. Wenn das auf dich zutrifft, hast du andere Probleme zu bewältigen als Burnout, das ist ein anderes Buch. Aber sehen wir uns einmal die typische Woche einer amerikanischen Frau an, vorausgesetzt sie hat einen Vollzeitjob, einen Ehemann und zwei kleine Kinder. Wenn dein Plan ähnlich aussieht wie ihrer, hast du Zeit.[190]

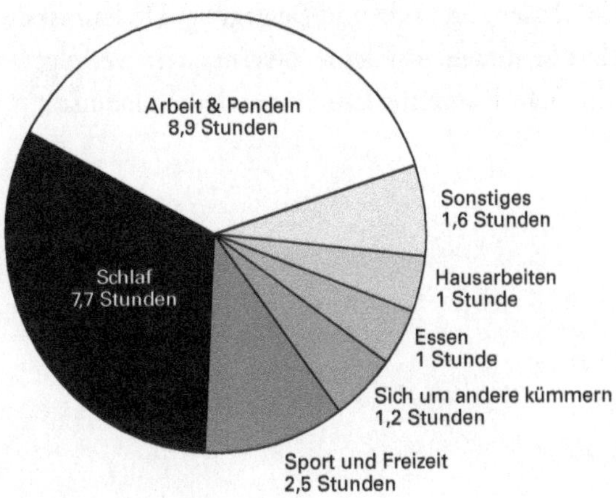

An einem durchschnittlichen Wochentag verbringt sie ungefähr neun Stunden mit der Arbeit – das heißt acht Stunden bei der Arbeit und insgesamt fünfzig Minuten mit der Fahrt dorthin und zurück.[191] Sie schläft knapp acht Stunden. Sie guckt zweieinhalb Stunden Fernsehen.[192] Zwischen ein und drei Stunden kümmert sie sich um andere, eine Stunde erledigt sie Hausarbeit und eine Stunde verbringt sie mit Essen und Trinken. Die restlichen anderthalb Stunden erledigt sie Sonstiges – Aktivitäten in der Gemeinde, Einkaufen, Hobbies und Körperpflege.

Wumm. 24 Stunden.

Für die offensichtlich notwendigen Veränderungen – mehr Schlaf, mehr Sport – gibt es eine ebenso offensichtliche Lösung: weniger Fernsehen oder Einkaufen oder Hausarbeit, was immer am wenigsten zu deiner Default-Mode-Zeit beiträgt.

Schlaf ist die einzige Beschäftigung, bei der du nicht gleichzeitig etwas anderes tun kannst. Den Rest der 42 Prozent kannst du für mehrere Wohlfühlzwecke gleichzeitig verwenden: Mit deiner Familie oder Freunden zusammen essen oder spazieren gehen oder Sport treiben. Mit dem Fahrrad zum Wochenmarkt fahren. *Game of Thrones* mit anderen Fans live bei Twitter kommentieren. Wichtig ist, dass die Zeit zum Entspannen und Wohlfühlen reserviert ist.

So heruntergebrochen ist es denkbar einfach und offensichtlich: Schlaf, Essen, Freunde und Bewegung. Du kannst das folgende Arbeitsblatt benutzen, um deine Zeiten nachzuverfolgen und zu sehen, wo du mehr Raum für Erholung schaffen kannst.

24/7-Arbeitsblatt

Im ersten Kalender notierst du, was du tatsächlich wann und wie lange machst. Wenn du einen ziemlich festen Zeitplan hast, kannst du die Übersicht sofort ausfüllen. Wenn dein Plan sich eher von Tag zu Tag ändert, trage es jeweils ein und schaue, wie die nächsten sieben Tage verlaufen.

1. Gib deine Schlafenszeit an. Es sollte zumindest eine realistische Angabe sein, wann du tatsächlich schläfst. Achte darauf, die Zeit, die du zum Einschlafen brauchst, und die Zeit nach dem Klingeln des Weckers, bis du tatsächlich aufstehst, mit einzurechnen. Das ist deine »Gelegenheit zu schlafen«.
2. Trage regelmäßige Ereignisse ein wie:

    a. Arbeit (mit Fahrzeit)
    b. Kinder (Versorgung und Aktivitäten)
    c. Soziale Aktivitäten, einschließlich der mit deinem Partner (vergiss Sex nicht)
    d. Mahlzeiten (einschließlich Zubereitung)
    e. Baden/Duschen/Haare
    f. Einkaufen (einschließlich Lebensmittel und Online-Shopping)
    g. Fernsehen, Internet/soziale Medien, Solospiele und aufs Handy starren

3. Schätze den Zeitaufwand für weniger vorhersehbare Aktivitäten wie Arzttermine, Autoreparatur, Reparaturen am Haus und so weiter. Eine einfache Möglichkeit für eine grobe Schätzung: Sieh nach, wie viel Zeit du in den letzten zwölf Monaten mit diesen Dingen verbracht hast. Zähle alle Zeiten zusammen, teile sie durch 52 und du hast die durchschnittliche Zeit pro Woche.
4. Markiere alle deine Aktivitäten farblich nach den Bedürfnissen, die sie erfüllen: Kontakt/Beziehung, Ausruhen (sowohl Schlaf als auch Gedanken wandern lassen), Sinn und das Beenden des Stresszyklus.

Im zweiten Kalender stellst du dir vor, wie du dir die Zeit idealerweise einteilen könntest – wobei »ideal« vollkommen subjektiv ist. Du weißt am besten, ob du mehr Schlaf brauchst, stärker das Bedürfnis hast, den Stresszyklus zu beenden, mit anderen zusammen zu sein oder einfach mehr Zeit zu haben.

1. Idealerweise ist dein Schlaf als fester Block von sieben bis neun Stunden jeden Tag eingeplant, einschließlich der Wochenenden, aber du kannst einen Rückstand mit Nickerchen und zusätzlichem Schlaf am Wochenende aufholen.
2. Reserviere jeden Tag dreißig Minuten für ein »stressreduzierendes Gespräch«. Wenn dein Gesprächspartner dein Lebenspartner ist, kannst du zusätzlich ein wöchentliches einstündiges Beziehungsgespräch einplanen. Forscher empfehlen das zur Erhaltung einer befriedigenden Beziehung.[193]
3. Plane drei- bis sechsmal die Woche dreißig bis sechzig Minuten für körperliche Aktivität/Sport ein, plus Fahrtzeit und Vorbereitung.
4. Markiere wieder soziale Beziehung, Ausruhen, Sinn und Beenden des Zyklus.
5. Markiere einige Aktivitäten wie Telefonate, Einkaufen oder Essensvorbereitung, die du nicht dazu genutzt hast, die Gedanken wandern zu lassen, und probiere, ob du in Gedanken von unruhiger Sorge zu gelassenem Entwerfen der Zukunft übergehen kannst.
6. Bonus: Markiere Aktivitäten, die das Patriarchat zerschmettern. Beispiel: Wenn du in einem Job arbeitest, in dem Frauen unterrepräsentiert sind, ist deine ganze Arbeits- und Fahrtzeit Zerschlagung des Patriarchats. Wenn du ein Kind mit dem Ziel erziehst, positive, offene Gendernormen zu vermitteln, ist das Zerschlagung des Patriarchats. Wenn du eine Woman of Colour, eine Hidjabi im Westen, nicht heterosexuell oder cisgender bist oder mit einer Behinderung lebst, bedeutet jeder wache Moment Zerschlagung des Patriarchats.

Es zahlt sich aus, sich mehr auszuruhen, denn du hast während der restlichen 58 Prozent deines Lebens mehr Energie, bist konzentrierter, kreativer, und es ist angenehmer, dich um sich zu haben – ganz zu schweigen davon, dass du ein sicherer Fahrer bist und weniger Fehler machst, die dich später etwas kosten. Du genießt mehr, was du tust, statt einfach zu denken, dass es das »Richtige« ist.

Wir wissen, was zu tun ist, und wir haben die Zeit dazu. Es ist einfach. Offensichtlich. Leicht. Stimmt's?

Natürlich nicht. Wenn es einfach und offensichtlich und leicht wäre, würden wir es alle schon tun. Warum fällt es vielen Menschen so schwer zu ändern, was anscheinend so einfach und offensichtlich ist?

In seinem Buch *Das große Buch vom Schlaf. Die enorme Bedeutung des Schlafs* beschreibt Matthew Walker die kulturelle Vernachlässigung von Schlaf als »Strangulationsschlinge« und verlangt »eine radikale Änderung unserer persönlichen, kulturellen, professionellen und gesellschaftlichen Bewertung von Schlaf«.[194] Zum Beispiel bräuchten wir Schulen – insbesondere weiterführende Schulen –, die später beginnen. Dazu müssten die Eltern flexible Arbeitszeiten haben. Die Arbeitgeber müssten ihren Angestellten die Möglichkeit geben, die Forderungen der Familie mit den Ansprüchen der Firma in Einklang zu bringen. Das ist nur ein Beispiel für grundlegende systematische Veränderungen, die notwendig sind, um eine Welt zu schaffen, in der wir alle ausgeruht und gesund sind. Es wird nicht einfach sein, ausreichend Erholung zu bekommen.

Wenn du dieses Kapitel zu Ende gelesen hast und überlegst, wie du mehr und besser Erholung findest, wirst du feststellen, dass du in einer Welt lebst, in der es schwierig ist, der Erholung mehr Raum zu geben. Aber die Hindernisse zwischen Frauen und Erholung sind noch einmal anders und vielleicht noch schwerer zu überwinden als die für Männer. Der Grund: das Gebersyndrom.

Tatsächlicher Kalender 24/7

	SONNTAG	MONTAG	DIENSTAG
6 UHR			
7 UHR			
8 UHR			
9 UHR			
10 UHR			
11 UHR			
12 UHR			
13 UHR			
14 UHR			
15 UHR			
16 UHR			
17 UHR			
18 UHR			
19 UHR			
20 UHR			
21 UHR			
22 UHR			
23 UHR			
24 UHR			
1 UHR			
2 UHR			
3 UHR			
4 UHR			
5 UHR			

MITTWOCH	DONNERSTAG	FREITAG	SAMSTAG

Idealer Kalender 24/7

	SONNTAG	MONTAG	DIENSTAG
6 UHR			
7 UHR			
8 UHR			
9 UHR			
10 UHR			
11 UHR			
12 UHR			
13 UHR			
14 UHR			
15 UHR			
16 UHR			
17 UHR			
18 UHR			
19 UHR			
20 UHR			
21 UHR			
22 UHR			
23 UHR			
24 UHR			
1 UHR			
2 UHR			
3 UHR			
4 UHR			
5 UHR			

MITTWOCH	DONNERSTAG	FREITAG	SAMSTAG

Das kleine Leck

Das Gebersyndrom errichtet Hindernisse zwischen uns und der Erholung. Wir fühlen uns schuldig, wenn wir schlafen. Wir kritisieren uns, wenn wir etwas tun, das überlebenswichtig für uns ist, weil wir stattdessen andere Dinge erledigen könnten. So viel Schlaf zu bekommen, wie wir brauchen, bedeutet, ein Drittel unseres Lebens nicht die Bedürfnisse anderer zu beachten, und welche Gebende würde sich das erlauben? Dass du dein Bedürfnis nach Erholung verurteilst, wirkt wie ein kleines Leck, aus dem die erholsame Wirkung von Ruhe und Schlaf hinausläuft. Am Anfang dieses Kapitels haben wir gesagt, dass Erholung dich stärker macht, und wir wissen bereits, dass das Gebersyndrom nicht will, dass du stärker wirst.

Wir wollen, dass du stark, gesund, selbstbewusst und fröhlich bist, deshalb möchten wir, dass du das Augenmerk auf die kleinen Lecks richtest und sie mit Wohlwollen und Mitgefühl flickst.

»Hey, Ärger«, sagst du. »Ich verstehe, dass es frustrierend ist, wenn man unter hohem Zeitdruck arbeitet und der notwendige Schlaf den Fortschritt bremst. Manchmal ist es wirklich schwer, ein Mensch zu sein, aber es ist die einzige Familie, die wir haben.« (Verstanden? Mensch? Familie?)

Oder: »Hallo, Sorge. Du bist hier, weil mir die Dinge, die ich mache, wirklich wichtig sind, und du willst sichergehen, dass ich es schaffe. Aber du und ich, wir wissen beide, dass ich meinen Job lausig mache, wenn ich nicht genug schlafe.«

Und: »Hi, Wut. Ich weiß, wir sind in dem Glauben erzogen worden, dass wir nichts wert sind, wenn wir nicht perfekt sind, und perfekt heißt, nicht aufhören zu arbeiten. Es macht uns zu Recht wütend, dass wir nicht die herzliche, bedingungslose Anerkennung erfahren haben, die jedes Kind verdient. Wir wollen uns selbst behandeln, wie wir gern behandelt worden wären, uns erlauben, privilegiert menschlich zu sein.«

»Oh, du bist ausgeruht?«, bemerkt das Gebersyndrom bissig. »Schön für dich. Sich selbst zu pflegen ist *so* wichtig. Super, dass du dafür Zeit hast.«

In Wirklichkeit ist die Botschaft: »Wie kannst du es wagen, gegen die Regeln zu verstoßen und dich selbst so wichtig zu nehmen? Wie kannst du es wagen, auf deinen Körper Rücksicht zu nehmen, während ich das nicht darf? Was ist los mit dir? *Zurück mit dir in die Reihe.*«

Wenn so ein Kommentar geäußert wird, denk daran, dass er von jemandem kommt, der am Gebersyndrom leidet wie wir alle.

»Schön für dich«, sagt ein passiv-aggressiver Kollege, und du kannst staunend sagen: »Es *ist* schön für mich.«

Du kannst sagen: »Früher dachte ich immer, es sei egoistisch, Schlaf Priorität einzuräumen, aber dann wurde mir klar, dass das Gegenteil der Fall ist. Die Menschen, die ich liebe, und die Arbeit, die mir wichtig ist, verdienen, dass ich fit bin, nicht erschöpft, unleidlich und unkonzentriert.«

Oder: »Mir wurde bewusst, dass ich mit mir selbst schlechter umging, als ich es für meine Freunde wollen würde. Und dann erkannte ich, dass ein Teil von mir tatsächlich glaubte, dass ich mit weniger Schlaf auskommen könnte als sie. Wie eingebildet, oder? Anzuerkennen, dass ich Erholung brauche, war eine demütigende Erfahrung, aber eine notwendige.«

Oder lächle einfach. Erinnere dich daran, dass sie am Gebersyndrom leiden, was anstrengend ist. Du weißt es, weil es dir genauso geht.

Ohne Erholung kein Widerstand

Die meisten Bücher und Artikel über die vorrangige Bedeutung von Schlaf und Erholung argumentieren, dass wir produktiver sind, wenn wir uns genügend regenerieren.[195] Es stimmt, dass Erholung uns letztlich produktiver macht, und wenn das Argument hilft, deinen Chef zu überreden, dir mehr Flexibilität zuzugestehen – toll! Aber wir denken, Erholung ist nicht nur wichtig, weil sie dich produktiver macht, sondern weil sie dich glücklicher und gesünder macht, weniger schlecht gelaunt und kreativer. Wir denken, Erholung ist wichtig, weil *du* wichtig bist. Du bist nicht hier, um »produktiv« zu sein. Du bist hier, um du selbst zu sein, dich für eine größere Sache zu engagieren, mit Selbstvertrauen und Freude durch die Welt zugehen. Und dazu musst du dich ausruhen.

In unserer Kultur bemisst sich dein Wert hauptsächlich danach, wie produktiv du bist, als wärst du eine zum Verbrauch bestimmte Ware. Du bist eine Zahnpastatube, die man unerbittlich ausquetscht, bis sie leer ist. Es gab Zeiten in unserer Geschichte, in denen es für manche Menschen tatsächlich und ausdrücklich so war: in Zeiten der Sklaverei. Tricia Hersey-Patrick, Künstlerin und Aktivistin, hat die Website »Nap Ministry« eingerichtet, mit »collective napping installations«, Installationen, die People of Colour schlafend in öffentlichen Räumen zeigen, als Kommentar zu und Aktion gegen die Generationen währende Ausbeutung schwarzer Körper in den Vereinigten Staaten. Ihre Arbeit ist eine direkte Antwort auf die kulturelle Botschaft, dass Menschen, die ihren Körpern die notwendige Erholung gönnen, als »faul« gelten. Schlaf ist ein radikales Gerechtigkeitsthema. Ebenso betrifft es die Bereiche Gender, soziale Schicht und Gesundheitswesen. Schlaf kann nicht nur deinen Körper heilen, sondern auch kulturelle Wunden.

Manchmal verstehen wir unser Schuldgefühl bezüglich Erholung fälschlich als leidenschaftliches Engagement für die Menschen und Ideen, die wir am meisten schätzen. Aber in Wirklichkeit stärkt es den Status quo, wenn die Menschen, die die Welt verändern wollen, glauben, dass Schlaf ein Zeichen der Schwäche und Erholung der Feind sei.

Das Klischee, dass »wir nicht ruhen, bis …« impliziert, dass wir nicht ruhen sollten, bis die Welt zum Beispiel ein sicherer Ort für jeden ist. Aber wenn wir uns selbst unserer eigenen grundlegenden Bedürfnisse als Säugetiere berauben, verausgaben wir uns. Auch wenn es aufgrund der falschen Vorstellung geschieht, dass wir dadurch unser Engagement für ein Thema oder die Menschen, die wir lieben, unter Beweis stellen. Und dann fallen wir aus. Nur wenn wir dafür sorgen, dass wir so viel Energie haben, wie wir verbrauchen, können wir uns weiter für Menschen, Projekte und Ideen engagieren. Es wird häufig übersehen, dass wir genug Schlaf brauchen, um »wach« zu sein.

Jeremy ließ weiter über die Woche Dampf ab, in der er für Dianas Tagesablauf allein verantwortlich gewesen war. Er sagte: »Ich liebe sie sehr, aber gleichzeitig will ich sie manchmal in ihrem Zimmer einsperren, um eine Atempause zu haben. Es ist so anstrengend.«

Julie nickte: »Ich weiß.«

Er ließ sich auf seinen Stuhl fallen. »Ich weiß, dass du das weißt. Das sage ich nicht. Und ich sage nicht, dass ich es nicht wusste. Aber jetzt ist es anders. Das Schwierige ist nicht, dass man sich die ganze Zeit so viel kümmern muss; das Schwierige ist, manchmal musst du es abstellen. Und das ist wie einen Hydranten abstellen. Ich will nicht schreien. Ich will nicht das Arschloch von Vater sein, das schreit. Ich will nicht, dass sie denkt, dass es normal ist, dass ein Mann sie anschreit, verstehst du?«

»Ich weiß«, wiederholte Julie und erinnerte sich daran, warum sie ihn unter anderem liebte.

»Aber dann bringt sie einen wieder zur Raserei und ich will einfach nur … Aber so ein Vater will ich nicht sein. Also muss ich es runterschlucken, ruhig bleiben und nicht reagieren. Ich muss sie ermutigen, ihr feste Zeiten vorgeben, gut gelaunt sein und erklären, warum die Sache, die sie nicht will, großartig ist, und es ist anstrengend«, wiederholte er.

»Ja«, sagte Julie und fragte sich, ob ihm klar war, dass sie das alles ein Jahrzehnt lang für ihn gemacht hatte.

»Ich bin ein guter Vater«, beharrte Jeremy und versuchte anscheinend, sowohl sich selbst als auch sie daran zu erinnern.

Julie holte tief Luft und ließ sie langsam raus, damit die Welle von Gefühlen nicht in ihr stecken blieb. »Ja«, sagte sie. Sie zögerte, wollte keinen Streit provozieren und fügte hinzu: »Wir sind beide bessere Eltern, wenn wir manchmal eine Pause haben.«

Mit einem Lachen machte sie seinen Flynn-Rider-Blick nach und sagte: »Die Sache mit den Gefühlen – soweit ich es gelernt habe, musst du den Stressreaktionszyklus beenden, der aktiviert, aber nicht beendet wurde. Dann kannst du zum Nächsten übergehen.«

»Ja«, sagte Jeremy. Und dann: »Was meinst du mit ›den Stresszyklus beenden‹«?

Als sie im Januar 2017 am Smith College sprach, beantwortete die *MSNBC*-Moderatorin Rachel Maddow die Frage einer Zuhörerin (Emily), wie sie mit Burnout umgehe, folgendermaßen: »Ich gehe nach der Arbeit nach Hause und verbringe Zeit draußen. Ich habe die beste Familie, die man sich vorstellen kann, und tolle Hunde, ich gehe fischen und hacke Holz und benutze dabei verschiedene Regionen meines Gehirns. Das ist das einzige Heilmittel, das ich kenne. Wenn du ausgebrannt bist, liegt das daran, dass du einen bestimmten Gang in deinem Gehirn abgenutzt hast, aber Gott hat dir viele verschiedene Gänge gegeben. Wenn du die anderen benutzt, erholst du dich wieder.«

Die meisten von uns haben gelernt, eher zu glauben, was andere sagen, als darauf zu hören, was ihr Körper ihnen versucht mitzuteilen. Bei einigen von uns ist es so lange her, dass sie auf ihren Körper gehört haben, dass sie kaum noch wissen, wie sie seine Botschaft verstehen und ihr Glauben schenken sollen. Was die Sache noch schlimmer macht: Je erschöpfter wir sind, je lauter das Signal, desto schwieriger ist es, dieses Warnsignal zu hören.

Ohne Erholung kannst du nicht vollkommen du selbst sein. Ohne Schlaf wirst du tatsächlich sterben.

Und jenseits des reinen Überlebens ist Erholung ein erster Schritt, auf deinen Körper zu hören und ihm zu glauben.

Der nächste Schritt ist, friedlich mit der lauten Stimme in deinem Kopf zu leben, die dir sagt, dass du dich nicht ausruhen sollst, die dir sagt, dass du versagst. Wir nennen sie »die verrückte Frau auf dem Dachboden«, und sie ist Thema des nächsten und letzten Kapitels.

tl;dr

- Wir sterben buchstäblich, wenn wir uns nicht erholen. Wirklich. Zeit für Erholung zu finden ist kein #firstworldproblem, kein Luxusproblem; es ist eine Frage des *Überlebens*.
- Wir sind nicht dafür geschaffen, pausenlos weiterzumachen, sondern zwischen Anstrengung und Erholung abzuwechseln. Im Durchschnitt brauchen wir 42 Prozent unserer Zeit – zehn Stunden am Tag –, um uns zu erholen. Wenn wir uns nicht die Zeit nehmen, uns auszuruhen, revoltiert unser Körper und zwingt uns, uns die Zeit zu nehmen.
- Das Gebersyndrom sagt uns, wir ließen uns gehen, wenn wir uns ausruhen, was genauso unsinnig ist wie zu glauben, es sei schwach oder wir ließen uns gehen, wenn wir atmen.
- Deinem Körper die Erholung zu geben, die er braucht, ist ein Akt des Widerstands gegen die Kräfte, die versuchen, das Spiel zu manipulieren und dich hilflos zu machen. Verlange Erholung und du gewinnst die Herrschaft über dein Leben zurück.

WERDE STARK

Um Sophie zu verstehen, muss man das Serienende von Star Trek kennen. Es hat den Titel »Turnabout Intruder«, und wir begegnen darin Dr. Janice Lester, einer ehrgeizigen Frau, die in den Wahnsinn getrieben wird, weil sie nicht das Kommando bekommt, denn zur Welt der Raumschiff-Kapitäne haben Frauen keinen Zutritt. Lester tauscht mit Gewalt den Körper mit Captain Kirk, damit sie endlich Captain sein kann, aber natürlich wird ihr Plan von Kirk durchkreuzt. Am Ende der Episode, nachdem sie gezwungen wurde, wieder in ihren eigenen Körper zurückzukehren, schluchzt sie: »Ich werde niemals Captain sein.« Es ist das Bild einer Frau, die von der Verwirklichung ihres höheren Ziels abgehalten und von der emotionalen Klippe des Monitors ins Loch hilfloser, hoffnungsloser Verzweiflung gestoßen wird.

Nachdem sie abgeführt wurde, sinniert Kirk: »Ihr Leben hätte so erfüllt sein können wie das jeder Frau, wenn sie nur … wenn sie nur.«

Von dem, was Kirk zuvor in der Episode gesagt hat, wissen wir, wie der Gedanke endet: »Wenn sie nur ihr Frausein nicht gehasst hätte.«

Sophies Verhältnis zu Star Trek wurde schwieriger, als sie sich die finale Folge ansah. Es machte sie ein bisschen verrückt, dass die Serie mit dieser fatalistischen Botschaft über die Unnachgiebigkeit des Patriarchats endete und Frauen sogar im 23. Jahrhundert noch von den höchsten Führungspositionen ausgeschlossen waren!

Sophie erzählte uns: »Wenn ich progressive Muskelentspannung mache, stelle ich mir immer Janice Lester vor, wie sie Kirk windelweich prügelt. Sie kommt auf den ›Wenn nur‹-Kommentar zurück und sagt: ›WENN NUR WAS, DU HONK?! Wenn ich ›nur mein Frausein nicht gehasst‹ hätte, du frauenfeindliches Arschloch? Ich habe es ›nicht gehasst, eine Frau zu sein‹, ich hasse es, dass ich dasselbe wollte wie du, aber es wegen meines Körpers nicht bekommen konnte! Und ja, es hat mich verrückt gemacht, und dann hast du gesagt, ich könnte es nicht werden, weil ich verrückt wäre!‹ Und dann schlägt sie ihn zu Brei und alle sagen: ›Ja, das hat er schon lange verdient.‹«

Die Janice Lester in Sophie sieht die Kluft zwischen Wirklichkeit und Idee und verlangt nach Veränderung. In letzter Zeit hat Sophie oft gedacht, dass sie mehr auf diesen Teil von sich hören sollte.

Dieses Kapitel handelt davon, warum das eine hervorragende Idee ist.

Stell dir vor, du kommst in einen Raum und hörst, wie deine beste Freundin sich mit einer Fremden unterhält.

Die Fremde sagt: »Du bist selbst schuld, dass du verletzt wurdest. Warum hast du den Kerl auch so nah an dich rangelassen?«

Oder: »Hör auf. Das interessiert niemanden. Du bist es nicht wert, dass man dir überhaupt zuhört.«

Oder: »Du bist eine dicke, faule Schlampe.«

Wie wäre es für dich, wenn du hören würdest, dass diese gemeine Fremde so etwas zu deiner besten Freundin sagt? Wäre es angenehm? Würdest du so etwas, auf diese Art, zu deiner besten Freundin sagen? Natürlich nicht. Warum also sagen so viele von uns so etwas zu sich selbst? Jeden Tag?

Du verdienst Respekt und Liebe. Du verdienst es, dass man dich schätzt. Du verdienst Freundlichkeit, jetzt, so wie du bist. Nicht, wenn du fünf Kilo abnimmst oder hundert. Nicht, wenn du befördert wirst oder deinen Abschluss machst oder heiratest oder ein Kind bekommst. Jetzt.

Wir sind bestimmt nicht die Ersten, die dir das sagen, und trotzdem quält dich die fiese Fremde in deinem Kopf immer noch. In diesem Kapitel sprechen wir darüber, woher die fiese Fremde kommt und was du gegen sie tun kannst.

Was deinen Körper angeht, können wir dir nicht versprechen, dass du schließlich frei von Selbstkritik bist. Aber wir versprechen dir, dass du dich selbst mehr lieben wirst, was zu mehr Freude, besserer Gesundheit, stärkeren Beziehungen und einer größeren Belastbarkeit führt, wenn du zu kämpfen hast.

Die verrückte Frau auf dem Dachboden

Amelias Lieblingsbuch ist *Jane Eyre*. Als sie es als Teenager zum ersten Mal las, hätte sie nicht so klar wie heute sagen können, was so nachhaltig auf sie gewirkt hat: Es ist die verrückte Frau, die auf dem Dachboden lebt. Rochester, der Romanheld, hat – Spoiler – seine verrückte Ehefrau auf dem Dachboden eingesperrt. Und wenn man darüber nachdenkt, wer würde das nicht tun? Den Dämon aus unserer Vergangenheit oder Gegenwart wegsperren, der uns verfolgt und daran hindern will, das zu tun, was wir uns am meisten wünschen? Es ist eine verbreitete Metapher, die viele anspricht, ganze Bücher wurden über die verrückte Frau als literarisches Symbol für das Gefangensein der Frauen in den widersprüchlichen Rollen von »Dämonin« und »Engel« geschrieben.[196] Die Aktivistin und Wissenschaftlerin Peggy McIntosh hat 1989 über ihre verrückte Frau Folgendes geschrieben: »Sie ist abwechselnd verrückt vor Wut auf die, die dafür sorgen, dass sie sich vorkommt wie eine Betrügerin, und beflügelt von der Erfahrung ihrer elementaren Verbundenheit mit dem Universum … [Sie sagt:] ›ICH WEISS VIELLEICHT NICHT, WER ICH BIN, ABER IHR VERDAMMTEN SCHARLATANE WISST ES TODSICHER AUCH NICHT. ALSO SAGT MIR NICHT, WER ICH BIN.‹ Am nächsten Tag sah sie mich an und sagte: ›Du brauchst mich. Ich bin für dich da.‹ Jetzt verbringe ich viel Zeit damit, mich um sie zu kümmern. und das ist sehr hart für meine Familie. Und hier ist sie und sagt, dass ich sie brauche. Vielen Dank.«[197]

Jede verrückte Frau ist anders. Für dich ist sie vielleicht mehr wie ein Schatten, der dir immer folgt und dich ständig daran erinnert, was du nicht bist. Oder eine spindeldürre Kreatur, die unter dem Bett lauert, bis du eine zu enge Jeans anziehst oder eine Textnachricht schreibst, von der du sofort wünschst, du hättest sie nicht abgeschickt. Oder, wie es eine Freundin ausdrückt, »eine jammernde, lästige sechsjährige Göre, die denkt, dass sie alles weiß, und nicht den Mund hält – gib mir Kraft –, bis ich tief durchatme, dann ist sie ruhig.«

Eine andere Freundin sagte: »Sie ist die dünnere, jünger aussehende, reichere, besser gekleidete, nach herkömmlichen Standards hübschere Version von mir, die in dem tollen, viel größeren Haus mit dem perfekt gepflegten Rasen lebt. Von außen scheint es tatsächlich so, als hätte sie alles im Griff. Aber ich weiß (und ich muss mich immer wieder daran erinnern, die *ganze* Zeit), dass sie irgendwo tief im Innern trauriger und einsamer ist und abgesehen vom Äußeren nicht viel mehr hat als ich.«

Wieder eine andere Freundin sagt: »Meine ist mehr eine Teenagerversion: das kluge, ruhige, traurige und niedergedrückte Mädchen, das in der Klasse immer hinten saß und mit dem niemand sprach … Wenn etwas schiefläuft, höre ich sie hinten in meinem Kopf sagen: Ich hab's dir gesagt.«

Immer wieder beschreiben Frauen ihre verrückte Frau als unbequem, sogar unangenehm. Sie illustrieren ihre Zerbrechlichkeit, Verletzlichkeit oder Traurigkeit.

Dieser unbequeme, zerbrechliche Teil von uns hat eine sehr wichtige Funktion. Er ist in uns gewachsen, um die klaffende Lücke zwischen dem, was wir sind, und dem, was das Gebersyndrom von uns erwartet, zu bewältigen. Diese Frau ist der Teil von uns, der die unmögliche, quälende Aufgabe hat, die unüberbrückbare Kluft zwischen uns und den Erwartungen an uns zu überbrücken. Es ist eine Form der Folter, wie bei Sisyphus, der auf ewig einen Fels einen Berg hinaufwälzen muss, welcher kurz vorm Gipfel jedes Mal wieder hinunterrollt. Sie pendelt für immer zwischen Wut und Verzweiflung.

Wenn du dich selbst dafür bestraft hast, dass du zu einer Freundin Nein sagen musstest, war es die verrückte Frau. Wenn du dir sicher bist, dass es deine Schuld war, dass eine Beziehung zerbrach, dass du mehr hättest tun können, war es die verrückte Frau. Wenn du, wie so viele Frauen, die wir kennen, unzufrieden bist, wenn du in den Spiegel siehst, ist es die verrückte Frau, die dich ansieht.

Wenn sich die unüberbrückbare Kluft zwischen uns und dem, was von uns erwartet wird, auftut, ist es die verrückte Frau, die die Situation bewertet und entscheidet, was das Problem ist. Sie hat nur zwei Möglichkeiten: Entweder ist die Welt ein verlogenes Arschloch mit falschen Erwartungen oder es stimmt etwas nicht mit *uns*.

Manche verrückten Frauen sind mehr beschützend als destruktiv; manche sind eher traurig als wütend; manche haben Sinn für Humor. Sie sind der Schatten: das verletzte kleine Mädchen, der niedergedrückte Teenager, die »perfekte« Ausgabe von uns, die verrückte Frau auf dem Dachboden, die uns anschreit, schreckliche Dinge sagt, die durchs Haus hallen. Wie ist deine? Nimm dir ein paar Minuten Zeit und stell sie dir vor – ihre Unbequemlichkeit und ihre Zerbrechlichkeit.

Lerne deine »verrückte Frau« kennen

Beschreib deine verrückte Frau in Worten oder Bildern. Wende dich dem schwierigen, zerbrechlichen Teil von dir zu, der versucht, die unüberbrückbare Kluft zwischen dir und dem, was von dir erwartet wird, zu überwinden. Wie sieht sie aus? Wann wurde sie geboren? Wie lautet ihre Geschichte?

Was sagt sie zu dir? Formuliere ihre Gefühle und Gedanken. Stell fest, an welchen Aspekten deines Aussehens und deiner Persönlichkeit sie harte Kritik an dir übt, dich bloßstellt oder perfektionistisch ist. Markiere diese Punkte in verschiedenen Farben. Sie sind der Grund für deine Erschöpfung.

Kannst du hinter ihrer Verrücktheit Traurigkeit oder Angst erkennen? Frag sie, wovor sie Angst hat oder worüber sie sich grämt. Hör dir ihre Geschichten an – vergiss dabei nie, dass sie eine Verrückte ist. Erinnere sie, dass du die Erwachsene bist, die Hausbesitzerin oder die Lehrerin und sie darauf vertrauen kann, dass du den Dachboden behältst, sodass sie immer einen sicheren Ort haben wird.

Danke ihr für die harte Arbeit, die sie geleistet hat, damit du überlebst.

Scharfe Selbstkritik

In ihren Memoiren *Yes Please* beschreibt Amy Poehler ihre verrückte Frau als eine Dämonin, die »ihren säuerlich riechenden Mund an dein Ohr legt und dich daran erinnert, dass du dick und hässlich bist und keine Liebe verdienst.«[198] (Im Hörbuch wird die Dämonin von Kathleen Turner gesprochen.) Das ist scharfe Selbstkritik, die dich für die Diskrepanz zwischen dir und dem, was von dir erwartet wird, verantwortlich macht und sie als Zeichen deines grundlegenden Versagens im Leben wertet. Das Ergebnis ist Schuld und Scham.

Wie Brené Brown schreibt: »Schuld ist: ›Ich hab einen Fehler gemacht.‹ Scham ist: ›Ich bin ein Fehler.‹« Schuld spiegelt dir im Gegensatz zu Scham zumindest vor, dass du es eines Tages verdienen könntest, als vollwertiger Mensch zu gelten. Wenn wir Scham empfinden, verurteilen wir den Kern unseres Selbst.[199]

Vielleicht noch heimtückischer als sich selbst Versagen vorzuwerfen ist es, den eigenen Erfolg zu kritisieren. Diese Selbstkritik schleicht sich ein, wenn du einen Preis gewinnst oder einen Dankesbrief erhältst. »Für wen hältst du dich?«, zischt die verrückte Frau. »Du denkst, du seist so gut wie die anderen? Na, das bist du nicht! Also denk nicht, du seist ›okay, wie du bist‹. Und jetzt zurück mit dir an deinen Platz!«

Verheerender Perfektionismus

Einige verrückte Frauen richten auf eine weitere Art verheerenden Schaden an: durch Perfektionismus. Perfektionismus kann viele verschiedene Formen haben – einige davon sind im Allgemeinen harmlos oder sogar nützlich und einige potenziell sehr schädlich.[200]

Im Allgemeinen harmlos: Ordnungsliebe, detailgenau sein und die eigene Arbeit auf Fehler prüfen, hohe Maßstäbe an sich und andere anlegen. Alle diese Faktoren können verheerend werden und im Extrem sogar mit einer Zwangsstörung verbunden sein. Das geschieht, wenn Perfektionismus als schlecht angepasste Strategie fungiert, um Stress, Depression, Angst, Einsamkeit, unterdrückte Wut und hilflose Verzweiflung zu bewältigen. Aber wenn du mit den Gefühlen gut zurechtkommst (also planvolle Problemlösung und positive Neubewertung benutzt), schaden dir hohe Maßstäbe und Ordentlichkeit nicht.

Im Allgemeinen verheerend: Der Glaube, wenn nicht alles perfekt sei, tauge es nichts – zum Beispiel, wenn du einen Fehler machst, sei alles ruiniert – und das Gefühl, von anderen unter Druck gesetzt zu werden, bei allem, was du tust, Erfolg zu haben. Diese Bereiche von Perfektionismus sind mit Depression, Angst, Essstörung, negativen Beziehungen und Gefühlen von Hilflosigkeit verbunden.

Das grundsätzliche Problem mit Perfektionismus ist, dass er Schreckliches mit deinem Monitor anstellt. Du hast das Ziel »Perfektion«, das ein unmögliches ist, wenn du ein Projekt beginnst oder ein Menü kochst oder ein Outfit anprobierst oder morgens aufstehst, denn sobald etwas nicht perfekt ist, ist die ganze Sache ruiniert. Manchmal weiß ein Teil von dir bereits, dass es ein unmögliches Ziel ist, und das denkst du dann auch über dein Projekt oder Menü oder Outfit oder den Tag, wissend, dass du das Ziel nie erreichen wirst. Deshalb fühlst du dich hilflos, noch bevor du überhaupt angefangen hast.

Selbstmitgefühl

Das Gegenteil von scharfer Selbstkritik und verheerendem Perfektionismus ist Selbstmitgefühl. In den letzten zwanzig Jahren hat es massenhaft Untersuchungen gegeben, die belegen, wie viel besser es Menschen geht, wenn sie weniger Selbstkritik üben und mehr Selbstmitgefühl haben.[201] Du hast sicher schon von Selbstmitgefühl gehört. Du hast Kristin Neffs TED-Talk gesehen oder ihre Bücher gelesen oder Chris Germers Bücher. Oder es ist eines der Dinge, von denen du weißt, dass du sie praktizieren solltest, wie Meditation oder Achtsamkeit oder Dankbarkeit. Du hast dir gedacht: *Ja, wir sollten alle milder mit uns sein!* Oder: *Ich sollte nicht so hart mit mir selbst sein.*

Und du hast recht, Selbstmitgefühl ist gut für dich. Oder zumindest ist das Fehlen von Selbstmitgefühl schädlich – es führt zu Selbstverurteilung, Isolation und übermäßiger Identifizierung mit unserem Leiden.[202] Selbstmitgefühl reduziert Depression, Angst und Essstörungen. Es verbessert die allgemeine Lebenszufriedenheit. Wenn du milde mit dir selbst bist, wirst du stark.

Vielleicht hast du schon einmal eine Zeit lang Selbstmitgefühl praktiziert – und vielleicht bist du irgendwann wieder in die Gewohnheit verfallen, dich selbst zu bestrafen.

Dann hat dich jemand daran erinnert, Selbstmitgefühl zu praktizieren, und du hast gesagt: »Ich *weiß*, ich sollte netter zu mir sein, ich bin so eine …«

Hör sofort auf! Du sprichst über unsere Schwester, und wir werden nicht zulassen, dass du gemeine Dinge über sie sagst.

Wenn Selbstmitgefühl so gut für uns ist, warum praktizieren wir es dann nicht? Nachdem wir ein Jahrzehnt Selbstmitgefühl gelehrt und ein ganzes Leben mit unserer eigenen verrückten Frau gelebt haben, haben wir drei Gründe gefunden, warum die Sache mit dem Selbstmitgefühl, die so verlockend scheint, erstaunlich schwierig ist.

Selbstmitgefühl ist schwer, Teil 1: Wir brauchen unsere Peitschenhiebe … oder?

Viele von uns zwingen sich ihr ganzes Leben dazu, härter zu arbeiten, mehr zu tun, besser zu sein. Wir fühlen uns als Versager, wenn wir jemandes Erwartungen nicht erfüllen, und wir schelten uns, »arrogant« zu sein, wenn wir einen Erfolg feiern, oder »bequem«, wenn wir etwas akzeptieren, das nicht perfekt ist. Wenn wir eine Kluft zwischen uns und dem, was von uns erwartet wird, bemerken, versetzt uns die verrückte Frau einen Peitschenhieb – das heißt, wir schlagen uns selbst. Paradoxerweise haben wir alles, was wir bis dahin im Leben geleistet haben, ob es ein akademischer Abschluss, Ausbruch aus instabilen Familienverhältnissen, finanzieller Erfolg oder die Gründung einer eigenen Familie ist, auf diese Weise erreicht.

Das ist die Tragik der verrückten Frau. Sie schlägt uns und wir erreichen etwas. Deshalb denken wir, wegen der Schläge haben wir Dinge erreicht und ohne Schläge erreichen wir nichts.

Das ist das häufigste Argument, das wir hören, wenn sich Menschen gegen Selbstmitgefühl wehren. Sie haben Sorge, wenn sie aufhören, sich selbst zu strafen, verlieren sie jede Motivation, sitzen nur herum, gucken *Real Housewives* und essen Cornflakes aus der Packung, dazu eine Dose Bud Light.

Das Argument hält nicht einmal der oberflächlichsten Überprüfung stand. Arbeiten wir wirklich nur für unsere Ziele, weil wir uns foltern, sobald wir ans Aufhören denken? Verfallen wir in ewige Apathie, sobald wir die Peitsche weglegen? Natürlich nicht. Tatsächlich ist das Gegenteil der Fall: Wir schlagen uns selbst nur, weil unsere Ziele uns so wichtig sind, dass wir bereit sind, diesen selbst zugefügten Schmerz zu ertragen, wenn es nötig ist. Und wir glauben, dass wir nur deswegen so viel geleistet haben, weil wir es immer so gemacht haben.

Intensives Praktizieren von Selbstmitgefühl funktioniert; es reduziert Stresshormone und verbessert die Laune.[203] Jahrelange Forschung hat bestätigt, dass sich selbst zu vergeben zu größerem physischen und geistigen Wohlbefinden führt.[204] Und das alles, ohne dass deine Motivation, Dinge zu tun, die dir wichtig sind, vermindert wird.

Viele Frauen, die das lesen, werden feststellen: Wenn sie sich der harten Kritik und dem giftigen Perfektionismus ihrer verrückten Frau stellen, werden sie tief in ihrem Innern wissen, dass sie ihr Möglichstes tun. Sie werden sich vergeben, wenn ihr Möglichstes manchmal nicht reicht. Sie werden merken, wie sie sich selbst schlagen, und üben, die Peitsche wegzulegen. Denn sie werden erkennen, dass nicht die Bestrafung sie stärker macht, sondern ihre Beharrlichkeit, ihre Beziehungen, ihre Fähigkeit sich auszuruhen. Sie wissen, dass es sie stärker macht, wenn sie freundlich mit sich selbst sind, und sie wollen stark sein.

Aber einigen von uns sagt eine harte, fiese, verrückte Frau, dass wir es nicht *verdienen würden*, weniger Stress und bessere Laune zu haben. Sie sagt, es sei richtig, dass wir leiden, wir würden weder Freundlichkeit noch Mitgefühl noch wachsende Stärke verdienen. Deshalb bestraft sie uns für immer, egal, was wir leisten.

Bei dieser Dynamik handelt es sich nicht nur um Selbstkritik, sondern um Selbst*verfolgung*.[205] Menschen, die Missbrauch und Vernachlässigung erfahren haben, elterliche Zurückweisung und Demütigung, neigen eher zu harter Selbstkritik und reagieren darauf mit einem Gefühl der Hilflosigkeit und Isolation.[206] Wenn Menschen mit Depression versuchen, sich selbst zu beruhigen und zu bestärken, antwortet das Gehirn mit der Aktivierung des Bedrohungszentrums.[207] Tatsächlich ist die Angst vor Mitgefühl *mit sich selbst* verbunden mit Angst vor Mitgefühl *von anderen*. Das bedeutet: Sie sind unbewusst überzeugt davon, dass ihr isolierter Zustand gut und richtig sei. Sie denken, Isolation schütze andere vor ihrem wahren, schlechten Kern. Wenn sie litten, sei es nur gut; es verhindere, dass sie stark würden, was dazu führen könnte, dass sie Macht hätten, die sie unweigerlich falsch einsetzen oder sogar missbrauchen würden.

Wenn das bei dir so ist, beginne nicht mit Selbstmitgefühl. Beginne damit, gütig gegen andere zu sein. Metta-Meditationen, bekannt aus dem Buddhismus, beinhalten Liebe, Mitgefühl, Frieden und Ruhe für alle Menschen, von denen, die uns am wichtigsten sind, über die, die wir kaum kennen, zu völlig Fremden, bis hin zu Feinden. Wenn Selbstmitgefühl unmöglich erscheint, versuch es mit Güte gegen andere.

Es war die Abrechnung mit ihrer verrückten Frau, die es Julie schließlich ermöglichte, sich mit ihrer Unvollkommenheit zu arrangieren.

Amelia erzählte ihr davon, einschließlich der Jane-Eyre-Geschichte, die die Englischlehrerin in ihr liebte.

»Das ist also deine verrückte Frau?«, fragte Julie. »Bertha in einem Hinterzimmer?«

»Ich glaube ja«, sagte Amelia. »Sie ist geistesgestört und gefährlich, aber sie ist auch wegen der Ignoranz der Gesellschaft dort gefangen. Ich habe viel Sympathie für sie.«

»Was ist mit Emily? Was ist ihre verrückte Frau?«

»Hast du Moana gesehen?«

»Nur ungefähr 700 Mal. Ich habe ein Kind, wie du weißt.«

»Emily sagt, ihre verrückte Frau ist Te Ka, das furchterregende Lavamonster, das, wie sich herausstellt, zugleich Te Fiti, die Göttin des Lebens, ist.«

»Ah! Es ist interessant, dass keine von beiden das ist, was sie oberflächlich betrachtet zu sein scheint«, sagte Julie. »Ich werde darüber nachdenken.«

Das tat sie. Zuerst dachte sie, ihre verrückte Frau sei eine »perfekte« Version von ihr. Die perfekte Ehefrau und Mutter, die perfekte Lehrerin, die perfekte Freundin, die perfekte Tochter. Perfekt. Fröhlich, geduldig, klug, mühelos in allem gut, eine, die nie etwas braucht. Sie blickte lässig auf die wirkliche Julie mit ihren Bedürfnissen, Fehlern und menschlichen Grenzen hinab.

Das Schlimmste war, dass die perfekte Julie nicht nur dafür sorgte, dass Julie gemein zu sich selbst, sondern auch gemein zu anderen war. Manchmal kritisierte sie andere. Manchmal war sie gemein zu Jeremy, weil er nicht den Ansprüchen der perfekten Julie entsprach.

Als Julie einen Samstagnachmittag von der Physiotherapie nach Hause kam, saßen Diana und Jeremy zusammen am Küchentisch, Diana machte Hausaufgaben, Jeremy benotete Klassenarbeiten. Julie sah ihre Tochter an und fragte sich, welche Art verrückter Frau in ihrem Kopf heranwuchs, fragte sich, wie sie mit den absurden Erwartungen umging, die die Welt an sie stellte.

Und ihr wurde klar, dass die »perfekte Julie« nur ein Schutz war, den sie errichtet hatte, um ihre wahre verrückte Frau zu schützen – die keine Frau war, sondern ein kleines Mädchen.

Dieses kleine Mädchen war sensibel und fürchtete Zurückweisung. Sie liebte Bücher und Theater. Sie streifte sich die »perfekte Julie« über, wie ein kleines Mädchen die Schuhe seiner Mutter anzieht, Lippenstift aufträgt und eine Rolle spielt. Sie spielte »erwachsene Dinge tun«, trug es wie ein Kostüm. Zuerst war es ein Spiel gewesen, wie Haus spielen, damals, als sie in Dianas Alter war. Aber als Julie älter geworden war, wurde das Kostüm der perfekten Julie notwendig, um die Tatsache zu verbergen, dass sie darunter ein Mädchen war, das niemanden wütend machen wollte.

Sobald sie die Fassade ihrer verrückten Frau durchschaute, war der Rest einfach. Von dem Tag an, wenn sie die Verachtung der perfekten Julie spürte, wandte sie sich der kritischen Stimme zu wie einem kleinen Mädchen, das sich hinter einer Maske versteckte.

»Hey, Kleines«, sagte sie zu sich. »Du musst mir nichts vormachen.«

Sie konnte das imaginäre kleine Mädchen in ihrem erwachsenen Schoß halten und sie beruhigen, dass niemand wütend sei und es okay sei, Bedürfnisse zu haben. Menschen würden für sie da sein.

Selbstmitgefühl ist schwer, Teil 2: Heilung schmerzt

Jahrzehntelang hast du dich mit der Peitsche geschlagen und noch härter gearbeitet, wenn du festgestellt hast, dass du irgendeiner Norm nicht genügt hast – Noten nicht gut genug, Gesicht nicht hübsch genug, Gefühle nicht kontrolliert genug, die Lieben nicht glücklich genug. Jedes Mal hat die Peitsche Wunden in deine Seele geschlagen, alte Wunden wieder aufgerissen, es hat geschmerzt und geblutet.

Sich selbst zu bestrafen verursacht Schmerz, deshalb suchen wir gleichzeitig nach Möglichkeiten, mit dem Schmerz umzugehen und ihn erträglich zu machen. Manche von uns gewöhnen sich daran, die ganze Zeit mit einem gewissen Maß an Schmerz zu leben, sie betrachten es als normal. Es ist der Preis für die Hoffnung, eines Tages die Norm des Gebersyndroms zu erfüllen und schließlich, zu guter Letzt, ganz zur privilegierten Gemeinschaft zu gehören und Liebe zu verdienen.

Manchmal sind die Verletzungen so schwer, dass wir zu gefährlichen Maßnahmen greifen – zu Alkohol und anderen Drogen, Selbstverletzung, Essstörungen, zwanghaftem Verhalten. Maßnahmen, die den Schmerz vielleicht kurzfristig betäuben, aber langfristig die Wunden vertiefen. Deshalb raten wir dir, die Peitsche wegzulegen.

Mach den Realitätscheck: Was würde tatsächlich passieren, wenn wir die Peitsche hinlegen, aufhören uns zu schlagen und uns unseren Gefühlen mit Güte und Mitgefühl zuwenden würden? Stell es dir vor. Lass deine verrückte Frau die Peitsche hinlegen.

Zuerst werden die Wunden heilen, die du dir jahrelang zugefügt und immer wieder aufgerissen hast. Die Tatsache, die die meisten Selbsthilfe-Gurus unterschlagen, ist, dass Heilung wehtut. Wenn du dir das Bein brichst, tut das weh. Und es schmerzt, bis es nicht mehr gebrochen ist. Zwischen dem Moment, in dem du es dir brichst, und dem Moment, in dem es verheilt ist, gibt es keine Zeit, in der es sich okay anfühlt. Denn Heilung schmerzt. Und was machst du mit einem gebrochenen Bein? Du legst es in einen Gips, um eine Umgebung zu schaffen, die Halt gibt und es dem Knochen ermöglicht zu heilen.

Sobald du aufhörst, Wunden wieder aufzureißen, die du dir jahrelang zugefügt hast, beginnen sie allmählich zu heilen. Es ist eine neue Art von Schmerz, der mit neuen Strategien bewältigt werden muss. Mit der alten Art Schmerz konntest du gut umgehen, jetzt musst du lernen, mit dieser ganz neuen Art von Schmerz klarzukommen. Teilnehmer einer Mitgefühltherapie sagten, es sei, als würden sie »eine Quelle unerträglicher Trauer öffnen«, wenn sie begännen, Selbstmitgefühl zu praktizieren.[208]

Eine Freundin von uns, die Sexualtherapeutin Rena McDaniel, vergleicht den Schmerz mit dem Brennen des Desinfektionsmittels in der Wunde. Es ist eine gesunde Art von Schmerz, denn er sorgt dafür, dass die Wunde sauber verheilt. Wenn wir es so formulieren (positive Neubewertung), hilft uns das, ihn zu ertragen und Strategien zu finden, damit umzugehen, die nicht betäuben oder potenziell giftig sind, sondern die Heilung erleichtern.

Amelia bevorzugt die Hummer-Analogie: Ein Hummer ist ein weiches Tier in einer harten Schale. Es wächst, aber die Schale wächst nicht. Irgendwann wird es zu groß für die Schale, und da es unangenehm ist, so eingeengt zu sein, krabbelt es unter einen Felsen, wirft die zu kleine Hülle ab und legt sich eine neue, dickere Schale zu. Der

Prozess ist unangenehm und der Hummer zeitweise verletzlich, aber letztlich gewinnt er eine neue Größe und Stärke, die er nicht entwickelt hätte, wenn er den Kampf nicht durchgestanden hätte.

Welche Metapher du auch benutzt, Selbstmitgefühl ist nicht immer eine angenehme oder friedliche Erfahrung, aber sie hilft uns, stärker zu werden. Das führt uns zum nächsten Punkt.

Selbstmitgefühl ist schwer, Teil 3: Stärke ist beängstigend

Stell dir vor, du hast den Wunsch aufgegeben, der äußeren Norm zu entsprechen. Du hast die Peitsche weggelegt und die Wunden haben angefangen zu heilen. Du hast neue Strategien gelernt, mit diesem neuen Heilungsschmerz umzugehen.

Was dann? Während der Heilung werden wir stärker. Und stärker. Und stärker. Stärker, als wir jemals zuvor waren. Stärker vielleicht, als wir für möglich gehalten haben. Wir werden stark genug, um uns nicht mehr vom Gebersyndrom herumschubsen zu lassen.

Das Gebersyndrom wird zurückschlagen. Wir werden eine Gegenreaktion erleben. Wir fürchten vielleicht die Bestrafung durch die Umwelt, wenn wir es wagen, stark zu werden. Aber manchmal ist unsere eigene Stärke auch beängstigend für uns selbst. Wie geht es dir bei der Vorstellung, so stark zu sein?

Die Wahrheit ist, dass viele von uns Angst davor haben, wie stark wir werden könnten, wenn wir unsere Energie nicht länger dafür verbrauchen würden, mit dem Schmerz fertigzuwerden, den wir uns durch Selbstkritik selbst zugefügt haben.

Wir haben nicht nur Angst davor, dass andere über uns herziehen. Wir wissen auch, dass mit mehr persönlicher Stärke mehr persönliche Verantwortung verbunden ist, und wir fürchten uns vor der größeren Verantwortung. Nehmen wir an, du hast ein Hobby, das für andere Menschen von Nutzen ist, und sie beginnen, dich dafür zu bezahlen. Es entwickelt sich ein kleines Geschäft daraus, und das kleine Geschäft wächst. Irgendwann musst du dein Leben neu organisieren, dich mit Vermarktung und dem Steuersystem auseinandersetzen, potenzielle Partner und Kunden treffen, Leute einstellen, für die du eine soziale Verantwortung übernimmst. Es geht jetzt nicht mehr nur um dich und dein Hobby, sondern es hängt der Lebensunterhalt anderer Menschen davon ab. In vielen von uns gibt es eine leise Stimme, die sich sorgt, dass wir eines Morgens im Firmenbüro stehen und keine Ahnung haben, was wir da eigentlich machen. Du bist auf all das im Moment noch nicht vorbereitet. Es ist schwer, dir vorzustellen, wie es sein wird und wie bereit du dafür vielleicht sein wirst, nachdem du den Wachstumsprozess durchgemacht hast. Dass wir uns nicht vorstellen können, wie wir sein könnten, mit mehr Wissen, Kompetenz und Stärke, die wir in Zukunft erlangen, kann uns davon abhalten, überhaupt einen Schritt in die Zukunft zu tun.

Selbstmitgefühl zu haben ist zuerst schwierig. Das ist normal. Für manche Menschen bleibt es hart. Das ist auch normal. Aber Selbstmitgefühl zu praktizieren macht dich stark. Und so geht es.

Wie du stark wirst, Teil 1: Freunde dich mit deiner verrückten Frau an

Wenn du noch keine Vorstellung von der Persona deiner verrückten Frau hast, nimm dir Zeit und stell sie dir vor. Mach es jetzt, wir warten.

Okay.

Die Personifizierung deiner verrückten Frau auf dem Dachboden dient dazu, dich von ihr abzugrenzen und eine Dynamik zu erzeugen. Ziel ist es, eine Beziehung zu ihr zu entwickeln wie zu deinen Freunden – mit komplexem Verstehen. Im Allgemeinen können wir andere weitaus besser verstehen als uns selbst.[209] Irgendwie – es ist nicht ganz klar, woran das liegt – neigt selbst jemand, der über eine außerordentliche Fähigkeit zu intuitivem Verstehen verfügt, dazu, in den Modus kritischer Analyse zu wechseln, wenn es um seine eigene innere Erfahrung geht. Das heißt, wenn wir über unser Leben nachdenken, reißen wir unsere Entscheidungen und Handlungen aus dem Zusammenhang, abstrahieren von ihrer Einmaligkeit und beurteilen sie nach den falschen Normen des Gebersyndroms. Wenn wir unsere Selbstkritik jedoch personifizieren, können wir uns besser mit ihr auseinandersetzen. Irgendeine Art von »Personifizierung« kennzeichnet viele Therapieansätze, viele haben erkannt, wie wirkungsvoll es ist, neben unsere Selbstkritik zu treten und sie mit freundlicher Neugier zu betrachten.[210]

Wenn wir die Selbstkritik personifizieren, können wir sie im Zusammenhang verstehen. Durch komplexes Verstehen kannst du dein Selbst von der verrückten Frau unterscheiden und eine Beziehung zu ihr aufbauen – vielleicht sogar eine Freundschaft. Diese Freundschaft zu deiner inneren Erfahrung (der Selbstkritik) ist sehr mächtig. Wenn du ernsthaft zu kämpfen hast und positive Neubewertung nicht ausreicht, um den Kampf erträglich zu machen, kann Selbstmitgefühl helfen.[211] In dem Zeichentrickfilm *Alles steht Kopf* gelingt es Freude nicht, Bing Bong aufzumuntern, indem sie sagt: »Hey, es wird alles gut. Wir können das in Ordnung bringen!« Positive Neubewertung funktioniert hier nicht. Erst als Kummer sich zu ihm setzt und mitfühlend mit ihm weint, geht es Bing Bong besser. Besonders für Menschen mit einem hohen Maß an Selbstkritik und Scham ist es heilsamer, sich ihrer inneren Erfahrung mit Güte und Mitgefühl zuzuwenden, als sie positiv zu bewerten.[212]

Es wird immer eine Kluft zwischen dir und dem, was von dir erwartet wird, geben. Es spielt keine Rolle, wie groß die Kluft ist oder welcher Art oder sonst was. Wichtig ist nur, wie du mit ihr umgehst – das heißt, welche Beziehung du zu deiner verrückten Frau hast.

Wende dich dem selbstkritischen Teil von dir mit Güte und Mitgefühl zu. Danke ihm für die harte Arbeit, die er geleistet hat, um dir überleben zu helfen.

Wie du stark wirst, Teil 2: »Turn and face the strange«

Das ist eine Textzeile aus David Bowies Lied »Changes«. Es handelt davon wahrzunehmen, was geschieht, egal was, ohne es zu bekämpfen. Darum geht es eigentlich in diesem Buch: der Wahrheit ins Auge zu sehen. Und wenn du kannst, die Wahrheit anzunehmen. Aber der erste Schritt ist, sie zu erkennen – die ganze Wahrheit. Auch die, die dir fremd und unbequem ist. Es ist vielleicht der stärkste »Wirkstoff« der Achtsamkeit.[213]

Diese Erfahrung wird häufig als »Akzeptieren« beschrieben und in gewisser Hinsicht geht es bei buddhistischer Meditation darum. Wir schätzen das Wort weniger, weil es mit Hilflosigkeit konnotiert ist – in Sätzen wie »Akzeptiere einfach, dass es so ist, und gib die Hoffnung auf, dass du es ändern kannst.«

Deshalb benutzen wir lieber den Begriff »Beobachtungsabstand«. Die meisten Menschen sind nicht besonders gut darin, aber es ist erlernbar. Wir wollen das an einem relativ harmlosen Beispiel illustrieren. In unserem Teil der Welt (westliches Massachusetts) erhalten Hausbesitzer monatlich einen Brief von ihrem Stromkonzern, in dem ihr Energieverbrauch mit dem ihrer Nachbarn verglichen wird. Es hat sich gezeigt, dass diese Art von Vergleichsinformationen zur Reduktion des Energieverbrauchs führt, wodurch die Menschen Geld sparen, und es verringert ihren CO2-Fußabdruck.[214] In einer idealen Welt würde diese Information einfach dafür sorgen, dass wir uns fragen: »Kann ich vielleicht noch mehr tun?«, selbst wenn die Antwort ist: »Ich mache schon, so viel ich kann.«

Aber die Menschen *hassen* es, wenn in dem Brief steht, dass ihr Energieverbrauch höher als der ihrer Nachbarn ist. Sie fühlen sich von dem Energieunternehmen angeprangert, sie denken, die Zahlen seien gefälscht, es sei Betrug (was seltsam ist – welchen Nutzen hätte es für den Energiekonzern, dafür zu sorgen, dass die Menschen sich schlecht fühlen, weil sie zu viel Strom verbrauchen?). Wir haben gehört, wie eine Frau es eine »Hexenjagd« nannte.

Wie kommt es also zu dieser Reaktion, zu Scham und Wut? Die Mitteilung, dass unser Energieverbrauch höher ist als der unserer Nachbarn, ruft aufgrund der Differenz zwischen der Person, die wir im Hinblick auf unseren Energieverbrauch sind, und der, die wir sein sollten – supereffiziente, in Jurten lebende Vorbilder grünen Lebensstils – die verrückte Frau auf den Plan. Und sie hat nur zwei Deutungsmöglichkeiten: Entweder stimmt mit uns oder mit dem Stromkonzern etwas nicht. Entweder sind wir schreckliche Menschen, weil wir all den fossilen Brennstoff verbrauchen; in diesem Fall überschüttet unsere verrückte Frau uns mit schonungsloser Selbstkritik. Oder der Stromkonzern ist ein verlogenes Arschloch, weil er uns sagt, dass wir so viel fossilen Brennstoff verbrauchen; dann beginnt unsere verrückte Frau, gegen den dämlichen Stromkonzern zu wettern, der uns einen dämlichen Brief schickt, damit wir uns schlecht fühlen.

Manchmal wird tatsächlich gelogen. Und manchmal wirst du deinem Anspruch nicht gerecht. Aber wenn deine verrückte Frau wütend und panisch ausflippt, ist das für dich das Zeichen, dich umzudrehen und dich der Sache zu stellen. Das heißt, du schaffst einen Beobachtungsabstand. Du erforschst ruhig und neutral, was diese scheinbare Kluft zwischen dir und deinem Anspruchs-Ich hervorruft. Im Fall des Briefs vom Stromkonzern fragst du dich: Was könnte dazu führen, dass dein Verbrauch höher ist als der »Durchschnitt«? Lebst du in einem alten Haus? Arbeitest du zu Hause, hast Kinder oder ein Elektroauto? Ist dein Stromverbrauch hoch, weil du viel zu Hause kochst, was die höhere Umweltbelastung durch Fast-Food-Verzehr vermeidet? Sind in deiner Nachbarschaft viele kleine Apartments, die mit Sicherheit weniger Strom zum Heizen brauchen, was den lokalen »Durchschnittsverbrauch« senkt?

»Könnte ich mehr tun?«, fragst du dich danach. Und vielleicht ist die Antwort: »Ich könnte ein bisschen mehr tun.« Du musst dich aber nicht selbst dafür bestrafen, dass du bisher noch nicht dieses bisschen mehr getan hast. Du hast bisher geleistet, was du konntest. Du weißt das, denn du hast dich geprüft. Du hast dich umgedreht und dich der Sache gestellt.

Jedes Leben ist anders, und wir alle geben unser Bestes. »Unser Bestes« heute ist vielleicht nicht »das Bestmögliche«, aber es ist das Beste, was wir heute tun können. Das ist seltsam, aber wahr. Es könnte uns runterziehen in Hilflosigkeit und Isolation, wenn wir nicht fest verankert sind. Und fest verankert bleiben wir durch Dankbarkeit.

Stell dich dem Fremden, verändere die Welt

Von James Baldwin stammt der bekannte Satz: »Nicht alles, worauf man stößt, kann man verändern. Aber man kann nichts verändern, wenn man sich der Sache nicht stellt.« Unmittelbar davor schreibt er: »Darüber hinaus habt ihr (Weißen) mir einen schrecklichen Vorteil verschafft. Ihr musstet mich nie ansehen. Ich musste euch ansehen. Deshalb weiß ich mehr über euch als ihr über mich.«

Sich umzudrehen, um den unbequemen Wahrheiten ins Auge zu sehen, um sich dem Fremden zu stellen, ist ein schrecklicher Vorteil. Menschen, die Opfer von Unterdrückung, Gewalt oder den Auswirkungen des Klimawandels sind, haben keine andere Wahl. Menschen, die über eine gewisse Macht verfügen, Privilegien oder Möglichkeiten haben, müssen sich für den furchtbaren Vorteil, die Wahrheit zu wissen, entscheiden – die ganze Wahrheit. Auch die Differenz zwischen uns und dem, was von uns erwartet wird.

Die verrückte Frau kann nichts daran ändern. Sie flippt jedes Mal aus, wenn sie davon hört, dass mehr von uns erwartet wird, als wir geben, und versucht, jemandem die Schuld dafür zu geben – entweder uns oder der »Welt«, den anderen. Aber sieh dir an, was passiert:

Angenommen, du bist eine Weiße und eine Woman of Colour oder ein Man of Colour hält dir vor, dass du dich rassistisch verhalten hast. Deine verrückte Frau flippt aus, weil du als Rassist bezeichnet wirst, was schrecklich ist, denn du bist ein guter Mensch und könntest niemals jemanden diskriminieren. Wenn deine verrückte Frau überreagiert und die Woman of Colour oder den Man of Colour, der dir das vorhält, als Lügner/in und Arschloch bezeichnet und behauptet, dass alles in Ordnung sei, wirst du die Welt nicht verändern und sie nicht zu einem besseren und gerechteren Ort machen. Deine Reaktion ist in etwa: »So war es nicht! Ich bin kein Rassist!«

Wenn du dich dagegen mit der Kritik überidentifizierst und dich dafür bestrafst, nicht besser zu sein als der Klan, dich eine Versagerin und Schwindlerin nennst, bist du zu beeinträchtigt durch das selbst zugefügte Leiden, um dich produktiv zu engagieren. Deine Reaktion könnte ebenso sein: »Meine Gefühle als Weiße sind verletzt! Bitte hilf mir, Person of Colour!«

Die panische Reaktion der verrückten Frau ist nicht hilfreich für dein Handeln, aber sehr *informativ*. Erstens zeigt es dir, dass du mit dem Unterschied zwischen dir und dem, was von dir erwartet wird, konfrontiert wirst. Zweitens zeigt es dir, dass der Unterschied für dich von *Bedeutung* ist. Eine Beurteilung mit Beobachtungsabstand könnte folgendermaßen ausfallen: »Es ist mir wichtig, dass ich alle fair behandle, und es klingt so, als wäre mir das hier nicht gelungen. Ich versuche es besser zu machen.«

Die Erfahrung »das wollte ich nicht, und doch ist es der neuen Information zufolge geschehen«, ist befremdlich. Es ist wirklich sonderbar, wenn wir unser Bestes geben und unser Bestes dem Anspruch, der von uns erwartet wird, nicht genügt. Wenn wir diese Merkwürdigkeit mit Beobachtungsabstand wahrnehmen, sind wir fähig, an der Veränderung mitzuwirken.

Wie du stark wirst, Teil 3: Dankbarkeit (Seufz)

Es gibt kein Selbsthilfebuch für Frauen ohne den Aufruf »Dankbarkeit zu praktizieren«, stimmt's? Du weißt bereits, dass Dankbarkeit gut für dich ist. Und jedes Mal, wenn dich jemand daran erinnert, dankbar zu sein, ist da ein kleiner Teil von dir, der dich dafür bestraft, dass du vergisst, dankbar zu sein.

Dankbarkeitsübungen sind wirklich gut für dich, aber bevor wir sie besprechen, noch eine Bemerkung vorab: Für Gutes dankbar zu sein, löscht problematische Dinge nicht aus. Jahrhundertelang wurden Frauen aufgefordert, dankbar dafür zu sein, wie viel besser sie es hätten als die Frauen vor ihnen. Diese »Dankbarkeit für das, was wir haben« wurde als Waffe gegen uns benutzt, um unseren Kampf zu ersticken und uns zu beschämen. Dankbarkeit soll nicht Probleme verdrängen. Wenn überhaupt, funktioniert Dankbarkeit als Werkzeug für den Kampf und für weiteren Fortschritt. Es ist positive Neubewertung, konzentriert und komprimiert auf ihr reinstes Wesen.[215]

Es ist vollkommen normal, dass man vergisst, dankbar zu sein (Grund: Gegenwind/Rückenwind), deshalb müssen wir alle immer wieder daran erinnert werden. Wie machen wir das?

Dankbarkeitsübungen, wie sie in der Populärkultur empfohlen werden – für gewöhnlich eine Art von Dankbarkeit für das, was man hat, nach dem Motto »Schreib jeden Tag zehn Dinge auf, für die du dankbar bist« –, liegen erfahrungsgemäß daneben. Als Emily das ausprobiert hat, fühlte sie sich jedes Mal schlechter, weil es sie daran erinnerte, wie viele Menschen das alles nicht hatten, und das gab ihr ein Gefühl der Hilflosigkeit und Unzulänglichkeit.

Dann las sie Forschungsergebnisse dazu und probierte Maßnahmen, die sich empirisch als wirksam erwiesen hatten ... und es klappte wunderbar. Es gibt zwei Techniken, die wirklich gut funktionieren, und keine bedeutet Dankbarkeit für das, was man hat. Der Schlüssel heißt Dankbarkeit für Menschen und Dankbarkeit für Ereignisse und ihre Umstände.

Ersteres ist eine schnelle, kurzfristige Lösung. Als Mr. Rogers eine Auszeichnung für sein Lebenswerk erhielt, bat er alle im Publikum, sich zehn Sekunden Zeit zu nehmen, um sich an einige Menschen zu erinnern, »die Ihnen geholfen haben, das Gute in sich zu erkennen und zu lieben, einige der Menschen, die uns geliebt haben und das Beste für uns wollten [...], die uns ermutigt haben zu werden, wer wir sind.« Das ist Dankbarkeit für Menschen.

Wenn du eine große Sache daraus machen willst, schreib den Menschen einen Brief und erkläre, wie sie dir geholfen haben.[216] Vielleicht willst du ihnen den Brief sogar persönlich übergeben. Vielleicht willst du ihn ihnen sogar vorlesen, das wäre wirklich ein riesiger Beweis von Dankbarkeit. Ein solcher »Dankbarkeitsbesuch« könnte dein Wohlbefinden für einen ganzen Monat oder sogar drei Monate steigern.[217]

Eine langfristige Erhöhung der Dankbarkeit ist Dankbarkeit für Dinge, die geschehen sind. Überlege am Ende jeden Tages, für welches Ereignis oder welchen Umstand du dankbar bist, und schreib es folgendermaßen auf:

1. Benenne das Ereignis oder den Umstand, zum Beispiel »Kapitel 8 zu Ende geschrieben« oder »das Treffen ohne Heulen oder Schreien überstanden«.
2. Schreib auf, was passiert ist, mit allen Einzelheiten, was die Beteiligten, du eingeschlossen, getan oder gesagt haben.
3. Beschreibe, wie du dich dabei gefühlt hast und wie du dich jetzt fühlst, wenn du daran denkst.
4. Erkläre, wie es zu dem Ereignis oder Umstand kam. Was war der Grund? Welche Umstände trafen zusammen, um diesen Moment zu schaffen?

Wenn du merkst, dass du beim Schreiben in negative, kritische Gedanken und Gefühle gezogen wirst, schieb sie sanft beiseite und richte deine Aufmerksamkeit wieder auf die Sache, für die du dankbar bist.

Die Forschung empfiehlt, drei Ereignisse pro Tag für mindestens eine Woche zu notieren, aber Emily hatte keine Lust, so viele aufzuschreiben, also notierte sie nur eins am Tag, drei Wochen lang. Und es war großartig. Es trainierte ihr Gehirn nicht nur darin, die positiven Ereignisse selbst zu bemerken, sondern auch die persönlichen Stärken, die sie dabei benutzte, und die äußeren Einflüsse, die es ermöglichten, zu erkennen.[218]

Sophie erzählte uns: »Gestern Abend habe ich Bernard von den fiesen Mädels im Kaufhaus erzählt. Und wisst ihr, was er gesagt hat?«

»Was hat er gesagt?«

»Er setzte ein ernstes Gesicht auf und sagte: ›Dein Leben hätte so erfüllt sein können wie das jeder anderen Frau, wenn du … dich auf dem Crosstrainer abstrampeln und Größe sechs tragen würdest.‹ Und ich: ›Janice Lester!‹ und er: ›Die Folge ist die Schlechteste, stimmt's?‹«

Sie erzählte uns, wie der Abend weiter verlief, und es wurde klar, dass sie eine Schwelle überschritten hatte. Was könnte romantischer sein als ein Mann, der deine verrückte Frau versteht?

Das war vor ein paar Jahren. Sie haben sich mittlerweile zusammen ein Haus gekauft. Seine Kinder lieben sie, und sie ist immer wieder überrascht, wie sehr sie die Kinder liebt. Und wann immer Sophie der »übliche Unsinn« begegnet, wie sie es nennt, schickt sie Bernard eine SMS: »Janice Lester!!!«

Dies ist das letzte Kapitel und der Höhepunkt von allem, was wir bisher gelernt haben. Es stellt sich also die grundsätzliche Frage: Warum ist dieses Buch wichtig? Ist es wichtig, wie gut es uns geht – wie frei wir uns durch die Zyklen und das Auf und Ab des Menschseins bewegen? Ist es wirklich wichtig, wie erschöpft, überfordert und selbstkritisch – wie ausgebrannt – wir sind, solange wir niemand anderen verletzen?

Es ist wichtig. Es ist wichtig, weil wir, deine Autorinnen, wollen, dass die Welt ein besserer Ort wird. Wir wollen, dass das Leben für eine wachsende Zahl von Menschen besser wird. Wir glauben, dass du das auch willst. Und *du bist ein Teil der Welt.*

Wenn du grausam und verächtlich zu dir selbst bist und dir Vorwürfe machst, vermehrst du nur die Grausamkeit in der Welt; wenn du gütig und mitfühlend mit dir selbst bist, vermehrst du Güte und Mitgefühl in der Welt. Mitfühlend mit dir selbst zu sein – das heißt nicht, sich gehen zu lassen oder selbstmitleidig zu sein, sondern gütig –, ist das Mindeste, das du tun kannst, und das Wichtigste, um die Welt zu einem besseren Ort zu machen. Wir sind nicht frei, bevor du vollkommen frei bist, deshalb müssen wir alle zusammenarbeiten, um Freiheit für alle zu schaffen. Unser Wohlergehen ist mit deinem verbunden.

Wir müssen nicht darauf warten, dass sich die Welt verändert, bevor wir uns mit Güte und Mitgefühl unserer inneren Erfahrung zuwenden. Wenn wir das tun, ist das allein schon eine Revolution. Die Welt wird verändert, wenn wir uns ändern, weil wir, jede von uns – du eingeschlossen – ein Teil der Welt ist.

Dies ist unser gemeinsames Zuhause, und wir, Emily und Amelia, sind deine Schwestern.

tl;dr

- Wir haben alle eine verrückte Frau auf unserem seelischen Dachboden. Sie hat den unmöglichen Job, die Kluft zwischen dem, was wir sind, und dem, wie wir dem Gebersyndrom zufolge sein sollen, zu überbrücken.
- Selbstmitgefühl und Dankbarkeit befähigen uns, die Differenz zwischen dem, was wir sind, und dem, was die Welt von uns erwartet, zu erkennen, ohne uns dafür zu bestrafen oder uns von der Welt zurückzuziehen.
- Selbstmitgefühl ist schwer, weil Heilung schmerzt und es beängstigend sein kann, stärker zu werden. Aber es lohnt sich, denn es hilft uns, stark genug zu werden, um das Gebersyndrom zu überwinden.
- Wir müssen nicht warten, dass sich die Welt ändert, damit wir beginnen dürfen, uns selbst und andere zu heilen.

NACHWORT: FREUDIG BIS ANS LEBENSENDE

Wir wollten unser Buch *Stress* optimistisch und aufbauend schließen, nach dem Motto »glücklich bis ans Ende«, aber als wir mit Schreiben fertig waren, stellten wir seltsamerweise fest, dass in unserem »Selbsthilfe«-Buch das Wort »Glück« kaum vorkommt. Es scheint, dass wir kein Buch über »Glück« geschrieben haben.

Aber ein anderes Wort kommt in jedem Kapitel vor: Freude. Und ist Freude nicht dasselbe wie Glück? Oh nein. Brittney Cooper schreibt in *Eloquent Rage*: »Glück wird für Ereignisse vorausgesagt, für Dinge, die geschehen, dafür, ob dein Leben richtig verläuft und alles gut ist. Freude entspringt innerer Klarheit über unseren Zweck.«[219] Wenn wir uns für etwas Größeres engagieren, produzieren wir Sinn; und wenn wir mit diesem Größeren im Einklang sind, es in uns nachhallt wie Glockenklang, ist das Freude. Und weil das Größere in uns ist, können äußere Umstände uns diese Quelle der Freude nicht wegnehmen, ungeachtet dessen, was um uns herum geschieht.

Aber es ist mehr als das. Als wir überlegten, was es bedeutet, nicht *glücklich* bis ans Ende, sondern *freudig* bis ans Ende zu leben, hatten wir eine ketzerische Erkenntnis: Es kommt nicht »von innen«. Es entsteht durch Beziehung zu anderen Gebern.

Ursprung von Freude ist das Gefühl, du bist »genug«. Das Gefühl, einem Anspruch »nicht zu genügen«, ist eine Form der Einsamkeit. Wir brauchen andere Menschen, die uns sagen, dass es in Ordnung ist, wie wir sind, nicht weil wir es nicht schon wissen, sondern weil die Erfahrung, es von jemand anderem zu hören – und (umgekehrt) uns die Zeit zu nehmen, jemand anderem zu sagen, dass er in Ordnung ist, wie er ist –, uns das Gefühl gibt, dass wir genügen. Wir geben und nehmen, und das macht uns ganz.

Es gehört zur *conditio humana*, dass wir andere Menschen brauchen, die uns daran erinnern, dass wir uns vertrauen können, dass wir mit uns so zärtlich und mitfühlend sein können, wie wir – unser bestes Ich zeigend – mit einem leidenden Kind sein würden. Dass man Hilfe braucht, um das Gefühl zu bekommen, dass man »genug« ist, ist nicht pathologisch. Es ist keine »Bedürftigkeit«. Es ist genauso normal wie dein Bedürfnis, den Menschen, die du liebst, zu versichern, dass sie sich vertrauen können, dass sie mit sich so zärtlich und mitfühlend sein können, wie du mit ihnen umgehen würdest. Und dieser gegenseitige Austausch, diese Beziehungen, das ist das Sprungbrett, von dem wir in ein freudiges Leben starten.

Noch einmal, Wohlbefinden ist kein Geisteszustand, sondern eine Form des Handelns. Es ist die Freiheit, die Zyklen des Menschseins zu durchlaufen, und diese anhaltende gegenseitige Unterstützung ist das wesentliche Element von Wohlbefinden. Es ist ein fließendes Geben und Annehmen von Unterstützung in all seinen vielen Formen zwischen den Gebern.

Das Mittel gegen Burnout ist nicht »Selbstfürsorge«, sondern dass wir uns alle gegenseitig um uns kümmern.

Wir sagen es noch einmal: Vertrau deinem Körper. Sei gut zu dir. Du bist in Ordnung, wie du im Moment bist. Es ist wichtig, dass du Freude hast. Sag das jedem, den du kennst.

tl;dr

- Dass du einen Stressor bewältigt hast, bedeutet nicht, dass du den Stress bewältigt hast. Und du musst nicht warten, bis alle Stressoren beseitigt sind, bevor du dich mit deinem Stress beschäftigst. Das heißt, du musst nicht darauf warten, dass die Welt besser ist, bevor du dein Leben verbesserst – und indem du dein Leben verbesserst, verbesserst du die Welt.
- Wohlergehen ist keine Form des Seins, sondern des Handelns. Es ist die Freiheit, sich fließend durch die zyklischen, auf und ab verlaufenden Erfahrungen des Menschseins zu bewegen.
- Das Gebersyndrom ist der ansteckende falsche Glaube, dass du die moralische Pflicht hast, jeden Tropfen deiner Menschlichkeit – deine Zeit, Aufmerksamkeit, Energie, Liebe, sogar deinen Körper – zur Unterstützung anderer einzusetzen, egal, was es dich kostet. Achte darauf, wie anders es sich anfühlt, mit Menschen zu kommunizieren, die dich rücksichtsvoll und großzügig behandeln, im Gegensatz zu Menschen, die dich behandeln, als hätten sie ein Recht darauf, von dir zu verlangen, was sie wollen.
- Menschen sind nicht dafür geschaffen, um völlig unabhängig zu sein; wir sind dafür geschaffen, um uns zwischen Beziehung und Unabhängigkeit hin- und herzubewegen. Beziehungen – zu Freunden, Familie, Haustieren, dem Göttlichen und so weiter – sind so notwendig wie Essen und Trinken.

DANK

Menschen sind nicht dafür geschaffen, große Dinge allein zu tun, sondern dafür, sie gemeinsam zu tun. Unsere Namen stehen auf dem Cover, aber es gibt Dutzende von Menschen, ohne deren Hilfe und Unterstützung dieses Buch nicht existieren würde. Einige von ihnen seien hier genannt.

Dank an unsere brillante, wunderbare Literaturagentin Lindsay Edgecombe. Sie hat dieses Buch nicht einmal, sondern zweimal verkauft und war immer fest davon überzeugt, dass ein »feministisches Selbsthilfebuch« eine großartige Idee und notwendig ist.

Dank an unsere fantastische Lektorin Sara Weiss, die uns das Buch einige Male erklärt hat, sodass wir nicht aus dem Auge verloren haben, worum es uns ging, und die uns die Erlaubnis gegeben hat, superfeministisch und feminin zugleich zu sein.

Dank an all die Frauen, deren Leben in die Frauengeschichten eingeflossen sind. Wir hoffen, wir sind ihnen gerecht geworden. Dank an all die Menschen, die auf unsere Fragen bei Facebook geantwortet haben. Ihr habt bewiesen, dass es möglich ist, ein substanzielles, aufschlussreiches Gespräch zu führen – selbst über sehr emotionale Themen. Dank an Charles Carver, dass er unter vielem anderen über die Diskrepanz reduzierende Feedbackschleife geschrieben hat und eine Stunde am Telefon mit Emily gesprochen hat. Dank an Julie Mancher, die uns auf das Buch *Women's Growth in Connection* hingewiesen hat, es hat sich als das fehlende Teil des *Stress*-Puzzles erwiesen.

Dank an unsere Ehemänner, ohne die wir das Buch wirklich nicht hätten schreiben können, speziell Dank an Emilys Mann für die Abbildungen und Amelias Mann für die Musik im (amerikanischen) Hörbuch.

Wir haben 2015 begonnen, *Stress* zu schreiben, und es 2018 abgeschlossen. Vieles hat sich in diesen Jahren verändert, wie die Präsidentschaft Trumps und der Brexit. Hillary Clinton wurde die erste Präsidentschaftskandidatin, die sich dafür entschuldigt hat, dass sie eine Wahl verloren hat. »Incel« wurde ins offizielle Vokabular aufgenommen, während die #metoo-Bewegung um die ganze Welt ging. Maxine Waters beanspruchte ihre Redezeit und Emma González nannte die Ausreden der Politik »Bullshit«.

Kurz, die Welt braucht dringend ein Buch darüber, wie Frauen überleben können – so dringend wie seit Jahrzehnten nicht mehr. Das Buch zu schreiben hat uns geholfen, diese schwierigen Jahre zu überstehen. Wir hoffen, dass es all den Menschen, die das Buch, unser Leben und die Welt bereichert haben, etwas zurückgibt.

ANMERKUNGEN

1. Freudenberger: Staff Burn-Out Syndrome
2. Hultell, Melin und Gustavson: Getting Personal with Teacher Burnout; Larrivee: Cultivating Teacher Renewal
3. Watts und Robertson: Burnout in University Teaching Staff; Cardozo, Crawford et al.: Psychological Distress, Depression
4. Blanchard, Truchot et al.: Prevalence and Causes of Burnout; Imo: Burnout and Psychiatric Morbidity Among Doctors; Adriaenssens, De Gucht und Maes: Determinants and Prevalence of Burnout in Emergency Nurses; Moradi, Baradan et al.: Prevalence of Burnout in Residents of Obstetrics and Gynecology; Shanafelt, Boone et al.: Burnout and Satisfaction Among US Physicians. Eine weitere Untersuchung hat eine Rate von Burnout unter Menschen, die in der Intensivmedizin arbeiten, von 0 bis 70 Prozent ergeben. Van Mol, Kompanje et al.: Prevalence of Compassion Fatigue Among Healthcare Professionals
5. Roskam, Raes und Mikolajczak: Exhausted Parents
6. Purvanova und Muros: Gender Differences in Burnout
7. »Women, but also all femmes and people of color«
8. Manne: Down Girl
9. Manne: Down Girl, S. 49
10. Patashnik, Gerber und Dowling: Unhealthy Politics
11. Friedman und Förster: Effects of Motivational Cues
12. Nilpferde töten fünfmal so viele Menschen wie Löwen – ungefähr 500 Menschen im Jahr. Aber das ist nichts im Vergleich zu Menschen. Wir töten hundertmal so viele Menschen im Jahr. Gates: Deadliest Animal in the World
13. Besonders die Herzfrequenzvariabilität. Sie zeigt, wie anpassungsfähig unser Herzkreislaufsystem in der Reaktion auf verschiedene Stressoren bei akutem Stress ist. Castaldo, Melillo et al.: Acute Mental Stress Assessment; bezogen auf chronischen Stress: Verkuil, Brosschot et al.: Prolonged Non-Metabolic Heart Rate Variability Reduction
14. Zum Beispiel Marsland, Walsh et al.: Effects of acute Psychological Stress; Valkanova, Ebmeier und Allan: CRP, IL-6 und Depression; Morey, Boggero et al.: Current Directions in Stress; Song, Fang et al.: Association of Stress-Related Disorders
15. Sapolsky: Why Zebras Don't Get Ulcers
16. Ähnlich, aber nicht identisch – zum Beispiel variiert die Hirntätigkeit in Abhängigkeit vom Stressor. Psychologische Stressoren aktivieren eher Hirnareale, die für Emotionsregulation zuständig sind, physiologische Stressoren

eher solche für motorische Bearbeitung. Kogler, Müller et al.: Psychological Versus Physiological Stress

17. Sofi, Valechi et al.: Physical Activity; Rosenbaum, Tiedemann et al.: Physical Activity Interventions; Samitz, Egger und Zahlen: Domains of Physical Activity
18. Epley und Schroeder: Mistakenly Seeking Solitude
19. Sandstrom and Dunn: Social Interaction and Well-Being
20. Bazzini, Stack et al.: Effect of Reminiscing About Laughter
21. Scott: Why We Laugh
22. Grewen, Anderson et al.: Warm Partner Contact
23. Walsh: Human-Animal Bonds I.
24. Christian, Westgarth et al.: Dog Ownership and Physical Activity; Richards, Ogata und Cheng: Evaluation of the Dogs; Keat, Subramaniam et al.: Review on Benefits of Owning Companion Dogs
25. Delle Fave et al.: Religion, Spirituality and Well-Being
26. Connor, DeYoung und Silvia: Everyday Creative Activity
27. Amy Speace ist eine Singer-Songwriterin, die mit Bessel van der Kolk zusammenarbeitet
28. Die Wissenschaft belegt, was Mütter wissen: Seufzen ist ein Zeichen der Entspannung auf neurologischer Ebene. Li et al.: Peptidergic Control Circuit
29. Aldao, Nolen-Hocksema und Schweizer: Emotion-Regulation Strategies
30. McRae und Mauss: Increasing Positive Emotions
31. Witvliet, Hofelich Mohr et al.: Transforming or Restraining Rumination
32. Wir definieren »Optimismus« und »Pessimismus« auf diese Art, eine Synthese verschiedener Definitionen und Bewertungen. Zu den typischen Beispielen gehört Seligmans »explanatory style«, das heißt, Ereignisse so zu verstehen, dass die Faktoren, die sie verursachen, in einem fortwährenden, auf die Person bezogenen Zusammenhang stehen. Demgegenüber misst Scheiers und Carvers »Life Orientation Test« (LOT), ob eine Person im Allgemeinen eher erwartet, dass Gutes oder Schlechtes geschieht. Scheier und Carver: Optimism, Coping and Health
33. Diemand-Yauman, Oppenheimer und Vaughan: Fortune Favors the Bold
34. Mehta, Zhu und Cheema: Is Noise Always Bad?
35. Phillips: How Diversity Works; Apfelbaum, Phillips and Richeson: Rethinking the Baseline
36. Es wird »Dunning Kruger Effect« genannt. Sapolsky: Behave
37. Byron, Khazanchi und Nazarian: Relationship Between Stressors And Creativity, S. 201
38. Phillips, Liljenquist und Neale: Is the Pain Worth the Gain?
39. McCrea, Liberman et al.: Construal Level and Procrastination
40. Cerasoli, Nicklin und Ford: Instrinsic Motivation and Extrinsic Incentives

41. Torre und Liebermann: Putting Feelings into Words; Fan, Varamesh et al.: Putting your Emotion into Words
42. Adams, Watson et al.: Neuroethology of Decision-Making
43. Sharp, John: Senate Democrats Read
44. Withers, Rachel: 8 Women Who Were Warned; Hatch: 13 Iconic Women Who; Higgins: The 35 Best »Nevertheless«
45. Quelle für diejenigen, die tiefer in die Forschung über das, was wir »Monitor« nennen, einsteigen wollen, was eigentlich als Diskrepanz reduzierende oder erhöhende Feedbackschleife und Normgeschwindigkeit bekannt ist: Carver und Scheier: Feedback Processes in the Simultaneous. Wenn du mehr über evidenzbasierte Strategien für Verhaltensänderungen wissen willst, siehe Miller und Rollnick: Motivational Interviewing. Und wenn du etwas über das »Ausbeuten/Erobern-Dilemma« lesen willst, empfehlen wir Ejova, Navarro und Perfors: When to walk away und, mehr am Rande, MacLean, Hare et al.: Evolution of Self-Control
46. Eine kritische Betrachtung aller Messmethoden und Fragestellungen, die Wissenschaftler und Kliniker zur Bewertung von »Sinn des Lebens« benutzt haben, kommt zu dem Schluss, dass Sinn »a highly individual perception, understanding or belief about one's own life and activities and the values and importance ascribed to them« ist. Brandstätter, Baumann et al.: Systematic Review of meaning
47. Seligman: Learned Optimism
48. Russow-Netze, Schulenberg und Batthyany: Clinical Perspective on Meaning. Zwei Drittel der Studien über Genesung nach psychischen Erkrankungen belegen, dass »meaning in life«, also der »Sinn des Lebens«, ein bedeutsamer Faktor für die Genesung war. Weitere wichtige Faktoren: Verbundenheit, Hoffnung, Identität und Unterstützung (CHIME). Leamy, Bird er al.: Conceptual Framework for Personal Recovery
49. Metz: The Meaning of Life
50. Ryan und Deci: On Happiness and Human Potential
51. Metz: The Meaning of Life
52. King, Hicks et al.: Positive Affect and the Experience
53. Steger: Experiencing Meaning in Life
54. Roepke, Jayawickreme und Riffle: Meaning and Health; Czekierda, Gancarczyk und Luszczynska: Associations Between Meening in Life; Kim, Strecher und Ryff: Purpose in Life and Use
55. Roepke, Jayawickreme und Riffle: Meaning and Health
56. Vos: Working with Meaning in Life
57. Guerrero-Torrelles, Monforte-Royo et al.: Understanding Meaning in Life Interventions
58. Park: Meaning Making Model

59. »Meaning is knowing what your highest strengths are – and developing those in the service of something you believe is larger than you are.« Meaning of Life, Positive Psychology Foundation
60. Dies ist eine Zusammenfassung der sieben Faktoren für ein persönliches Sinnprofil (Personal Meaning Profile) – Beziehung, Nähe, Religion, Leistung, Selbst-Entgrenzung, Selbstachtung und gerechte Behandlung – und des sinnproduzierenden Modells (Meaning Making Model) Selbstachtung, Zugehörigkeit, Sicherheit und symbolische Unsterblichkeit. Heine, Proulx und Vohs: Meaning Maintenance Model
61. Selbstverständlich gibt es bessere und schlechtere »größere Dinge« in Bezug auf ihren Einfluss auf die Welt. Um ein einfaches Beispiel zu wählen: Die Nazis hatten viele Gründe, um Millionen von Menschen zu ermorden – aber die Frage von Gut und Böse ist nicht Gegenstand dieses Buches. Wenn du dich fragst, ob deine größere Sache gut ist, denk daran, was unsere Großmutter uns gesagt hat und was auch jeder religiöse Führer sagen würde: »Frag dich: Verletzt du jemanden? Hilfst du jemandem?«
62. Hart: The Ear of the Heart, S. 241
63. Paul und Wong: Meaning centered Positive Group Intervention
64. Cancer Journals
65. Clinton, Hillary: Twitter Post, September 6, 2016, 4:18
66. Murdoch: The Heroine's Journey
67. Friedan: Up from the Kitchen Floor
68. Martin: *Star Trek*'s Uhura Reflects
69. Park und Baumeister: Meaning in Life and Adjustment
70. Tang, Kelley et al.: Emotions and Meaning in Life
71. Tsai, El-Gabalawy et al.: Post-Traumatic Growth Among Veterans
72. Calhoun et al.: Relationship between Posttraumatic Growth and Resilience
73. White: Maps of Narrative Practice; Vromanns und Schweitzer: Narrative Therapy for Adults; für Depression: Weber, Davis und McPhie: Narrative Therapy, Eating Disorders; für Essstörungen: Adler: Living into the Story
74. Gwozdziewycz und Mehl-Madrona: Meta-Analysis of Narrative Exposure Therapy
75. Fisher: Everlasting Name; siehe auch Howe: I Believe in the Sun, für Geschichte und andere Übersetzungen
76. Saha, Eikenburg et al.: Repeated Forced Swim Stress
77. Seligman: Learned Optimism
78. Douthat: Redistribution of Sex
79. Von Juli 2016 bis August 2018. Die Schießereien an einer Highschool in Santa Fe, Texas, bei Ed's Car Wash, an der Marathon Savings Bank und möglicherweise an der Marjorie Stoneman Douglas Highschool waren offenbar alle zumindest zum Teil durch Eifersucht oder die Zurückweisung durch eine Frau be-

gründet. Die Schießerei bei der *Capital Gazette* hatte mit der Berichterstattung der Zeitung über das Schuldeingeständnis des Täters zu tun, eine Frau belästigt zu haben. Berkowitz, Lu und Alcantara: Terrible Numbers That Grow

80. Massenschießereien sind ein kleiner, aber äußerst sichtbarer Teil von Toten durch Waffengewalt, aber sie ereignen sich parallel zu anderer Waffengewalt, die überproportional häufig von Männern ausgeübt wird und im Kontext häuslicher Gewalt und Gewalt gegen intime Partner vorkommt. Guns and Domestic Violence, Everytown for Gun Safety
81. Krebs, Lindquist et al.: Campus Sexual Assaul (CSA) Study
82. Fulu, Warner et al.: Why Do Some Men Use Violence Against Women
83. Sadker und Sadker: Failing at Fairness, S. 269
84. Karpowitz, Mendelberg und Shaker: Gender inequality in Deliberative Participation
85. Dalla, Antoniou et al.: Chronic Mild Stress Impact
86. Friedan: Feminine Mystique
87. Siehe Balancing Paid Work, Unpaid Work, and Leisure, OECD
88. Altintas und Sullivan: Fifty Years of Change Updated
89. Women Shoulder Responsibilities, Office for National Statistics
90. R v R [1992] 1 A.C. 599, House of Lords
91. Davidai und Gilowich: Headwinds/Tailwinds Asymmetry
92. Files, Mayer et al.: Speaker Introduction at Internal Medicine
93. »Eine neue Studie zeigt: Du hast diesen Moment der Peinlichkeit oder des mangelnden Respektes wahrscheinlich schon mal erlebt, weil du eine Frau bist«, Accessed December 7, 2018, https://www.facebook.com/NPR/posts/10155647100291756
94. Lepore und Revenson: Relationships Between Posttraumatic Growth
95. The Counted People Killed by Police in the U.S.
96. Van Dernoot Lipsky: Trauma Stewardship, Kapitel 4
97. Siehe Anhang B: Standards of Self-Care Guidelines; Mathieu: Compassion Fatigue Workbook
98. Dohnt und Tiggemann: Body Image Concerns
99. Evans, Tovée et al.: Body Dissatisfaction and Disordered Eating Attitudes
100. Vander Wal: Unhealthy Weight Control Behaviors
101. Becker: Television, Disordered Eating and Young Women
102. Thick Dumpling Skin; Cusio: Eat UP
103. »Erstaunliche Risiken für einen idealen Körper«, Accessed December 7, 2018. http://www.npr.org/templates/story/story.php?storyId=124700865
104. Permanent Market Research. Global Nutrition and Supplement Market
105. Ernsberger und Koletsky: Weight Cycling
106. Risiko für allgemeine Sterblichkeit nach BMI für Männer und Frauen, Daten von *Lancet*, Tabelle e7 im Anhang (http://www.thelancet.com/cms/attach-

ment/2074019615/2068888322/mmcl.pdf). Nicht ausgewertete Daten und Fehlerwerte in der Grafik sind folgende:

	Untergewicht Durchschnitt (Abweichungsbereich)	*Übergewicht Durchschnitt (Abweichungsbereich)*	*Fettleibigkeit I Durchschnitt (Abweichungsbereich)*	*Fettleibigkeit II Durchschnitt (Abweichungsbereich)*	*Fettleibigkeit III Durchschnitt (Abweichungsbereich)*
Frauen	1,53 (1,45–1,6)	1,08 (1,06–1,11)	1,37 (1,37–2,42)	1,86 (1,77–1,95)	2,73 (2,55–2,93)
Männer	1,83 (1,66–2,02)	1,12 (1,09–1,15)	1,7 (1,62–1,79)	2,68 (2,53–2,84)	4,24 (3,77–4,77)

107. Keith, Fontaine und Allison: Mortality Rate und Overweigt; Di Angelantonio, Bhupathiraju et al.: Body-Mass Index and All-Cause Mortality
108. Keith, Fontaine und Allison: Mortality Rate and Overweight
109. Park, Wilkens et al.: Weight Change in Older Adults
110. Calogero, Tylka und Mensinger: Scientific Weightism
111. Feinman, Pogozelski et al.: Dietary Carbohydrate Restriction
112. Schatz und Ornstein: Athlete
113. Collazo-Clavell und Lopez-Jimenez: Acuracy of Body Mass Index
114. Saguy: What's Wrong with Fat?
115. Wenn du einen vollständigen Bericht über die politische Manipulation des Bikini-Industrie-Komplexes haben willst, der eine Welt geschaffen hat, in der das »gesunde Gewicht« das »niedrigste Gewicht, mit dem du noch gesund bist« bedeutet statt einer »großen Spannbreite für einen guten Allgemeinzustand«, siehe Bacon: Health at Every Size. Oder für Nerds siehe ihren Zeitschriftenaufsatz mit Aphramor »Weight Science«
116. Militant Baker: Why People Hate Tess Munster
117. Brown: These Women were Fat-Shamed; Kolata: Shame of Fat Shaming; Engber: Glutton Intolerance; Chapman, Kaatz und Carnes: Physicians und Implicit Bias; Puhl und Heuer: Obesity Stigma
118. Le Grange, Swanson et al.: Eating Disorder Not Otherwise Specified; »Alle 62 Minuten stirbt ein Mensch an den unmittelbaren Folgen einer Essstörung.« Eating Disorder Statistics, ANAD
119. Furnham, Badmin und Sneade: Body Image Dissatisfaction; Kilpatrick, Hebert und Bartholomew: College Students' Motivation for Physical Activity
120. Dittmar, Halliwell und Ive: Does Barbie Make Girls Want to Be Thin?
121. Puhl, Andreyeva und Brownell: Perceptions of Weight Discrimination; Fikkan und Rothblum: Is Fat a Feminist Issue?
122. Tabelle 205: Cumulative Percent Distribution of Population by Height and Sex, 2007 to 2008, https://www2.census.gov/library/publications/2010/compendia/statab/130ed/tables/11s0205.pdf; Lee and Pausé: Stigma in Practice, 2063

123. Farrell: Fat Shame, S. 145
124. Ebenda
125. Ebenda
126. Neueste Belege für diese Schlussfolgerung: Eine Meta-Analyse von 2013 kommt zu dem Ergebnis, dass verschiedene Diät- und Sportprogramme im Durchschnitt einen Gewichtsverlust von vier Kilo über einen Zeitraum von achtzehn Monaten erreichen können, Johansson, Neovius und Hemmingsson: Effects of Anti-Obesity Drugs. Eine Meta-Analyse von 2014 über die Wirkung von Sport auf Gewichtsverlust kommt zu dem Ergebnis, dass körperliche Aktivität einen Gewichtsverlust von zweieinhalb Kilo über zwölf Monate bewirkt, Swift, Johannsen et al.: Role of Exercise and Physical
127. Zum Beispiel nennt das Be-Body-Positive-Modell fünf Kompetenzen, um das Verhältnis zu deinem Körper zu heilen: (1) Erlange Gesundheit zurück, indem du dein Wohlergehen – physisch, emotional, sozial – in den Mittelpunkt stellst und »Gewicht« und »Figur« zur Seite stellst. (2) Praktiziere intensive Selbstpflege, indem du auf deinen Körper hörst und den Bedürfnissen deines Körpers nachkommst, ohne zu versuchen, diese Bedürfnisse zu kontrollieren oder zu regulieren. (3) Kultiviere Selbstliebe, indem du Selbstmitgefühl praktizierst, oder halte dich an das, was die Gründerin von Be Body-Positive, Connie Sobczak, sagt: »Sei gnädig mit deinem vergänglichen, sich ständig verändernden Körper.« Steakley: Promoting Healthy Eating. (4) Erkläre dich für authentisch schön, indem du die Definition von Schönheit vom kulturell definierten Standard aufgibst zugunsten »einer dynamischen, engagierten Beziehung zu unserer Umwelt«. Declare Your Own Athentic Beauty, TheBodyPositive. Du kannst auf ihre Onlinegallery thisisbeauty.org gehen, wo du nicht nur Fotos, sondern auch Videos, Geschichten und Gedichte findest. Und schließlich (5): Bilde eine Gemeinschaft, umgib dich mit Menschen, die dich in diesen Vorstellungen unterstützen. Du kannst ein ganzes Buch über das Be-Body-Positive-Modell lesen, verkörpert durch Connie Sobczak. Auch Health at Every Size (HAES®) hat vier Prinzipien: Akzeptiere deine Körpermaße, vertrau dir, gewöhne dir einen gesunden Lebensstil an und akzeptiere Körpervielfalt. Freu dich darüber, dass die Menschen verschiedene Körpermaße und Figuren haben, so wie sie verschiedene Hautfarben und sexuelle Orientierungen haben. »Sei offen für das ganze Spektrum an Schönheit, das sich dir bietet«, heißt es im Manifest von HAES. Bacon: Health at Every Size, S. 274. Auch The Body Project zielt darauf, der Verinnerlichung des Schlankheitsideals und der Kritik am eigenen Körper entgegenzuwirken und Techniken zu vermitteln, die »fat talk« und »body talk«, die Schlankheitsideal und Selbstkritik verstärken, unterbrechen. Stice, Eric und Presnell: Body Project
128. Ein Buch über die uneingeschränkte Liebe zum eigenen Körper siehe Taylor: Body Is Not an Apology

129. Diese Wahrnehmung innerer Vorgänge ist Interozeption. Craig: How Do You Feel?
130. Bakwin: Loneliness in Infants
131. Cacioppo und Patrick: Loneliness, Kapitel 6; Gangestad und Grebe: Hormonal Systems, Human Social Bonding, and Affiliation
132. Holt Lunstead: Social Relationships and mortaltity risk: a meta-analytic review
133. Polack: NewCIGNA Study Reveals Loneliness
134. Prime Minister' Office, PM Commits to Government-wide Drive
135. Hari, Sams und Nummenmaa: Attending to and Neglecting People, 20150365
136. Golland, Arzouan und Levit-Binnun: The Mere Co-Presence, e0125804
137. Cacioppo, Zhou et al.: You are in Sync with Me
138. Goleman: Social Intelligence
139. Gerhart: Why Love Matters
140. Bindung ist so grundlegend für die menschliche Natur, so wesentlich für ihre Entwicklung, dass einige Wissenschaftler argumentieren, dass die soziale Bindung in Wahrheit der »Standardmodus« des Gehirns ist. Hari, Henriksson et al.: Centrality of Social Interaction
141. Baumeister und Leary: Need to Belong; Malone, Pillow und Osman: General Belongingness Scale
142. Cacioppo und Hawkley: Loneliness; Leary, Kelly et al.: Construct Validity; Gooding, Winston et al.: Individual Differences in Hedonic Experience
143. Nichols und Webster: Single-Item Need to Belong Scale; Gardner, Pickett et al.: On the Outside Looking In; Kanai, Bahrami et al.: Brain Structure Links Loneliness; Beekman, Stock und Marcus: Need to Belong, Not Rejection Sensitivity
144. Robles, Slatcher et al.: Marital Quality and Health
145. Coan und Sbarra: Social Baseline Theory. Die Autoren beobachten: »Für das menschliche Gehirn sind soziale und metabolische Quellen bei der Verarbeitung nahezu austauschbar.«
146. Gottman: Science of Trust, Kapitel 6
147. Ebenda Kapitel 10
148. Robinson, Lopez et al.: Authenticity, Social Context, and Well-Being
149. Ebenda
150. Clinchy: Connected and Separate Knowing
151. Ryan und David: Gender Differences in Ways of Knowing
152. Valdesolo, Ouyang und DeSteno: Rhythm of Joint Action
153. Cirelli, Einarson und Trainor: Interpersonal Sychrony Increases
154. McNeill: Keeping Together in Time. Dance and Drill in Human History
155. Tyler und Burns: After Depletion

156. Hagger, Wood et al.: Ego Depletio and the Strength Model; Solberg Nes, Ehlers et al.: Self-Regulatory Fatigue, Quality of Life
157. Tyler und Burns: After Depletion
158. Whitfield-Gabrieli und Ford: Default Mode Network Activity
159. Domhoff und Fox: Dreaming and the Default Network
160. Brodesser-Akner: Even the World's Top Life
161. Andrews-Hanna, Smallwood und Spreng: Default Network and Self-Generated Thought
162. Immordino-Yang, Christodoulou und Singh: Rest Not Idleness
163. Wilson, Reinhard et al.: Just Think
164. Danckert und Merrifield: Boredom, Sustained Attention
165. Bailey: Smart Exercise
166. Nowack: Sleep, Emotional Intelligence
167. Troxel: It's More Than Sex; Troxel, Buysse et al.: Marital Happiness and Sleep Disturbances
168. Wilson, Jaremka et al.: Shortened Sleep Fuels Inflammatory Responses
169. Senate Report on CIA Torture: Sleep Deprivation
170. Everson, Bergmann und Rechtschaffen: Sleep Deprivation in the Rat, III. Das wurde aus ethischen Gründen nie an Menschen ausprobiert; Schlafentzug ist schließlich eine Form der Folter und war es jahrhundertelang. Rejali: Torture and Democracy
171. Itani, Jike et al.: Short Sleep Duration and Health Outcome; de Mello, Narciso et al.: Sleep Disorders as a Cause
172. Meng, Zheng und Hui: Relationship of Sleep Duration; Lee, Ng und Chin: Impact of Sleep Amount; Sofi, Cesari et al.: Insomnia and Risk of Cardiovascular Disease; Xi, He et al.: Short Sleep Duration Predicts; Lin, Chen et al.: Night-Shift Work Increases Morbidity
173. Anothaisintawee, Reutrakul et al.: Sleep Disturbances Compared to Traditional Risk
174. Kerkhof und Van Dongen: Effects of Sleep Deprivation; Fortier-Brochu, Beaulieu-Bonneau et al.: Insomnia and Daytime Cognitive; Durmer and Dinges: Neurocognitive Consequences of Sleep Deprivation; Ma, Dinges et al.: How Acute Total Sleep Loss Affects the Attending Brain
175. Williamson und Feyer: Moderate Sleep Deprivation Produces
176. Harrison und Horne: Impact of Sleep Deprivation and Decision-Making; Byrne, Dionisi et al.: Depleted Leader; Christian und Ellis: Examining the Effects of Sleep Deprivation
177. Baglioni, Battagliese et al.: Insomnia as a Predictor of Depression; Sivertson, Salo et al.: Bidirectional Association; Lovato und Gradisar: Meta-Analysis and Model
178. Pigeon, Pinquart und Conner: Meta-Analysis Of Sleep Disturbance

179. Spiegelhalder, Regen et al.: Comorbid Sleep Disorders; Pires, Bezerra et al.: Effects of Acute Sleep Deprivation
180. Kessler: Epidomiology of women and depression; de Girolamo et al.: Prevalence of common mental disorders in Italy; Faravelli et al.: Gender differences in depression an anxiety: the role of age
181. Liu, Xu et al.: Sleep Duration and Risk; Shen, Wu und Zhang: Nighttime Sleep Duration; Cappuccio, D'Elia et al.: Sleep Duration and All-Cause. Es bestand auch ein ungefähr 30 Prozent höheres Risiko bei denen, die mehr als neun oder zehn Stunden schliefen, aber viel mehr Menschen schlafen zu wenig als zu viel. In einer Studie schliefen 28 Prozent der amerikanischen Frauen sechs Stunden oder weniger, verglichen mit nur 9 Prozent, die neun oder mehr Stunden schlafen. Krueger und Friedman: Sleep Duration in the United States
182. Erschöpfung ist vom biologischen Standpunkt äußerst kompliziert, dazu gehört »[a] wide array of immune, inflammatory, oxidative and nitrosative stress (O&NS), bioenergetic, and neurophysiological abnormalities«, und Schlafsucht kann ein Symptom für eine Vielzahl medizinischer Probleme sein: Morris, Berk et al.: Neuro-Immune Pathophysiology. Viel Schlaf steht enger mit Entzündungen in Zusammenhang als wenig Schlaf: Irwin, Olmstead und Carroll: Sleep Disturbance, Sleep Duration. Und viel Schlaf ist mit einem um 45 Prozent erhöhten Schlaganfallrisiko in zehn Jahren verbunden: Lee, Ng und Chin: Impact of Sleep Amount. Alle Gesundheitsprobleme im Zusammenhang mit wenig Schlaf: Jike, Itani et al.: Long Sleep Duration Capp.
183. Cappucio, D'Elia et al.: Sleep Duration and All-Cause
184. Klug: Dangerous Doze
185. Ekirch: The modernization of western sleep
186. Hegarty: Myth of the Eight Hour
187. Dzaja, Arber et al.: Women's Sleep
188. Burgard: Needs of Others; Burgard und Ailshire: Gender and Time for Sleep
189. Lane, Liang et al.: Genome-wide Association Analyses
190. Leben und Bedürfnisse der Menschen sind unterschiedlich, es ist also nur ein Beispiel. Alle Zahlen stammen aus der amerikanischen Untersuchung zur Zeitverwendung, American Tim Use Survey, http://www.bls.gov/tus/
191. Average Commute Times, WNYC; McGregor, Average Work Week
192. American Time Use Survey, http://www.bls.gov/tus/tables/a1_2015.pdf. 2015 berichteten Frauen im Durchschnitt, dass sie 0,22 Stunden am Tag für Sport und Erholung aufbringen und 2,56 Stunden für Fernsehen.
193. Gottman und Silver: The Seven Principles for Making Marriage Work
194. Walker: Das große Buch vom Schlaf
195. Pang: Rest – Why You Get More Done when You Work Less
196. Gubar und Gilbert: The Madwoman in the Attic

197. McIntosh, Peggy: Feeling like a fraud. Part Two
198. Poehler: Yes Please, S. 16
199. Whelton und Greenberg: Emotion in Self-Criticism
200. Stairs: Clarifying the construct of perfectionism
201. Sirois, Kitner und Hirsch: Self-Compassion, Affect
202. MacBeth und Gumley: Exploring Compassion
203. Pace, Negi et al.: Effect of Compassion Meditation
204. Davis, Ho et al.: Forgiving the Self; Macascill: Differentiating Dispositional Self-Forgiveness; da Silva, Witvliet und Riek: Self-Forgiveness And Forgiveness-Seeking
205. Neff und Germer: Pilot Study
206. Stuewig und McCloskey: Relation of Child Maltreatment
207. Gilbert, McEwan et al.: Fears of Compassion
208. Mayhew und Gilbert: Compassionate Mind Training
209. Clinchy: Connected and Seperate Knowing
210. Zum Beispiel »unblending« beim internen Familiensystemmodell: Earley: Self-Therapy. Oder »defusing« bei der Akzeptanz- und Commitment-Therapie: Hayes, Luoma et al.: Acceptance and Commitment Therapy. Oder der »leere Stuhl« in der emotionsfokussierten Therapie: Kannan und Levitt: Review of Client Self-Criticism. Ähnlich »decentering«: Fresco, Moore et al.: Initial Psychometric Properties und »self-distancing«, Ayduk und Kross: From a distance
211. Diedrich, Grant et al.: Self-Compassion as an Emotion
212. Gilbert und Procter: Compassionate Mind Training; Gilbert: Introducing Compassion Focussed Therapy
213. Gu, Strauss et al.: How Do Mindfulness-Based Cognitive; van der Velden, Kuyken et al.: Systematic Review of Mechanisms; Alsubaie, Abbott et al.: Mechanism of Action
214. Ayres, Raseman und Shih: Evidence from Two Large Field Experiments
215. Lambert, Fincham und Stillman: Gratitude and Depressive Symptoms
216. Toepfer, Cichy und Peters: Letters of Gratitude
217. Gander, Proyer et al.: Strength-based Positive Interventions
218. Dies ist eine der effektivsten Interventionen der Positiven Psychologie. Bolier, Haverman et al.: Positive psychology interventions
219. Cooper: Eloquent Rage, Seite 274

LITERATURVERZEICHNIS

»Average Commute Times«, in: WNYC (o.J.), unter https://project.wnyc.org/commute-times-us/embed.html

»Balancing Paid Work, Unpaid Work and Leisure«, in: OECD (o.J.), unter: http://www.oecd.org/gender/data/balancingpaidworkandunpaidworkandleisure.htm

»Declare Your Own Authentic Beauty«, in: The Body Positive (o.J.), unter http://smedelstein.com/creative/bp/authentic-beauty.htm

»Eating Disorder Statistics«, in: ANAD (o.J.), unter: http://www.anad.org/education-and-awareness/about-eating-disorders/eating-disorders-statistics/

»Guns and Domestic Violence«, in: Everytown for Gun Safety (o.J.), unter: https://everytownresearch.org/wp-content/uploads/2017/01/Guns-and-Domestic-Violence-04.04.18.pdf

»Relationship Between Posttraumatic Growth and Resilience: Recovery, Resistance, and Reconfiguration«, in: Calhoun, Lawrence G., Tedeschi, Richard G. (Hg.): Handbook of Posttraumatik Growth Research and Practice, Routledge 2014

»Senate Report on CIA Torture Sleep Deprivation«, in: Human Rights First (o.J.), unter: https://www.humanrightsfirst.org/senate-report-cia-torture/sleep-deprivation

»The Counted: People Killed by Police in the U.S.«, in: Guardian (o.J.), unter: https://theguardian.com/us-news/series/counted-us-police-killings

»The Meaning of Life – The M in Perma«, in: Positive Psychology Foundation, 28.05.2011, unter: http://www.positivepsyc.com/blog/the-meaning-of-life-the-m-in-perma

»Thick Dumpling Skin«, 27.03.2017, unter: http://www.thickdumplingskin.com

»Why People Hate Tess Munster (And Other Happy Fat People)«, in: Militant Baker, 28.01.2015, unter: http://www.themilitantbaker.com/2015/01/why-people-hate-tess-munster-and-other.html

»Women Shoulder the Responsibility of ›Unpaid Work‹«, in: Office for National Statistics (UK), 1011.2016, unter: http://visual.ons.gov.uk/the-value-of-your-unpaid-work/

Adams, Geoffrey K./Watson, Karli K. et al.: Neuroethology of Decision-Making, in: Current Opinion in Neurobiology 22/6 (2012), S. 982–989

Adler, Jonathan M.: Living into the Story: Agency and Coherence in a Longitudinal Study of Narrative Identity Development and Mental Health over the Course of Psychotherapy, in: Journal of Personality and Social Psychology 102/2 (2012)

Adriaenssens, Jef/De Gucht, Veronique/Maes, Stan: Determinants and Prevalence of Burnout in Emergency Nurses: A systematic Review of 25 Years of Research, in: International Journal of Nursing Studies 52/2 (2015), S. 649–661

Aldao, Amelia/Nolen-Hoeksema, Susan/Schweizer, Susanne: Emotion Regulation Strategies Across Psychopathology: A meta-Analytic Review, in: Clinical Psychology Review 30/2 (2010), S. 217–237

Alsubaie, Modi/Abbott, Rebecca et al.: Mechanisms of Action in Mindfulness-Based Cognitive Therapy (MBCT) and Mindfulness-Based Stress Reduction (MBSR) in People with Physical and/or Psychological Conditions: A Systematic Review, in: Clinical Psychology Review 55(2017), S. 74–91

Altintas, Evrim/Sullivan, Oriel: Fifty Years of Change Updated: Cross-National Gender Convergence in Housework, in: Demographic Research 35 (2016)

American Time Use Survey, unter: http://www.bls.gov/tus/

Andrews-Hanna, Jessica R./Smallwood, Jonathan/Spreng, R. Nathan: The Default Network and Self-Generated Thought: Component Processes, Dynamic Control, and Clinical Relevance, in: Annals of the New York Academy of Sciences 1316/1 (2014), S. 29–52

Anothaisintawee, Thunyarat/Reutrakul, Sirimon et al.: Sleep Disturbances Compared to Traditional Risk Factors for Diabetes Development: Systematic Review and Meta-Analysis, in: Sleep Medicine Review 30 (2016), S. 11–24

Apfelbaum, Evan P./Phillips, Kathrine W./Richeson, Jennifer et al.: Rethinking the Baseline in Diversity Research: Should We Be Explaining the Effects of Homogeneity?, in: Perspectives of Psychological Research Science 9/3 (2014), S. 235–44

Aphramo, Lucy: Weight Science: Evaluating the Evidence for a Paradigm Shift, in: Nutrition Journal 10 (2011)

Ayduk, Özlem/Kross, Ethan: From a Distance: Implications of Spontaneous Self-Distancing for Adaptive Self-Reflection, in: Journal of Personality and Social Psychology 98/5 (2010)

Ayres, Ian/Raseman, Sophie/Shih, Alice: Evidence from Two Large Field Experiments That Peer Comparison Feedback Can Reduce Residential Energy Usage, in: Journal of Law, Economics, and Organization 29 (2009)

Bacon, Linda: Health at Every Size, BenBella 2010

Baglioni, Chiara/Battagliese, Gemma et al.: Insomnia as a Predictor of Depression: A Meta-Analytic Evaluation of Longitudinal Epidemiological Studies, in: Journal of Affective Disorders 135/1 (2011), S. 10–19

Bailey, Covert: Smart Exercise: Burning Fat, Getting Fit, Houghton Mifflin 1994

Bakwin, Harry: Loneliness in Infants, in: American Journal of Deseases of Children 63/1 (1942), S. 30–40

Barnes, Christopher M./Hollenbeck, John R.: Sleep Deprivation and Decision-Making Teams: Burning the Midnight Oil or Playing with Fire?, in: Academy of Management Review 34/1 (2009), S. 56–66

Baumeister, Roy F./Leary, Mark R.: The Need to Belong: Desire of Interpersonal Attachments as a Fundamental Human Motivation, in: Psychological Bulletin 117/3 (1995)

Bazzini, D. G./Stack, E. R. et al.: The Effects of Reminiscing About Laughter on Relationship Satisfaction, in: Motivation and Emotion 31 (2007)

Becker, Anne E.: Television, Disordered Eating and Young Women in Fiji: Negotiating Body Image and Identity During Rapid Social Change, in: Culture, Medicine and Psychiatry 28/4 (2004), S. 533–559

Beekman, Janine B./Stock, Michelle L./Marcus, Tara: Need to Belong, Not Rejection Sensitivity, Moderates Cortisol Response, Self-Reported Stress, and Negative Affect Following Social Exclusion, in: Journal of Social Psychology 156/2 (2016), S. 131.138

Berkowitz, Bonnie/Lu, Denise/Alcantara, Chris: The Terrible Numbers That Grow with Each Mass Shooting, in: Washington Post, 22.03.2017

Blanchard, P./Truchot, D. et al.: Prevalence and Causes of Burnout Amongst Oncology Residents: A Comprehensive Nationwide Cross-Sectional Study, in: European Journal of Cancer 46/15 (2010), S. 2708–2715

Bolier, Linda/Haverman, Merel et al.: Positive Psychology Interventions: A Meta-Analysis of Randomized Controlled Studies, in: BMC Public Health 13/1 (2013)

Brandstätter, Monika/Baumann, Urs et al.: Systematic Review of Meaning in Life Assessment Instruments, in: Psycho-Oncology 21/10 (2012), S. 1034–1052

Brodesser-Akner, Taffy: Even the World's Top Life Coaches Need a Life Coach. Meet Martha Beck, in: Bloomberg, 18.05.2016

Brown, Harriet: These Women were Fat-Shamed by Their Doctors – And It Almost Cost Them Their Lives, in: Prevention, 29.10.2015

Burgard, Sarah A., Ailshire, Jennifer A.: Gender and Time for Slee Among US Adults, in: American Sociological Review 78/1 (2013), S. 51–69

Dies.: The Needs of Others: Gender and Sleep Interuptions for Caregivers, in: Social Forces 89/4 (2011), S.1189–1215.

Byrne, Alyson/Dionisi, Angela M. et al.: The Depleted Leader: The Influence of Leaders' Diminished Psychological Resources on Leadership Behaviors, in: Leadership Quarterly 25/2 (2014), S. 344–357

Byron, Kristin/Khazanchi, Shali/Nazarin, Deborah: The Relationship between Stressors and Creativity: A Meta-Analysis Examining Competing Theoretical Models, in: Journal of Applied Psychology 95/1 (2010)

Cacioppo, John T./Hawkley, L.C.: Loneliness, in: Leary, M.R., Hoyle, R.H. (Hg.): Handbook of Individual Differences in Social Behavior, Guilford Press 2009

Cacioppo, John T./Patrick, William: Einsamkeit. Woher sie kommt, was sie bewirkt, wie man ihr entrinnt, Spektrum 2011

Cacioppo, Stephanie/Zhou, Haotian et al., You are in Sync with Me: Neutral Correlates of Interpersonal Synchrony with a Partner, in: Neuroscience 277 (2014), S. 842–858

Calhoun, Lawrence G./Tedeschi, Richard G.: Relationship between Posttraumatic Growth and Resilience; Handbook of Posttraumatic Growth Research and Practice, Routledge 2014

Calogero, Rachel M./Tylka, Tracy L./Mensinger, Janell L.: Scientific Weightism: A View of Mainstream Weight Stigma Research through a Feminist Lens, in: Roberts, T.A., Curtin, N. et al.(Hg.): Feminist Perspectives on Building a Better Psychological Science of Gender, Springer International Publishing 2016

Cancer Journals: Special Edition, Aunt Lute Books, San Francisco 1997

Cappucio, Francesco P./Lanfranco, D'Elia et al.: Sleep Duration and All-Cause Mortality, in: Sleep 33/5 (2010)

Cardozo, Barbara Lopes/Crawford, Carol Gotway et al.: Psychological Distress, Depression, Anxiety, and Burnout Among International Humanitarian Aid Workers: A Longitudinal Study, in: Plos One 7/9 (2012)

Carver, Charles S./Scheier, Michael F.: Feedback Processes in the Simultaneous Regulation of Action and Affect, in: Shah, James Y., Gardner, Wendi L.: Handbook of Motivation Science, Guilford Press, New York 2007

Castaldo, Rossana/Melillo, Paolo et al.: Acute Mental Stress Assessment via Short Term HRV Analysis in Healthy Adults: A Systematic Review with Meta-Analysis, in: Biomedical Signal Processing and Control 18 (2015), S. 370–377

Cerasoli, Christopher P./Nicklin, Jessica M./Ford, Michael T.: Intrinsic Motivation and Extrinsic Incentives Jointly Predict Performance: A 40-Year Meta-Analysis, in: Psychological Bulletin 140/4 (2014)

Chapman, Elizabeth N./Kaatz, Anna/Carnes, Molly: Physicians and Implicit Bias: How Doctors May Unwittingly Perpetuate Health Care Disparities, in: Journal of General Internal Medicine 28/11 (2013), S. 1504–1510

Christian, Hayley E./Westgarth, Carri et al.: Dog Ownership and Physical Activity: A Review of the Evidence, in: Journal of Physical Activity and Health 10/13 (2013), S. 750–759

Christian, Michael S./Ellis, Aleksander P.J.: Examining the Effects of Sleep Deprivation on Workplace Deviance: A Self-Regulatory Perspective, in: Academy of Management Journal 54/5 (2011), S. 913–934

Cirelli, L.K./Einarson, K.M. et al.: Interpersonal Synchrony Increases Prosocial Behavior in Infants, in: Developmental Science 17 (2014), S. 1003–1011

Clinchy, Blythe McVicker: Connected and Separate Knowing: Toward a Marriage of

True Minds, in: Goldberger, Nancy, Tarule, Jill Mattuk, Clinchy, Blythe, Belenky, Mary (Hg.): Knowledge, Difference, and Power: Essays Inspired by »Women's Ways of Knowing«, Basic Books 1996

Coan, James A./Sbarra, Davie A.: Social Baseline Theory: The Social Regulation of Risk and Effort, in: Current Opinion in Psychology 1 (2015), S. 87–91

Collazo-Clavell, M. L./Lopez-Jiminez, F.: Accuracy of Body Mass Index to Diagnose Obesity in the US Adult Population, in: International Journal of Obesity 32/6 (2008), S. 959–966

Conner, Tamlin S./DeYoung, Colin G./Silvia, Paul J.: Everyday Creative Activity as a Path to Flourishing, in: Journal of Positive Psychology (2016), S. 1–9

Cooper, Brittney: Eloquent Rage: A Black Feminist Discovers Her Superpower, St. Martins Press 2018

Craig, Arthur D.: How Do You Feel? Interoception: The Sense of the Physiologocal Condition of the Body, in: Nature Reviews Neuroscience 3/8 (2002)

Cusio, Carmen: ›Eat up‹: How Cultural Messages Can Lead to Eating Disorders, in: NPR, 7.12.2015

Czekierda, K./Gancarczyk, A./Luszczynska, A.: Associations Between Meaning in Life and Health Indicators: A Systematic Review, in: European Health Psychologist 16 (2014)

Da Silva, Sérgio P./vanOyen Witvliet, Charlotte/Riek, Blake: Self-Forgiveness and Forgiveness-Seeking in Response to Rumination: Cardiac and Emotional Responses of Transgressors, in: Journal of Positive Psychology 12/4 (2017), S. 362–372

Dalla, C. Antoniou et al.: Chronic Mild Stress Impact: Are Females More Vulnerable?, in: Neuroscience 135/3 (2005), S. 703–714

Danckert, James/Merrifield, Colleen: Bordeom, Sustained Attention and the Default Mode Network, in: Experimental Brain Research 236 (2016), S. 1–12

Davidai, Shai/Gilovich, Thomas: The Headwinds/Tailwinds Asymmetry: An Availability Bias in Assessments of Barriers and Blessings, in: Journal of Personality and Social Psychology 111/6 (2016)

Davis, Don E./Yee Ho, Man et al.: Forgiving the Self and Physical and Mental Health Correlates: A Meta-Analytic Review, in: Journal of Counselling Psychology 62/2 (2015)

De Girolamo G. G., et al.: Prevalence of common mental disorders in Italy; Social Psychiatry and Psychiatric Epidemology, 41 (11) (2006): 853–61

De Mello, Marco Tullio/Narciso, Veruska et al.: Sleep Disorders as a Cuase of Motor Vehicle Collisions, in: International Journal of Preventive Medicine 4/3 (2013)

Delle Fave, Antonella/Brdar, Ingrid et al.: Religion, Spirituality, and Well-Being Across Nations: The Eudaemonic and Hedonic Happiness Investigation, in: Knoop, Hans Henrik, Delle Fave, Antonella (Hg.): Well-Being and Cultures, Springer 2013

Di Angelantonio, Emanuele/Bhupathiraju, Shilpa N. et al.: Body-Mass Index and All-cause Mortality: Individual-Participant-Data Meat-Analysis of 239 Prospective Studies in For Continents, in: Lancet 388/10046 (2016), S. 776–786

Diedrich, Alice/Grant, Michaela et al.: Self-Compassion as an Emotion Regulation Strategy in Major Depressive Disorder, in: Behavior Research and Therapy 58 (2014), S. 43–51

Diemand-Yaumann, Connor/Oppenheimer, Daniel M./Vaughan, Erika B.: Fortune Favors the Bold (And the *Italicized*): Effects of Disfluency on Educational Outcomes, in: Cognition 118/1 (2011), S. 11–115

Dittmar, Helga/Halliwell, Emma/Ive, Suzanne: Does Barbie Make Girls Want to Be Thin? The Effects of Experimental Exposure to Images of Dolls on the Body Image of 5-To 8-Year-Old Girls, in: Developmental Psychology 42/2 (2006)

Dohnt, Hayley K./Tiggemann, Marika: Body Image Concerns in Young Girls: The Role of Peers and Media Prior to Adolescence, in: Journal of Youth and Adolescence 35/2 (2006), S. 135–145

Domhoff, G. William/Fox, Kieran C. R.: Dreaming and the Default Network: A Review, Synthesis, and Counterintuitive Research Proposal, in: Consciousness and Cognition 33 (2015), S. 342–353

Douthat, Ross: The Redistribution of Sex, in: New York Times, 2. Mai 2018

Durmer, Jeffrey S./Dinges, David F.: Neurocognitive Consequences of Sleep Deprivation, in: Seminars in Neurology 25/1, S. 117–129

Dzaja, Andrea/Arber, Sara et al.: Women's Sleep in Health and disease, in: Journal of Psychiatric Research 39/1 (2005), S. 55–76

Earley, Jay: Self-Therapy: A Step-by-Step Guide to Creating Wholeness and Healing Your Inner Child Using Ifs, a New Cutting-Edge Therapy, Mill City Press 2009

Ejova, Anastasia/Navarro, Daniel/Perfors, A.: When to Walk Away: The Effect of Variability on Keeping Options Viable, in: Cognitive Science Society, 2009, S. 1258–1263

Ekirch, Arthur Roger: The Modernization of Western Sleep: Or, Does Insomnia have a History? In: Past & Present 226/1, (2015), S. 149–192

Engber, Daniel: Glutton Intolerance: What If a War on Obesity Only Makes the Problem Worse? In: Slate, 5. October 2009

Epley, Nichoals/Schroder, Juliana: Mistakenly Seeking Solitude, in: Journal of Experimental Psychology 143/5 (2014)

Ernsberger, Paul/Koletsky, Richard J.: Weight Cycling, in: JAMA 273/13 (1995), S. 998–999

Evans, Elizabeth H./Tovée, Martin J. et al., Body Dissatisfaction and Disordered Eating Attitudes in 7-To-11-Year-Old Girls: Testing a Sociocultural Model, in: Body Image 10/1 (2013), S. 8–15

Everson, Carol A./Bergmann, Bernard M./Rechtschaffen, Allan: Sleep Deprivation in the Rat, III: Total Sleep Deprivation, in: Sleep 12/1 (1989), S. 13–21

Fan, Rui/Varamesh, Ali et al.: Does Putting Your Emotions Into Words Make You Feel Better? Measuring the Minute-Scale Dynamics of Emotions from Online Data, in: arXiv preprint arXiv:1807.097225 (2018)

Farrell, Amy Erdmann: Fat Shame: Stigma and the Fat Body in American Culture, NYU Press 2011

Faravelli, D.M., et al.: Gender differences in depression an anxiety: the role of age; Psychiatry Research, (2013), 1301–3

Feinmann, Richard D./Pogozelski, Wendy K. et al., Dietary Carbohydrate Restriction as the First Approach in Diabetes Management: Critical Review and Evidence Base, in: Nutrtion 31/1 (2015), S. 1–13

Fikkan, Janna L./Rothblum, Esther D.: Is Fat a Feminist Issue? Exploring the Gendered Nature of Weight Bias, in: Sex Roles 66/9–10 (2012), S. 575–592

Files, Julia A./Mayer, Anita P. et al.: Speaker Introductions at Internal Medicine Grand Rounds: Forms of Address Reveal Gender Bias, in: Journal of Women's Health 26/5 (2017), S. 413–419

Fisher, Adam: An Everlasting Name: A Service for Remembering the Shoah, Behrmann House 1991

Fortier-Brochu, Émilie/Beaulieu-Bonneau, Simon et al.: Insomnia and Daytime Cognitive Performance: A Meta-Analysis, in: Slee Medicine Review 16/1 (2012), S. 83–94

Fresco, David M./Moore, Michael T. et al.: Initial Psychometric Properties of the Experiences Questionnaire: Validation of Self-Report Measure of Decentering, in: Behavior Therapy 38/3 (2007), S. 234–246

Freudenberger, Herbert J.: The Staff Burn-Out Syndrome in Alternative Institutions, in: Psychotherapy Theory Research and Practice 12 (1975), S. 73–82

Friedan, Betty: Der Weiblichkeitswahn oder die Selbstbefreiung der Frau, übersetzt von Margaret Carroux, Reinbek 1970

Friedman, Ronald S./Förster, Jens: Effects of Motivational Cues on Perceptual Asymmetry: Implications for Creativity and Analytical Problem Solving, in: Journal of Personality and Social Psychology 88/2 (2005), S. 263–275

Fulu, Emma/Werner Xian et al.: Why Do Some Men Use Violence Against Women and How Can We Prevent It? In: Quantitative Findings from the United Nations Multi-Country Study on Men and Violence in Asia and the Pacific (Bangkok: United Nations Development Programme 2013)

Furnham, Adrian/Badmin, Nicola/Sneade, Ian: Body Image Dissatisfaction: Gender Differences in Eating Attitudes, Self-Esteem, and Reasons for Exercise, in: Journal of Psychology 136/6 (2002), S. 581–596

Gander, Fabian/Proyer, René T. et al.: Strength-Based Positive Interventions: Further Evidence for their Potential in Enhancing Well-Being and Alleviating Depression, in: Journal of Happiness Studies 14/4 (2013), S. 1241–1259

Gangstead, Steven W./Grebe, Nicholas M.: Hormonal Systems, Human Social Bonding, and Affiliation, in: Hormones and Behavior 91 (2017), S. 122–135

Gardner, Wendi L./Pickett, Cynthia L. et al.: On the Outside Looking In: Loneliness and Social Monitoring, in: Personality and Social Psychology Bulletin 31/11 (2005), S. 1549–1560

Gates, Bill: The Deadliest Animal in the World, in: GatesNotes (Blog), 25.04.2014, unter: http://www.gatesnotes.com/Health/Most-Lethal-Animal-Mosquito-Week

Gerhardt, Sue: Why Love Matters: How Affection Shapes a Baby's Brain, Routledge 2004

Gilbert, Paul/McEwan, K. et al.: Fears of Compassionate Mind Training for People with High Shame and Self-Criticism: Overview and Pilot Study of a Group Therapy Approach, in: Clinical Psychology and Psychotherapy 13/6 (2006), S. 353–379

Gilbert, Paul: Introducing Compassion-Focussed Therapy, in: Advances in Psychiatric Treatment 15/3 (2009), S. 199–208

Goleman, Daniel: Soziale Intelligenz, Droemer 2006

Golland, Yulia/Arzouan, Yossi/Levit-Binnun, Nava: The Mere Copresence: Synchronization of Automatic Signals and Emotional Responses Across Co-Present Individuals Not Engaged in Direct Interaction, in: PLOS ONE 10/5 (2015)

Gooding, Diane C./Winston, Tina M. et al.: Individual Differences in Hedonic Experience: Further Evidence for he Construct Validity of the ACIPS, in: Psychiatry Research 229/1 (2015), S. 524–532

Gottman, John M.: The Science of Trust: Emotional Attunement for Couples, Norton 2011

Gottman, John/Silver, Nan: The Seven Principles for Making Marriage Work: A Practical Guide From the Country's Foremost Relationship Expert, Harmony Books 2015

Grewen, K.M./Anderson B.J. et al.: Warm Partner Contact is Related to Lower Cardiovascular Reactivity, Behavioral Medicine 29 (2003), S. 123–130

Gu, Jenny/Strauss, Clara et al.: How Do Mindfulness-Based Cognitive Therapy and Mindfulness-Based Stress Reduction Improve Mental Health and Well-Being? Asystematic Review and Meta-Analysis of Mediation Studies, in: Clinical Psychology 37 (2015), S. 1–12

Gubar, Susan/Gilbert, Sandra: The Madwoman in the Attic, Yale University Press 1979

Guerrero-Torrelles, Mariona/Monteforte-Royo, Cristina et al.: Understanding Meaning in Life Interventions in Patients with Advanced Disease: A Systematic Review and Realist Synthesis, in: Palliative Medicine (2017): 0269216316685235

Gwozdziewycz, Nicolas/Mehl-Madrona, Lewis: Meta-Analysis of the Use of Narrative Exposure Therapy for the Effects of Trauma Among Refugee Populations, in: Permanent Journal 17/1 (2013).

Hagger, Martin S./Wood, Chantelle et al.: Ego Depletion and the Strength Model of Self-Control: A Meta-Analysis, in: Psychological Bulletin 136/4 (2010)

Hari, Riitta/Henriksson, Linda et al.: Centrality of Social Interaction in Human Brain Function, in: Neuron 88/1 (2015), S. 181–193

Hari, Riitta/Sams, Mikko/Nummenmaa, Lauir: Attending to and Neglecting people: Bridging Neuroscience, Psychology and Sociology, in: Philosophical Transactions of the Royal Society B: Biological Sciences 371 (2016):20150365

Harrison, Yvonne/Horne, James A.: The Impact of Sleep Deprivation on Decision Making: A Review, in: Journal of Experimental Psycholoy: Applied 6/3 (2000)

Hart, Dolores: The Ear of the Heart, Ignatius Press, 2013

Hatch, Jenavieve: 13 Iconic Women Who Nevertheless Persisted, in: Huffington Post, 21. Februar 2017

Hayes, Steven C./Luoma, Jason C. et al.: Acceptance and Commitment Therapy: Model, Processes and Outcome, in: Behaviour Research and Therapy 44/1 (2006), S. 1–25

Hegarty, Stephanie: The Myth of the Eight-Hour Sleep, in: BBC News Magazine, 22. Februar 2012

Heine, S.J./Proulx, T./Vohs, K.D.: The Meaning Maintenance Model: On the Coherence of Social Motivations, in: Personality and Social Psychology Review 10 (2006), S. 88–110

Herrera, Tim: Work Less. You'll Get So Much More Done, in: New York Times, 26. Juni 2017

Higgins, Marita: The 35 Best ›Nevertheless, She Persisted‹ Tweets, Because This Moment ist Nothing Short of Iconic, in: Bustle, 8. Februar 2017, unter: https://www.bustle.com/p/the-35-best-nevertheles-she-persisted-tweets-because-this-moment-is-nothing-short-of-iconic-36697

Howe, Everett: I Believe in the Sun, Part II: The Friend, in: Humanist Seminarian, 25. März 2017, unter: https://humanistseminarian.com/2017/03/25/i-believe-in-the-sun-part-ii-the-friend/

Hultell, Daniel/Melin, Bo/Gustavsson, J. Petter: Getting Personal with Teacher Burnout: A Longitudinal Study on the Development of Burnout Using a Person-Based Approach, in: Teaching and Teacher Education 32 (2013), S. 75–86

Immordino-Yang, Helen Mary/Christodoulou, Joanna A./Singh, Vanessa: Rest Is Not Idleness: Implications of the Brain's Default Mode for Human Development and Education, in: Perspectives on Psychological Science 7/4 (2012), S. 352–364

Imo, Udemezue O.: Burnout and Psychiatric Morbidity Among Doctors in the UK: A Systematic Literature Review of Prevalence and Associated Factors, in: BJPsych Bulletin 41/4 (2017), S. 197–204

Irwin, Michael R./Olmstead, Richard/Carroll, Judith E.: Sleep Disturbance, Sleep Duration, and Inflammation: A Systematic Review and Meta-Analysis of Cohort Studies and Experimental Sleep Deprivation, in: Biological Psychiatry 80/1 (2016), S. 40–52

Itani, Osamu/Jike, Maki et al.: Short Sleep Duration and Health Outcomes: A Systematic Review, Meta-Analysis, and Meta-Regression, in: Sleep Medicine 32 (2017), S. 246–256

Jike, Maki/Itani, Osamu et al.: Brain Structure Links Loneliness to Social Perception, in: Current Biology 22/20 (2012), S. 1975–1979

Johansson, K.M., et al.: Effects of Anti-Obesity Drugs ... American Journal of Clinical Nutrition 99, Nr. 1 (2014) 14–23.

Kanai, Ryota, et al.: Brain Structure Links Loneliness to Social Perception, Current Biology 22, Nr. 20 (2012) 1975–79

Kannan, Divya/Levitt, Heidi M.: A Review of Client Self-Criticism in Psychotherapy, in: Journal of Psychotherapy Integration 23/2 (2013)

Karpowitz, Christopher F./Mendelberg, Tali/Shaker, Lee: Gender Inequality in Deliberate Participation, in: American Political Science Review August 2012, S. 1–15, online unter: http://journals.cambridge.org/abstract_S0003055412000329

Keat, Kung Choon/Subramaniam, Ponnusamy et al.: Review on Benefits of Owning Companion Dogs Among Older Adults, Mediterranian Journal of Social Sciences 7/4 (2016)

Keith, S.W./Fontaine, K.R. /Allison, D.B., Mortality Rate and Overweight: Overblown or underestimated? A Commentary on a Recent Meta-Analysis of the Associations of BMI and Mortality, in: Molecular Metabolism 2/2 (2013), S. 65–68

Kerkhof, G.A./Van Dongen, H.P.A.: Effects of Sleep Deprivation on Cognition, in: Human Sleep and Cognition: Basic Research 185 (2010) 105–129

Kilpatrick, Marcus/Hebert, Edward/Bartholomew, John: College Students' Motivation for Physical Activity: Differentiating Men's and Women's Motives for Sport Participation and Excercise, in: Journal of American College Health 54/2 (2009), 87–94

Kim, Eric S./Strecher, Victor J./Ryff, Carol D.: Purpose in Life and Use of Preventive Health Care Services, in: Proceedings of the National Academy of Science 111/46 (2014), S. 16331–16336

King, Laura A./Hicks, Joshua A. et al., Positive Affect and the Experience of Mening in Life, in: Journal of Personality and Social Psychology 19/1 (2006)

Kitchen Sisters, Taking Surprising Risks for the Ideal Body, NPR, 22. März 2010

Klug, G.: Dangerous Doze: Sleep and Vulnerability in Medieval German Literature, in: Brunt, L./Steger B. (Hg.): Worlds of Sleep, Berlin 2008

Kogler, Lydia/Müller, Veronika I. et al.: Psychosocial Versus Physiological Stress – Meta-Analyses on Deactivations and Activations of the Neural Correlates of Stress Reaction, in Neuroimage 119 (2015), S. 235–251

Kolata, Gina: The Shame of Fat Shaming, New York Times, 1. Oktober 2016

Krebs, C./Lindquist, C. et al.: The Campus Sexual Assault (CSA) Study (2007), unter: http://www.ncjrs.gov/pdffiles1/nij/grants/221153.pdf

Krueger, Patrick M./Friedman, Elliot M.: Sleep Duration in the United States: A Cross-Sectional Population-Based Study, in: American Journal of Epidemiology 169/9 (2009), S. 1052–1063

Lambert, Nathaniel M./Finchan, Frank D./Stillman, Tyler F.: Gratitude and Depressive Symptoms: The Role of Positive Reframing and Positive Emotion, in: Cognition and Emotion 26/4 (2012), S. 615–633

Lane, Jaqueline M./Liang, Jinggjing et al.: Genom-Wide Association Analyses of Sleep Disturbance Traits Identify New Loci and Highloght Shared Genetics with Neuropsychiatric and Metabolic Traits, in: Nature Genetics 49/2 (2017)

Larrivee, Barbara: Cultivating Teacher Renewal: Guarding Against Stress and Burnout, R&L Education 2012

Le Grange, Daniel/Swanson, Sonja A. et al.: Eating Disorder Not Otherwise Specified Presentation in the US Population, in: International Journal of Eating Disorders 45/5 (2012), S. 711–718

Leamy, Mary/Bird, Victoria et al.: Conceptual Framework for Personal Recovery in Mental Health: Systematic Review and Narrative Synthesis, in: British Journal of Psychiatry 199/6 (2011), S. 445–452

Leary, Mark R./Kelly, Kristin M. et al.: Construct Validity of the Need to Belong Scale: Mapping the Nomological Network, in: Journal of Personality Assessment 95/6 (2013), S. 610–624

Lee, Jennifer A./Pausé, Cat J.; Stigma in Practice: Barriers to Health for Fat Women, in: Frontiers in Psychology 7 (2016)

Lee, Shaun Wen Huey/Khuen Yen Ng/Wenig Khong Chin: The Impact of Sleep Amount and Sleep Quality on Glycemic Control in Type 2 Diabetes: A Systematic Review and Meta-Analysis, in: Sleep Medicine Review 31 (2017), S. 91–101

Lepore, Stephen/Revenson, Tracy: Relationship Between Posttraumatic Growth and Resilience: Recovery, Resistance, and Reconfiguration, in: Calhoun, Lawrence G./Tedeschi, Richard G. (Hg.): Handbook of Posttraumatic Growth Research and Practice, Routledge 2014

Li, Peng et al.: The Peptidergic Control Circuit for Sighing, in: Nature 530 (2016), S. 293–297

Lin, Xiaoti/Chen, Weiyu et al.: Night Shift Work Increases Morbidity of Breast Cancer and All-Cause Mortality: A Meta-Analysis of 16 Prospective Cohort Studies, in: Sleep Medicine Review 32 (2016), S. 28–36

Liu, Tong-Zu, et al.: Sleep Duration and Risk of All-Cause Mortality, Sleep Medicine Review 32 (2016) 28–36

Lovato, Nicole/Gradisar, Michael: A Meta-Analysis and Model of the Relationship Between Sleep and Depression in Adolescents: Recommendations for Future Research and Clinical Practice, in: Sleep Medicine Review 18/6 (2014), S. 521–529

Ma, Ning/Dinges, David F. et al.: How Acute Total Sleep Loss Affects the Attending Brain: A Meta-Analysis of Neuroimaging Studies, in: Sleep 38/2 (2015), S. 233–240

Macaskill, Ann: Differentiating Dispositional Self-Forgiveness from Other-Forgiveness: Associations with Mental Health and Life Satisfaction, In: Journal of Social and Clinical Psychology 31/1 (2012), S. 28–50

MacBeth, Angus/Gumley, Andrew: Exploring Compassion: A Meta-Analysis of the Association Between Self-Compassion and Psychopathology, in: Clinical Psychology Review 32/6 (2012), S. 545–552

MacLean, Evan L./Hare, Brian et al.: The Evolution of Self-Control, in: Proceeding of the National Academy of Science 111/20 (2014), E2140-E2148

Malone, Glenn P./Pillow, David R./Osman, Augustine: The General Belongingness Scale (GBS): Assessing Achieved Belongingness, in: Personality and Individual Differences 52/3 (2012), S. 311–316

Manne, Kate: Down Girl: The Logic of Misogyny, Oxford University Press 2017

Marsland, Anna L./Walsh, Catherine et al.: The Effects of Acute Psychological Stress on Circulating and Stimulated Inflammatory Markers: A Systematic Review and Meta-Analysis, in: Brain, Behavior, and Immunity (2017)

Martin, Michel: *Star Trek*'s Uhura Reflects on MLK Encounter, in: NPR, 17. Januar 2011

Mathieu, Francoise: The Compassion Fatigue Workbook: Creative Tools for Transforming Compassion Fatigue and Vicarious Traumatization, Routledge 2012

Mayhew, Sophie L./Gilbert, Paul: Compassionate Mind Training with People Who Hear Malevolent Voices: A Case Series Report, in: Clinical Psychology and Psychotherapy 15/2 (2008), S. 113–138

McCrea, Sean M./Liberman, Nira et al.: Construal Level and Procrastination, in: Psychological Science 19/12 (2008), S. 1308–1314

McGregor, Jena: The Average Work Week Is Now 47 Hours, in: Washington Post, 2. September 2014

McIntosh, Peggy: Feeling Like a Fraud: Part Two, Stone Center, Wellesley College 1985

McNeill, William H.: Keeping Together in Time. Dance and Drill in Human History, Harvard University Press 1997

McRae, Kateri/Mauss, Iris B.: Increasing Positive Emotion in Negative Contexts: Emotional Consequences, Neural Correlates, and Implications for Resilience, in: Positive Neuroscience (2016), S. 159–174

Mehta, Ravi/Zhu, Rui Juliet/Cheema, Amar: Is Noise Always Bad? Exploring the Effects of Ambient Noise on Creative Cognition, in: Journal of Consumer Research 39/4 (2012), S. 784–799

Meng, Lin/Zheng, Yang/Hui, Rutai: The Relationship of Sleep Duration and Insomnia to Risk of Hypertension Incidencer: A Meta-Analysis of Prospective Cohort Studies, in: Hypertension Research 36/11 (2013), S. 985

Metz, Thaddeus: The Meaning of Life, The Standard Encyclopedia of Philosophy (Summer 2013 edition), Edward N. Zalta (Hg.)

Miller, William R./Rollnick, Stephen: Motivational Interviewing: Helping People Change, Guilford Press 2012

Moradi, Yousef/Baradaran, Hamid Reza et al.: Prevalence of Burnout in Residents of Obstetrics and Gynecology: A Systematic Review and Meta-Analysis, in: Medical Journal of the Islamic Republic of Iran 29/4 (2015)

Morey, Jennifer N./Boggero Ian A. et al.: Current Directions in Stress and Human Immune Function, in: Current Opinion in Psychology 5 (2015), S. 13–17

Morris, Gerwyn/Berk, Michael et al.: The Neuro-Immune Pathophysiology of Central and Peripheral Fatigue in Systemic Immune-Inflammatory and Neuro-Immune Diseases, in: Molecular Neurobiology 53/2 (2016), S. 1195–1219

Murdock, Maureen: The Heroines Journey, MaureenMurdock.com (o.J.), unter: https://www.maureenmurdock.com/articles/articles-the-heroines-journey

Neff, Kritsin D./Germer, Christopher K.: A Pilot Study and Randomized Controlled Trial of the Mindful Self-Compassion Program, in: Journal of Clinical Psychology 69/1 (2013), S. 28–44

Nichols, Austin Lee/Webster, Gregory D.: The Single-Item Need to Belong Scale, in: Personality and Individual Differences 55/2 (2013), S. 189–192

Nowack, Kenneth: Sleep, Emotional Intelligence, and Interpersonal Effectiveness: Natural Bedfellows, in: Consulting Psychology Journal: Practice and Research 69/2 (2017)

Pace, T. W./Negi, L. T. et al.: Effect of Compassion Meditation on Neuroendocrine, Innate Immune and Behaviorial Responses to Psychosocial Stress, in: Psychoneuroendocrinology 34 (2009), S. 87–98

Pang, Alex: Rest: Why You Get More Done When You Work Less, Basic Books 2016

Park, Crystal: The Meaning Making Model, European Health Psychologist 15, Nr. 2 (2013) 40–47

Park, Jina/Baumeister, Roy F.: Meaning in Life and Adjustment to Daily Stressors, in: Journal of Positive Psychology 12/4 (2017), S. 333–341

Park, Song-Yi/Wilkens Lynne R. et al.: Weight Change in Older Adults and Mortality: The Multiethnic Cohort Study, in: International Journal of Obesity 42/2 (2018)

Patashnik, Erik M./Gerber, Alan S./Dowling, Conor M.: Unhealthy Politics: The Battle Over Evidence-Based Medicine, Princeton University Press 2017

Paul, T./Wong, P.: Meaning Centered Positive Group Intervention, in: Russo-Netzer, Pninit/Schuldenberg, Stefan E./Batthyany, Alexander: Clinical Perspectives on Meaning, Springer International 2016

Permanent Market Research: Global Nutrition and Supplements Market: History, Industry Growth, and Future Trends by PMR, unter: https://globenewswire.com/

news-release/2015/01/27/700276/10117198/en/Global-Nutrition-and-Supplements-Market-History-Industry-Growth-and-Future-Trends-by-PMR.html

Phillips, Katherine W.: How Diversity Works, in: Scientific America 311/4 (2014), S. 42–47

Phillips, Kathrine W./Liljenquist, Katie A./Neale, Margaret A.: Is the Pain Worth the Gain? The Advantages and Liabilities of Agreeing with Socially Distinct Newcomers, in: Personality and Social Psychology Bulletin 35/3 (2009), S. 336–350

Pigeon, Wilfried R./Pinquart, Martin/Conner, Kenneth: Meta-Analysis of Sleep Disturbance and Suicidal Thoughts and Behaviors, in: Journal of Clinical Psychiatry 73/9 (2012), S. 1160–1167

Pires, Gabriel Natan/Bezerra, Andreia Gomes et al.: Effects of Acute Sleep Deprivation on State Anxiety Levels: A Systematic Review and Meta-Analysis, in: Sleep Medicine 24 (2016), S. 109–118

Poehler, Amy: Yes Please, Dey Street 2014

Pollack, Ellie: New CIGNA Study Reveals Loneliness at Epidemic Levels in America, 01. März 2018, unter: https://www.multivu.com/players/English/8294451-cigna-us-loneliness-survey/docs/IndexReport_1524069371598–173525450.pdf; 01.03.2018

Prime Minister' Office »PM Commits to Government-wide Drive to Tackle Loneliness«, 17. Januar 2018, Gov.uk, unter: https://www.gov.uk/government/news/pm-commits-to-government-wide-drive-to-tackle-loneliness

Puhl, Rebecca M./Heuer, Chelsea A.: Obesity Stigma: Important Considerations for Public Health, in: American Journal of Public Health 100/6 (2010) 1019–28

Puhl, Rebecca M., et al.: Perceptions of Weight Discrimination, International Journal of Obesity 32, Nr. 6 (2008), 992–1000

Puvanova, Radostina K./Muros John P.: Gender Differences in Burnout: A Meta-Analysis, in: Journal of Vocational Behavior 77/2 (2010), S. 168–185

Rejali, Darius: Torture and Democracy, Princeton University Press 2009

Richards, Elizabeth A./Ogata, Niwako/Cheng, Ching-Wie: Evaluation of the Dogs, Physical Activity, and Walking (Dogs PAW) Intervention: A Randomized Controlled Trial, in: Nursing Research 65/3 (2016), S. 191–201

Robinson, Oliver C./Lopez, Frederick G. et al.: Authenticity, Social Context, and Well-Being in the United States, England, and Russia: A Three Country Comparative Analysis, in: Journal of Cross-Cultural Psychology 44/5 (2013), S. 719–737

Robles, Theodore F./Slatcher, Richard B. et al.: Marital Quality and Health: A Meta-Analytic Review, in: Psychological Bulletin 140/1 (2014)

Roepke, Ann Marie/Jayawickreme, Eranda/Riffle, Olivia m.: Meaning and Health: A Systematic Review, in: Applied Research in Quality of Life 9/4 (2014), S. 1055–1079

Rosenbaum, Simon/Tiedemann, Anne/Sherrington, Catherine et al.: Physical Activity for People with Mental Illness: A Systematic Review and Meta-Analysis, in: Journal of Clinical Psychiatry 75/9 (2014), S. 964–974

Roskam, Isabelle/Raes, Marie-Emilie/Mikolajczak, Moira: Exhausted Parents: Development and Preliminary Validation of the Parental Burnout Inventory, in: Frontiers in Psychology 8 (2017)

Russo-Netzer, Pninit/Schulenberg, Stefan E./Batthyany, Alexander: Clinical Perspectives on Meaning: Understanding, Coping and Thriving through Science and Practice, in: dies. (Hg.): Clinical Perspectives on Meaning, Springer International Publishing 2016

Ryan, Michelle/David, Barbara: Gender Differences in Ways of Knowing: The Context Dependence of the Attitudes Toward Thinking and Learning Survey, in: Sex Roles 49/11–12 (2003), S. 693–699

Ryan, Richard M./Deci, Edward L.: On Happiness and Human Potentials: A Review of Research on Hedonic and Eudaimonic Well-Being, in: Annual Review of Psychology 52/1 (2001), S. 141–166

Sadker, Myra/Sadker, David: Failing at Fairness. How America's Schools Cheat Girls, Simon & Schuster 2010

Saguy, Abigail C.: What's Wrong with Fat? Oxford University Press 2012

Saha, Kaustuv/Eikenburg, Douglas et al.: Repeated Forced Swim Stress Induces Learned Helplessness in Rats, in: The FASEB Journal 26/1_Supp. (2012) S.1042–1048.

Samitz, Guenther/Egger, Mathias/Egger, Mathias/Zwahlen, Marcel: Domains of Physical Activity and All-Cause Mortality: Systematic Review and Dose-Response Meta-Analysis of Cohort Studies, in: International Journal of Epidemiology 40/5 (2011), S. 1382–1400

Sandstrom, Gillian M./Dunn, Elizabeth W.: Social Interactions and Well-Being: The Surprising Power of Weak Ties, in: Personality and Social Psychology Bulletin 40/7 (2014), S. 910–922

Sapolsky, Robert: Behave: The Biology of Humans at our Best and Worst. Penguin 2017

Sapolsky, Robert: Why Zebras Don't Get Ulcers, Holt 2004

Schatz, Howard/Ornstein, Beverly: Athlete, Harper Collins 2002

Scheier, Michael F./Carver, Charles S.: Optimism, Coping, and Health: Assessment and Implications of Generalized Outcome Expectancies, in: Health Psychology 4/3 (1985)

Scott, Sophie: Why we laugh, in: TED: Ideas Worth Spreading, März 2015, unter https://www.ted.com/talks/sophie_scott_why_we_laugh

Seligman, Martin E.P.: Learned Optimism: How to Change Your Mind and Life, Vintage 2006

Shanafelt, Tait D./Boone, Sonja et al.: Burnout and Satisfaction with Work-Life Balance Among US Physicians Relative to the General US Population, in: Archives of International Medicine 172/18 (2012), S. 1377–1385

Sharp, John: Senate Democrats Read Coretta Scott King Letter in Opposition to Jeff Sessions, unter: https://www.al.com/news/mobile/index.ssf/2017/senate_democrats_read_coretta.html (08.02.2017)

Shen, Xiaoli/Wu, Yili/Zhang, Dongfeng: Nighttime Sleep Duration, 24-Hour Sleep Duration and Risk of All-Cause Mortality Among Adults: A Meta-Analysis of Prospective Cohort Studies, in: Scientific Reports 6 (2016)

Sirois, Fuschia M./Kitner, Ryan/Hirsch, Jameson K.: Self-compassion, Affect, And Health-Promoting Behaviors, in: Health Psychology 34/6 (2015)

Sivertsen, Børge/Salo, Paula et al.; The Bidirectional Association Between Depression and Insomnia: The HUNT Study, in: Psychosomatic Medicine 74/7 (2012), S. 758–765

Sobczak, Connie: Embody, Gurze Books 2014

Sofi, Francesco/Valecchi D. et al.: Physical Activity and Risk of Cognitive Decline: A Meta-Analysis of Prospective Studies, in: Journal of Internal Medicine 269/1 (2011), S. 107–117

Sofi, Francesco/Cesari, Francesca et al.: Insomnia and Risk of Cardiovaskular Disease: A Meta-Analysis, in: European Journal of Preventive Cardiology 21/1 (2014), S. 57–64

Solberg Nes, Lise/Ehlers, Shawna L. et al.: Self-regulatory Fatigue, Quality of Life, Health Behaviors and Coping in Patients with Hematologic Malignancies, in: Annals of Behavioral Medicine 48/3 (2014), S. 411–423

Song, Huan/Fang, Fang et al.: Association of Stress-Related Disorders with Subsequent Autoimmune Disease, in: JAMA 319/23 (2018): S. 2388–2400

Spiegelhalder, Kai/Regen, Wolfram et al.: Comorbid Sleep Disorders in Neuropsychiatric Disorders Across the Life Cycle, in: Current Psychiatry Reports 15/6 (2013), S. 1–6

Stairs, Agnes M./Smith, Gregory T. et al.: Clarifying the Construct of Perfectionism, in: Assessment 19/2 (2012), S. 146–166

Stanford Encyclopedia of Philosophy, unter: https://seop.illc.uva.nl/entries/life-meaning/

Steakley, Lia: Promoting Healthy Eating and a Positive Body Image on College Campuses, in: Scope, Stanford Medicine, 29.05.2014, unter: https://stan.md/2xwwbyw

Steger, Michael F.: Experiencing Meaning in Life, in: Wong, Paul T. P. (Hg.): The Human Quest for Meaning: Theory, Research and Applications, Routledge 2012

Stice, Eric/Presnell, Katherine: The Body Project: Promoting Body Acceptance and Preventing Eating Disorders, Oxford University Press 2007

Stuewig, J./McCloskey, L. A.: The Relation of Child Maltreatment to Shame and

Guilt Among Adolescents: Psychological Routest o Depression and Deliquency, in: Child Maltreatment 10 (2005), S. 324–336

Swift, D. L./Johannsen, N. M. et al.: The Role of Excercise and Physical Activity in Weight Loss and Maintenance, in: Progress in Cardiovascular Disease 56/4 (2014), S. 441–447

Table A-1: Time Spent in Detailed Primary Activities and Percent of the Civilian Population Engaging in Each Activity, Averages Per Day By Sex, 2015 Annual Averages, in: Bureau of Labour Statistics, unter: http://www.bls./gov/tus/tables/a1_2015.pdf

Tang, David/Kelley, Nicholas J. et al.: Emotions and Meaning in Life: A Motivational Perspective, in: Hicks, Joshua/Routledge, Clay (Hg.): The Experience of Meaning in Life, Springer 2013

Taylor, Soya Renee: The Body Is Not an Apology: The Power of Radical Self-Love, Berrett Koehler 2018

Toepfer, Steven M./Cichy, Kelly/Petres, Patti: Letters of Gratitude: Further Evidence for Author Benefits, in: Journal of Happiness Studies 13/1 (2012), S. 187–201

Torre, Jared B./Liebermann, Matthew D.: Putting Feelings into Words: Affect Labeling as Implicit Emotion Regulation, in: Emotion Review 10/2 (2018), S. 116–124

Troxel, Wendy M.: It's More Than Sex: Exploring the Dyadic Nature of Sleep and Implications for Health, in: Psychsomatic Medicine 72/6 (2010)

Troxel, Wendy M./Buysse, Daniel J. et al.: Marital Happiness and Sleep Disturbances in a Multi-ethnic Sample of Middle-Aged Women, in: Behavioral Sleep Medicine 7/1 (2009), S. 2–19

Tsai, J./El-Gabawy R. et al.: Post-traumatic Growth Among Veterans in the USA: Results from the National Health and Resilience in Veterans Study, in: Psychological Medicine 45/1 (2015), S. 165–179

Tyler, James M./Burns, Kathleen C.: After Depletion: The Replenishment of the Self's Regulatory Resources, in: Self and Identity 7/3 (2008), S. 305–321

Valdesolo, Piercarlo/Ouyang, Jennifer/De Steno, David: The Rythm of Joint Action: Synchrony Promotes Cooperative Ability, in: Journal of Experimental Social Psychology 46/4 (2010), S. 693–695

Valkanova, Vyara/Ebmeier, Klaus P./Allan, Charlotte L.: CRP, IL-6 and Depression: A Systematic Review and Meta-Analysis of Longitudinal Studies, in: Journal of Affective Disorders 150/3 (2013), S. 736–744

Van der Velden, Anne Maj/Kuyken, Willem et al.: A Systematic Review of Mechanisms of Change in Mindfulness-Based Cognitive Therapy in the Treatment of Recurrent Major Depressive Disorder, in: Clinical Psychology Review 37 (2015), S. 26–39

Van Dernoot Lipsky, Laura: Trauma Stewardship: An Everyday Guide to Caring for Self While Caring for Others, in: ReadHowYouWant.com 2010

Van Mol, M.M./Kompanje, E.J. et al.: The Prevalence of Compassion Fatigue and Burnout Among Healthcare Professionals in Intensive Care Units: A Systematic Review, in: PLOS One 10/8 (2015)

Vander, Wal Jillon S.: Unhealthy Weight Control Behaviors Among Adolescents, in: Journal of Health Psychology 17/1 (2012), S. 110–120

Verkuil, Bart/Brosschot, Jos F. et al.: Prolonged Non-Metabolic Heart Rate Variability Reduction as a Physiological Marker of Psychological Stress in Daily Life, in: Annals of Behavioral Medicine 50/5 (2016), S. 704–714

Vos, Joel: Working with Meaning in Life in Mental Health Care: A Systematic Literature Review of the Practices and Effectivness of Meaning Centred Therapies, in: Russo-Netzer: Clinical Perspectives on Meaning

Vromanns, Lynnette P./Schweitzer, Robert D.: Narrative Therapy for Adults with Major Depressive Disorder: Improved Symptom and Interpersonal Outcomes, in: Psychotherapy Research 21/1 (2011), S. 4–11

Walker, Matthew: Das große Buch vom Schlaf. Die enorme Bedeutung des Schlafs. Goldmann 2018

Walsh, Froma: Human-Animal Bonds I: The Relational Significance of Companion Animals, in: Family Process 48/4 (2009), S. 462–480

Watts, Jenny/Robertson, Noelle: Burnout in University Teaching Staff: A Systematic Literature Review, in: Educational Research 53/1 (2011), S. 33–50

Weber, Mim/Davis, Kierrynn/Mcphie, Lisa: Narrative Therapy, Eating Disorders and Groups: Enhancing Outcomes in Rural NSW, in: Australian Social Work 59/4 (2006), S. 391–405

Whelton, William J./Greenberg, Leslie S.: Emotion in Self-Criticism, in: Personality and Individual Differences 38/7 (2005), S. 1583–95

White, Michael: Maps of Narrative Practice, Norton 2007

Whitfield-Gabrieli, Susan/Ford, Judith M.: Default Mode Network Activity and Connectivity in Psychopathology, in: Annual Review of Clinical Psychology 8 (2012), S. 49–7.

Williamson, Ann M./Feyer, Ann-Marie: Moderate Sleep Deprivation Produces Impairments in Cognitive and Motor Performance Equivalent to Legally Prescribed Levels of Alcohol Intoxication, in: Occupational and Environmental Medicine 57/10 (2000), S. 649–655

Wilson, Stephanie J./Jaremla, Lisa M. et al.: Shortened Sleep Fuels Inflammatory Responses to Marital Conflict: Emotion Regulation Matters, in: Psychoneuroendocrinology 79 (2017), S. 74–83

Wilson, Timothy D./Reinhard, David A. et al.: Just Think: The Challenges of the Disengaged Mind, in: Science 345/6192 (2014), S. 75–77

Withers, Rachel: 8 Women Who Were Warned, Given an Explanation, and Nevertheless, Persisted, in: Bust, unter: https://bust.com/feminism/19060-kamala-harris-tweets-women-who-persisted.html

Witvliet, C. V. O./Hofelich Mohr, Alicia J. et al.: Transforming or Restraining Rumination: The Impact of Compassionate Reappraisal Versus Emotion Suppression on Empathy Forgiveness, and Affective Psychophysiology, in: Journal of Positive Psychology 10 (2015), S. 248–261

Xi, Bo/He, Dan et al.: Short Sleep Duration Predicts Risk of Metabolic Syndrome: A Systematic Review and Meta-Analysis, in: Sleep Medicine Reviews 18/4 (2014), S. 293–297

REGISTER